IMPASSES NO NOVO MUNDO

FUNDAÇÃO EDITORA DA UNESP

Presidente do Conselho Curador
Marcos Macari

Diretor-Presidente
José Castilho Marques Neto

Editor Executivo
Jézio Hernani Bomfim Gutierre

Conselho Editorial Acadêmico
Antonio Celso Ferreira
Cláudio Antonio Rabello Coelho
José Roberto Ernandes
Luiz Gonzaga Marchezan
Maria do Rosário Longo Mortatti
Maria Encarnação Beltrão Sposito
Mario Fernando Bolognesi
Paulo César Corrêa Borges
Roberto André Kraenkel
Sérgio Vicente Motta

Editores Assistentes
Anderson Nobara
Denise Katchuian Dognini
Dida Bessana

FLÁVIA ARLANCH
MARTINS DE OLIVEIRA

Impasses no Novo Mundo
Imigrantes italianos na conquista de um espaço social na cidade de Jaú
(1870 – 1914)

© 2008 Editora UNESP

Direitos de publicação reservados à:
Fundação Editora da UNESP (FEU)
Praça da Sé, 108
01001-900 – São Paulo – SP
Tel.: (0xx11) 3242-7171
Fax: (0xx11) 3242-7172
www.editoraunesp.com.br
feu@editora.unesp.br

CIP – Brasil. Catalogação na fonte
Sindicato Nacional dos Editores de Livros, RJ

O45i

Oliveira, Flávia Arlanch Martins de
Impasses no novo mundo: imigrantes italianos na conquista de um espaço social na cidade de Jaú, (1870-1914) / Flávia Arlanch Martins de Oliveira. – São Paulo: Editora UNESP, 2008.

Inclui bibliografia
ISBN 978-85-7139-870-2

1. Italianos - Jaú (SP) - História. 2. Imigrantes - Jaú (SP) - História. 3. Jaú (SP) - Relações étnicas. I. Título.

08-3419.
CDD: 981.61
CDU: 94(815.6)

Este livro é publicado pelo projeto Edição de Textos de Docentes e Pós-Graduados da UNESP – Pró-Reitoria de Pós-Graduação da UNESP (PROPG) / Fundação Editora da UNESP (FEU)

Editora afiliada:

Asociación de Editoriales Universitarias
de América Latina y el Caribe

Associação Brasileira de
Editoras Universitárias

*Para Manoel, meu marido e
Murilo, Tomás e Elisa, meus filhos.*

Ao apresentar aqui o resultado deste meu trabalho, não poderia deixar de lembrar as pessoas que, de certa forma, deram contribuição a ele: minha colega de departamento Tania Regina de Luca, que leu sua primeira versão e apontou sugestões bastante pertinentes, incorporadas ao texto. À diretora do Centro de Documentação da Fundação Raul Bauab de Jaú, que facilitou o acesso à documentação lá existente e, da mesma forma, aos funcionários do Museu Municipal de Jaú, onde se encontra a documentação cartorial e parte significativa dos jornais consultados. Também, à Fapesp, que me possibilitou a ida à Itália para desenvolver a coleta de informações em arquivos e bibliotecas na cidade de Roma.

Sumário

Introdução   11

1   Formas de viver na Itália e o imigrar   19
2   Imigrantes italianos: o morar e o trabalhar   57
3   Ações, relações e altercações
    nos espaços de sociabilidades   85
4   Os percursos e meandros do poder:
    ambigüidades postas à prova   127
5   Padrões alimentares em mudança   181

Considerações finais   213
Referências bibliográficas   215

Introdução

Ao chegar no porto de Buenos Aires, De Amicis (1995, p.240) escreveu:

> E cosi súbito a prua, dove primo tumulto era seguito um grande silencio. Tutti stavano com gli occhi su quella stricriscia di terra nuda, dove non vedevano nulla, e mobili e assorte, come dantati allá faccia d'uma sfinge, a cui volessero strappare il segreto del avvenire, e come se al di là di quella macchia rossata apparissero già al loro sguardo le vaste pianure su avrebbero la fronte e lasciato le ossa.

Muito já se escreveu a respeito da presença dos imigrantes italianos em São Paulo, principalmente estudos que privilegiaram aqueles que se dirigiram para o meio rural e o trabalho nas fazendas de café.[1] Quanto aos que se estabeleceram no meio urbano, houve uma preocupação maior em entendê-los como operários ou destacar, por meio de biografias, os vencedores (Martins, 1973) e os líderes revolucionários (Hecker, 1988). De forma geral, quando se tratou das relações estabelecidas entre esses imigrantes e os diferentes segmentos da sociedade

---

1 Holloway, 1984; Martins, 1973. Dean, 1977; Hutter, 1972. Cenni, 1959. Trento, 1988.

receptora, privilegiou-se a questão do confronto. É difícil hoje aceitar sem crítica essa idéia, uma vez que, nos encontros estabelecidos entre grupos sociais portadores de culturas diferentes, sabemos que hábitos, costumes e valores são mediados e reelaborados por ações que podem ser mais harmoniosas ou conflituosas.

Nesse sentido, pouca atenção foi dada à inserção do imigrante italiano no meio urbano, tendo em vista entender as práticas sociais que foram postas em ação nos encontros entre eles e a sociedade hospedeira, buscando compreender os caminhos possíveis que esses dois segmentos tentaram estabelecer nos diálogos entre si, por meio de discursos que visavam fixar novas identidades e, conseqüentemente, a reordenação do social.

É sabido que a escolha do objeto de investigação nunca se dá de forma aleatória. São as diversas circunstâncias vivenciadas pelo historiador que o levam a se voltar para uma determinada problemática do passado. Ademais, os caminhos percorridos para a escolha do tema não deixam de elucidar o conteúdo da construção do próprio texto. Este trabalho não fugiu a essa regra. Posso asseverar que, de forma sorrateira, eu, descendente de imigrantes italianos, fui enredada por essa temática.

Depois que terminei meu doutorado, que versou sobre a questão de terras no município de Jaú no momento da expansão cafeeira, ponderei sobre estudar as modificações que ocorreram na sociedade urbana paulista com o impacto da expansão da economia cafeeira, no final do século XIX e nas primeiras décadas do século seguinte, verificando a trama das práticas sociais então em andamento. Para tanto, pensei em consultar uma documentação que mostrasse as vozes dos vários segmentos sociais. Fui buscar nos autos dos processos do Tribunal do Júri de Jaú respostas a essas questões. Contudo, já nos primeiros contatos com a documentação, chamou-me atenção o expressivo número de imigrantes italianos que ali apareciam como vítimas, réus ou testemunhas. Como fui dando uma organicidade à pesquisa, dispondo as informações em ordem cronológica, percebi que, à medida que aumentava o número desses imigrantes no espaço urbano, o número de ações judiciais que os envolviam aumentava na mesma proporção, além de ser perceptível um deslocamento no tipo de causas em julgamento e nas formas como eram encaminhadas pela justiça. Tal documentação, além de mostrar as formas de conflitos que ocorriam, reproduziam diferentes falas, que se consubstanciavam em instâncias reveladoras do encontro entre imigrantes italianos e representantes da sociedade hospedeira, desvendando conflitos, solidariedades, concorrências, alianças etc. Isso me levou a amadurecer a idéia de elaborar um projeto sobre o tema a trabalhar, tendo em vista compreender não só sua inserção na sociedade urbana, mas, igualmente, as transformações que sua chegada pôs em andamento.

Feita a escolha, havia que imprimir diretriz à pesquisa, uma vez que, no conjunto da documentação em questão – processos do Tribunal do Júri – estavam arquivados os processos referentes aos atuais municípios de Itapuí, Bocaina e Barra Bonita, que então estavam vinculados à comarca de Jaú.[2] Decidi desprezar os processos alusivos a conflitos no campo e centrar a pesquisa nos referentes à cidade de Jaú. Dessa forma, disporia de uma escala menor para investigar com maior precisão os comportamentos, atitudes e escolhas dos imigrantes italianos no processo de conquista de seus espaços de atuação, bem como as alternativas que buscavam para lidar com as normas estabelecidas pela sociedade local.

É pertinente ressaltar que, embora haja referências a respeito da importância da imigração italiana na região de Jaú, ela praticamente não foi tratada como tema central pela historiografia paulista. Nota-se ainda que o município de Jaú, mesmo tendo sido durante a Primeira República uma das mais importantes áreas de produção cafeeira de São Paulo e, por extensão, um dos mais representativos centros de atração de imigrantes, a estagnação econômica ali instalada após os anos trinta do século XX fez que Jaú perdesse a visibilidade em termos da importância que teve no final do século XIX e início do XX, sendo seu passado também levado a um ostracismo. Quando a historiografia começou a interessar-se pelas histórias regionais, Jaú praticamente não despertou interesse, uma vez que então não passava de mais um

---

2   Jaú (Município). Arquivo do Museu Municipal.

dos municípios cafeeiros do interior paulista. Por conseguinte, este estudo não deixa de ter igualmente o papel de mostrar a importância desse município no cenário da imigração italiana dentro da história de São Paulo.

A temporalidade abrange o período que vai dos inícios da década de 1870, quando os primeiros imigrantes italianos começaram a instalar-se na cidade de Jaú, até a década de 1914, quando a comunidade italiana, de forma geral, já havia praticamente determinado seu espaço de atuação em consonância com a sociedade local e, por outro lado, a Primeira Guerra Mundial pôs fim ao grande fluxo de saída de imigrantes dos países europeus.

Quando iniciei a pesquisa, pensei que encontraria prontamente indícios de uma comunidade imigrante integrada. Porém logo percebi que tal idéia era difícil de ser demarcada, pois suas fronteiras eram imprecisas e sofriam constantes deslocamentos, resultantes de uma dinâmica de distanciamentos e aproximações decorrentes da heterogeneidade de relações, que se davam não só entre imigrantes e a sociedade receptora, mas até entre os próprios imigrantes. Por essa razão, necessitava buscar caminhos para poder sistematizar e compreender a amplitude e diversidade das informações que vinham à baila, sem engessá-las em visões estereotipadas e assentadas em idéias preconcebidas.

Com o avançar da pesquisa, fui descobrindo que algumas das atitudes, comportamentos e valores expressos por muitos imigrantes não eram comuns a todo o conjunto da comunidade italiana, e que muitas das desarmonias que emergiam em seu interior remetiam às diferenças advindas das diversidades culturais existentes nas províncias italianas. Percebi que, para compreender os embates resultantes dessas diferenças, era preciso apropriar-me de um conhecimento mais preciso a respeito do contexto histórico das regiões de onde procedia a maioria desses imigrantes. Diante da quase inexistência desse tipo de informação em arquivos brasileiros, desloquei-me para a Itália, onde consultei significativo número de publicações contemporâneas à própria migração do século XIX, cujos autores eram, em geral, políticos e intelectuais que manifestavam de forma inequívoca as diferentes imagens criadas a respeito dos imigrantes e da imigração. Ao enfronhar-me nos conteúdos dessas publicações, fui notando como a intelectualidade italiana, que ansiava pela consolidação da unidade do Estado nacional, produzia discursos cujos conteúdos buscavam despertar no imigrado uma identidade italiana.

Além disso, a pesquisa em bibliotecas italianas possibilitou-me o contato com bibliografia mais recente,[3] que reavaliava as condições da saída de imigrantes no século XIX e do contexto das condições históricas da Itália naquele período. Com apoio nessa historiografia, pude refletir melhor a respeito das questões pertinentes à saída desses italianos da mãe-pátria, o que permitiu a elaboração do primeiro capítulo deste trabalho.

Como já adiantei, foram principalmente informações encontradas nos autos dos processos do Tribunal do Júri de Jaú que apontaram caminhos para a pesquisa. Essa documentação, por suas especificidades, revelou-se fonte valiosa para nosso propósito, ainda que demandasse certos cuidados. Os autos, embora tenham por objetivo a apuração dos responsáveis pelo delito, acabam por construir uma certa verdade sustentada em argumentações da jurisprudência e, dessa forma, apresenta uma ordenação da realidade filtrada pelo jurídico. De acordo com Marisa Corrêa, "o debate se dá entre os atores jurídicos, cada um deles usando a parte do 'real' que melhor reforce o seu ponto de vista", ou seja, as informações constantes nos autos transformam-se em versões de fatos. Ainda segundo a autora, "o concreto perde quase toda sua importância. Neste sentido o real que é processado, moído, até que se possa extrair dele um esquema elementar sobre o qual se construirá um modelo de culpa" (Corrêa, 1983, p.40). No brocardo jurídico, "o que não está nos autos não está no mundo".

No entanto, mesmo que a verdade dos autos leve a um distanciamento do concreto, suas versões não deixam de corporificar instâncias do "real", permitindo assim entrever comportamentos, formas de pensar, estratégias utilizadas por réus, vítimas e testemunhas em seus

---

3   Importante que se diga que, depois da década de 1980, a historiografia italiana deixou de interessar-se por esse tema.

diálogos com representantes da lei que, por sua vez, tinham em vista a manutenção do sistema normativo estabelecido. Dessa forma, essa documentação possibilita avaliar as ocasiões em que a ordem estabelecida foi posta em questão e os mecanismos de que os representantes da justiça lançaram mão para punir ou inocentar os réus e, em nosso caso, como imigrantes italianos interagiram com as ações da justiça. A análise dessas informações deu lugar à elaboração do terceiro e quarto capítulos, nos quais foram tratadas as particularidades dos encontros entre imigrantes italianos e representantes da sociedade hospedeira. No entanto, a riqueza dessa fonte permitiu ir mais além. Muitas das informações fornecidas pelos depoentes indicavam referenciais de lugares onde ocorreram os conflitos, e, igualmente, dos percursos realizados pelos envolvidos, enunciando assim a configuração de espaços que, por sua vez, tornava possível reconstruir uma visibilidade da ordenação socioespacial no âmbito da cidade. Com esse tipo de informação, complementadas por aquelas conseguidas em jornais locais, elaboramos o capítulo dois, no qual foram discutidos os lugares que preferencialmente os imigrantes escolheram para morar ou trabalhar. O quinto capítulo também foi organizado a partir de informações obtidas nos autos dos processos do Tribunal do Júri de Jaú, em jornais locais, e ainda em alguns autos de processos de testamentos e de depoimentos de descendentes de italianos. Esse capítulo trata do modelo alimentar do imigrante italiano, bem como do processo de incorporação da cozinha italiana à sociedade receptora.

Como já adiantei, para compreender melhor a inserção do imigrante italiano em uma sociedade urbana, utilizei também jornais locais, principalmente para cruzar as informações obtidas nas fontes judiciais, o que permitiu apreender questões postas em causa a partir de um outro ângulo. Assim como os processos judiciais, a utilização do jornal como fonte histórica exige certo cuidado, uma vez que o periódico se constitui em "instrumento de manipulação de interesses e de intervenção na vida social" (Capelato & Prado, 1980, p.11-9). Foram informações ali coletadas que permitiram averiguar as aproximações e distanciamentos que as facções da oligarquia local estabeleceram com os imigrantes italianos, tratadas no capítulo quatro.

IMPASSES NO NOVO MUNDO 17

Por último, quero esclarecer que, com o levantamento das informações obtidas na documentação, foi possível organizar uma planilha de dados na qual consta a data em que a informação foi registrada e a entrada do imigrante na cidade, bem como idade, estado civil, profissão, local de residência e de procedência desses imigrantes por região. Muitos dos nomes que não apareceram na documentação com indicativo da nacionalidade ou naturalidade foram levantados tendo como critério os sobrenomes, que, pela grafia, dão indicação de ser de origem italiana. Essas informações constam da planilha de dados na qual levantamos nomes dos imigrantes encontrados na documentação consultada, constando também, quando encontradas, informações a respeito da data da chegada ao Brasil, à cidade de Jaú, idade, estado civil, profissão, local de moradia e local de procedência da Itália. Esta última informação é a que menos aparece na documentação, uma vez que, de forma geral, a referência aos imigrantes indica apenas o país de origem, ou seja, a Itália.

1
FORMAS DE VIVER NA ITÁLIA E O IMIGRAR

O estudo do imigrado em seu processo de inserção em uma determinada sociedade é duplamente complexo, pois implica para o historiador dar conta de dois referenciais sociais: o da sociedade de origem e o de acolhimento, uma vez que, para lidar com os imigrantes como sujeitos históricos, é preciso buscar os sentidos que deram a suas vidas nos locais de origem e, ao mesmo tempo, avaliar como mediaram suas formas de pensar, sentir e agir no diálogo com a sociedade hospedeira. Filtram-se, assim, matrizes culturais construídas historicamente por ambos os segmentos, criando uma dinâmica em que as diferenças vão sendo mediadas, as fronteiras, que a princípio delimitavam as duas comunidades, vão se tornando movediças e a doação e recepção de formas culturais vão configurando uma nova sociedade. Igualmente, é preciso considerar a grande heterogeneidade de situações que emergem no movimento de encontro entre culturas. Dessa forma, vemos a imigração como a suspensão das práticas de vida dos imigrantes com o espaço social de origem, mas, por outro lado, a permanência das matrizes culturais, refeitas constantemente na dinâmica da relação tempo/memória que cada um deles, de acordo com suas vivências, elabora e reelabora. E, por último, é preciso ter em conta o caráter fortemente regional da cultura italiana. Portanto, para dar início a este estudo, é interessante visualizar as experiências vividas por esses imigrantes no outro lado do Atlântico.

Os imigrantes italianos que se estabeleceram no interior de São Paulo a partir de 1870, mesmo saindo de uma Itália unificada, carregavam consigo práticas culturais fortemente marcadas pelo regionalismo, expressando uma multiplicidade nas formas de viver e trabalhar que, em certa medida, propiciaram a elaboração de diferentes sentidos no projeto de imigração de seus habitantes.

Diante disso, vamos primeiro procurar mapear os traços distintivos dos imigrantes das diferentes regiões italianas na época da grande imigração e, tanto quanto possível, definir as especificidades mais marcantes das culturas ali presentes.

É sabido que o momento que antecedeu a imigração – nos meados do século XIX – a Península Itálica passou por profundas transformações de ordem política, econômica, social e cultural em face da unificação italiana, viabilizada por projetos elaborados por setores da classe dominante, tendo como fim principal a sustentação do desenvolvimento do capitalismo. Efetivada depois de uma luta armada que derrubou poderes locais, a unificação selou articulações políticas que visavam a estabelecer, pelo menos juridicamente, a identificação de território, Estado e Nação. Os caminhos escolhidos pela classe dominante para que essa tríade fosse assimilada pela massa da população e que, conseqüentemente, desse legitimidade a seus planos políticos de centralização, desencadearam as mais diversas reações em toda a península, sobretudo em face das profundas diversidades regionais, assentadas em construções culturais específicas, muitas das quais presas ainda a costumes de origem medieval.

A aplicação de uma política econômica unitária começou a incidir diretamente na vida das populações camponesas, deteriorando seu padrão de vida e, afinal, forçando-as a abandonar as terras onde viviam como camponeses, pequenos proprietários e arrendatários, e desencadeando uma imigração interna que as levou a tomar contato mais estreito com outras culturas existentes na península. Por ouro lado, o Estado, que tomou para si a tarefa de regular o princípio do mercado, passou de fato a exercer poder sobre a sociedade civil, conquistando espaços para manipular formas de pensar, sentir e agir, impondo, entre outras coisas, uma identidade artificial assentada na nacionalidade (Santos, 1999, p.138). Todavia, por seu princípio unitário, o Estado, ao impor-se, gerou contradições no interior de comunidades que, até então, mesmo vivendo com seus conflitos internos, mantinham vínculos que conformavam, num certo sentido, uma comunidade homogênea. Procurando ignorar a existência desse Estado, o campesinato reagiu diante dessa política, protestando vigorosamente quanto a seu papel, por intermédio da reutilização, em suas ações sociais, de modelos de sua própria cultura.

Emílio Sereni (1980, p.358), historiador italiano que estudou o impacto do capitalismo na população camponesa no momento subseqüente à Unificação, deu um exemplo que mostra, de forma inquestionável, a reação dos camponeses lombardos ante um ministro do Estado italiano. Em diálogos com eles, esse ministro queria convencê-los a não imigrar e, para tanto, fazia-os ver a responsabilidade que tinham perante o Estado italiano. A resposta desses camponeses ao ministro deu-se nos seguintes termos:

> Que coisas entendeis por uma nação, senhor ministro? É a massa de infelizes? Ah! Então, sim, nós somos verdadeiramente uma nação... Plantamos, ceifamos o trigo, mas nunca provamos o pão branco. Cultivamos a videira, mas não bebemos o vinho. Criamos os animais, mas não comemos a carne. Estamos vestidos de farrapos... E apesar disto, vós nos aconselhais, senhor ministro, a não abandonar a nossa pátria. Mas é uma pátria a terra em que não se consegue viver?

O que surpreende dessa fala é a aguda percepção da realidade que esses camponeses tinham em relação à dicotomia entre os discursos proferidos pelas autoridades italianas, que se propunham fundamentalmente a atender aos interesses da classe dominante e da realidade em que viviam.

Contudo é preciso salientar que o processo de mudança das condições de vida dos camponeses não foi uma novidade desencadeada com a Unificação. Franzina (1976, p.128), historiador da imigração vêneta, mostrou que, já no século XVIII, algumas comunidades rurais sentiram os primeiros impactos de mudanças ao depararem-se com o avolumar-se da chegada de costumes e valores que lhes eram estranhos. O início desse processo deu-se quando jovens camponeses, principalmente da região vêneta, pressionados pela pobreza no campo, foram obrigados a imigrar temporariamente em busca de trabalho remunerado nos países ao norte da Itália. Em meados do século XIX, essa tendência acentuou-se, em especial nas regiões vênetas de Beluno, do Friuli e Carnia, quando um expressivo número de jovens, visando a complementar os ganhos da família, buscou trabalho na Alemanha. Essa imigração temporária, embora, por um lado, fosse vista de forma positiva pela população camponesa, na medida em que se consubstanciava em fonte segura de ganho para o *paese*,[1] por outro provocava uma certa insegurança na comunidade camponesa visto que, por intermédio dela, abria-se uma porta de entrada aos novos valores e idéias inerentes ao capitalismo e à modernidade, valores esses, muito distantes do quadro mental e ideológico das áreas rurais (Franzina, 1976, p.131). A veiculação desses novos valores pelos jovens, em seu retorno, ia pondo à mostra as diferenças que, por sua vez, provocavam muitas inseguranças e incertezas naqueles que haviam ficado, porquanto essa população dominada pela ótica de um catolicismo tradicional tinha a percepção de que o trabalho industrial era socialmente imoral (Rinaldi, 1978, p.26). Todavia, o que as comunidades agrárias passaram a sentir ou intuir era o solapamento de suas práticas cotidianas e, como resultado, dava-se o fracionamento de suas identidades, o que não deixava de pôr em curso um profundo questionamento do "eu" e do "nós".

Mas não foi somente no interior das comunidades agrárias que as relações sociais começaram a ser alteradas com a prática da imigração temporária; também as relações entre os camponeses e a classe proprietária foram tomando outro rumo. Esta última, temendo um despovoamento do campo e a conseqüente perda de mão-de-obra, reagiu

---

1   Optei por não traduzir a palavra *paese*, pelo seu correspondente na língua portuguesa: lugar, terra, pois não dá conta de seu significado na língua italiana, em que não só o lugar é geográfico, mas também o lugar de uma comunidade articulada em bases culturais, ou seja, um espaço sociocultural.

à imigração, articulando uma ideologia antiimigrantista, mantida pelo menos até o início da década de 1890. Ela se sustentava na divulgação da "sátira do imigrante", cujo teor estava muito próximo de uma outra, de raízes muito antigas, denominada "sátira do vilão". Ambas tinham por meta a desqualificação moral do camponês. Segundo Franzina (idem, p.131), a premissa sobre a qual se fundava a moderna "sátira do imigrante" era a suposta depravação dos costumes do campesinato que, para a classe dominante, contaminava a pureza da velha sociedade rural. Dessa forma, os vilões camponeses eram tidos como os "verdadeiros extirpadores do campo", e, entre eles, "os mais vilões entre os vilões eram os trabalhadores braçais sem terra". Portanto, a "sátira do imigrante" consubstanciava a fobia da classe proprietária diante dos riscos sociais que poderiam ocorrer com a emergência do fluxo imigratório (idem, p.143). A propagação dessa ideologia pela classe proprietária era fazer que os camponeses fossem seduzidos por uma proposta de reforma na organização da agricultura, que lhes daria a possibilidade de aquisição de um outro padrão de vida e, em conseqüência, pudessem deixar de ser "vilões" (idem, p.149).

Franzina (idem, p.129-30) revela que, embora os proprietários tivessem a intenção de aproximar-se dos aldeões, utilizando palavras de afeto, de estima, elas perdiam o sentido em razão dos limites violentos impostos pelas relações paternalistas, já que, na verdade, o plano de execução da referida emancipação centrava-se no econômico, sem nada alterar nas relações de subalternidade do camponês aos proprietários.

Com a unificação, o impacto das idéias da modernidade foi bem maior na península. A partir de então, as novidades que vinham de fora encontravam uma burguesia emergente ávida por absorvê-las e divulgá-las. Também o próprio Estado, ao forjar mudanças radicais com a implementação de políticas econômicas unitárias, passava a atuar como modificador dos costumes das comunidades. O ajustar-se à nova ordem econômica deu início a um processo de desestruturação das bases da vida material e cultural de milhões de camponeses, que passaram não só a buscar desesperadamente novas formas de sobrevivência, mas também novos lugares para estabelecer-se.

Uma das principais decisões impostas pelo novo Estado, e que, posta em prática, provocou resultado devastador para a população camponesa, foi a unificação fiscal. Ao estabelecer que todo italiano se tornasse igual perante o fisco, fez que os camponeses se deparassem com exigências de uma lei que os penalizava, já que seu cumprimento os forçava a desfazerem-se de tudo, ou de quase tudo, que tinham para tentar saldar seu débito com o Estado. Sereni (op. cit., p.76), ao tratar dessa questão, expressou com uma curta, mas contundente frase, as graves conseqüências dessa política ao asseverar: "nesse momento, a Itália política saqueou a Itália agrícola". Proprietários de terras, principalmente os pequenos que delas dependiam para a subsistência, viram todos os seus minguados recursos serem sugados pelo sistema fiscal. O resultado foi um intenso aprofundamento da pobreza, que interferiu até mesmo nos padrões alimentares da população camponesa que, sem condições de produzir ou comprar trigo, passou a ter no milho a base de sua alimentação. Diante disso, a pelagra, doença provocada pela falta de vitaminas decorrente do restrito consumo de derivados do milho, antes limitada a alguns lugares, disseminou-se por grande parte da península (idem, p.83).

Dados apresentados por Moriconi (1897, p.280-1) dão-nos a dimensão do panorama da pobreza da Itália de então. Eram cem mil pelagrosos, 133 mil crianças com raquitismo e escrofulose, 6 milhões de habitantes em regiões de malária. Em 5 mil comunas, o dinheiro não era suficiente para comer carne; em 1.750, o pão era coisa rara; em 1.500, a água era escassa ou ruim; 600 não possuíam médico e 335 não tinham cemitério. E enquanto em 1871 havia 26.801.154 habitantes na Itália, em 31 de dezembro de 1896 a cifra alcançava 31.290.490; portanto, em 25 anos houve um aumento de 4.489.330 habitantes e, nesse mesmo ano, o total de imigrantes que deixaram a península já atingira a cifra de 1.988.144.

Embora o impacto da política econômica adotada pelo novo Estado fosse sentido em todo o território italiano, a resposta a ela, em função da grande diversidade das condições de vida, de trabalho e das bases culturais das províncias italianas, apresentou-se de forma diferenciada. É sabido que a principal distinção no interior da península se dava entre o norte e o sul. O norte, graças às transformações por que já vinha passando, abriu-se de forma mais favorável à implementação das estruturas capitalistas e dos ideais da modernidade. O sul, ainda preso a formas de vida em moldes feudais, com uma sociedade cujas bases culturais nos últimos séculos haviam mudado pouco, foi mais resistente a esse ajuste.

Entretanto essa não constituía a única diferença entre as regiões italianas, visto que, também em termos socioculturais, o território era uma colcha de retalhos cujos tons variavam muito. A língua falada podia ser uma das expressões mais evidentes dessa diversidade. É sabido que na Itália, em 1860, no momento da unificação, apenas 2,5% da população, em seu cotidiano, usava o italiano para comunicar-se (Hobsbawm, 1990, p.77). Cada região dispunha de seu próprio dialeto, que embora tivesse raízes comuns em relação ao italiano oficial adotado, as diferenças eram bem marcantes:

> os sardos não entendem os vênetos, os vênetos não entendem os sicilianos, os lombardos não entendem os napolitanos etc. Eram as diferenças dialetais expressando as diversidades culturais que os distanciavam, uma vez que a língua, o dialeto ou o sotaque são objetos de representações mentais, quer dizer, de atos de percepção e de apreciação, de conhecimento e de reconhecimento em que os agentes investem os seus interesses e os seus pressupostos. (Bordieu, 1989, p.112)

Dessa forma, ao comunicar-se por meio de uma língua, o grupo social também expressava as formas de representação de sua cultura. No caso da Península Itálica, essas nuanças da língua remontavam à própria formação histórica dessas regiões, que foram estruturadas ao longo de mais de um milênio em constantes contatos com povos de diferentes culturas que circulavam pelo Mediterrâneo. Portanto, as diferenças lingüísticas punham em evidência uma experiência histórica e cultural distinta.

No momento subseqüente à unificação, o isolamento regional e a diferença da instrução elementar permaneceram, fazendo que o italiano oficial se apresentasse como uma língua literária da elite dominante, enquanto a massa camponesa continuava a servir-se dos dialetos regionais, não só em sua vida cotidiana, mas também em suas produções artísticas. O conteúdo dos jornais, dos romances e das poesias em língua italiana oficial era praticamente a expressão da vida da elite dominante. No entender de Sereni (op. cit., p.199), por muito tempo a unificação para o camponês italiano apresentava-se como algo distante, quase irreal: eles só se apercebiam de seu significado quando o rei tirava seu filho do *paese* natal, para conduzi-lo como soldado a uma terra que o camponês ainda via como estrangeira.

Embora o processo imigratório da Península Itálica já estivesse em andamento desde 1870, só em meados da década de 1880 é que ele tomou o caráter de imigração em massa. Foi quando uma crise econômica profunda acelerou o rompimento dos laços de opressão semifeudal que, até então, mantinha a população rural submissa aos grandes aristocratas, crise que, do mesmo modo, pôs em questão a sobrevivência do pequeno proprietário. Ela se manifestou bruscamente na Itália em 1881, quando o governo estabeleceu uma adequação para os preços internos dos produtos agrícolas, em consonância com o novo câmbio da lira, adaptando-se aos preços do mercado mundial, que pressionou para baixo os preços internos dos produtos agrícolas (idem, p.235). Para ajustar-se à nova realidade e manter seu padrão de vida, os grandes proprietários fizeram recair sobre a população trabalhadora do campo o ônus de tal crise, expropriando ainda mais o trabalho dessa população. Paralelamente, grande número de pequenos proprietários, sem saída para enfrentar a crise, viu-se obrigado a vender suas terras, pois seu ganho reduzido não lhes permitia viver do produto de seu trabalho, e muito menos saldar seu débito para com o fisco (idem, p.246).

Para melhor esclarecer as peculiaridades do processo imigratório, é preciso que se vá além das explicações de ordem econômica. São particularidades socioculturais das diferentes regiões da península, que permitem apreender as especificidades do processo imigratório, e como depois interferiram nas configurações do processo de inserção do imigrante na sociedade hospedeira. Para tanto, apoiando-nos principalmente em informações apresentadas por Emílio Sereni, apresentamos um quadro geral das regiões italianas, com ênfase na vêneta e na calabresa, na medida em que os imigrantes dessas regiões tiveram maior representatividade, expressada em termos numéricos na cidade de Jaú.

Nas regiões meridionais e na Sicília, a estrutura social na época da unificação permanecia, de forma geral, quase a mesma da época feudal, ou melhor, era uma vida econômica, administrativa e cultural bastante fechada. As famílias eram auto-suficientes, produzindo o necessário para seu consumo por meio de uma divisão entre homens e mulheres que executavam trabalhos diferenciados e complementares. A principal tarefa da mulher, além dos afazeres domésticos, era fiar e tecer. Essa prática de diferenciação entre trabalho masculino e feminino decorria – Sereni observava – das grandes distâncias que separavam os locais de morar e de trabalhar do homem, pois nas áreas de cultivo não havia espaço para o estabelecimento de residências para abrigar a família. Assim, os homens construíam moradias precárias junto ao local de trabalho, onde permaneciam ao longo da semana, retornando ao convívio da família apenas nos fins de semana. Por outro lado, as mulheres e crianças eram compelidas a viverem sós. Este fato, somado à presença de banditismo que ameaçava a segurança, à falta d'água e à malária endêmica, fazia que os camponeses aglutinassem suas moradias formando aldeias. Inviabilizava-se dessa maneira para as mulheres a complementação do trabalho masculino na lavoura, o que as forçava a assumir as tarefas domésticas, complementando as necessidades materiais da família por meio do artesanato. Delas, dependiam as vestimentas do verão e do inverno de toda a família. Sereni (idem, p.154) acentua que uma camponesa que não se ocupasse do tear era desprezada em seu próprio meio.

Pelo fato de as mulheres passarem a maior parte do tempo sem a presença masculina, estabelecia-se entre elas uma intensa sociabilidade por meio de conversas e de ajuda mútua, engendrando uma tácita solidariedade dificilmente rompida. Todavia, esse convívio intenso gerava também violentas disputas (idem, p.155-6). Sereni, em sua análise sobre essa questão, argumentou que, por causa de essa sociedade ser fundamentalmente agrícola e a mulher estar ausente desse tipo de trabalho, ela era obrigada a permanecer tacitamente submetida a uma situação de inferioridade social. Porém, é preciso ter em mente que Sereni, trabalhando com uma abordagem marcada por um certo economicismo, não deu a devida atenção ou muita ênfase às questões de ordem econômica e a importantes formas de poder que, seguramente, essas mulheres adquiriam no ambiente da aldeia, na medida em que a intensa sociabilidade estabelecida entre elas lhes dava a possibilidade de exercer um vigoroso controle da comunidade, consubstanciando poderes aos quais os homens não tinham acesso. Além disso, como essas mulheres dispunham de um maior controle da família e da casa, certamente dominavam também as relações entre sexos e gerações, assegurando o controle dos principais espaços geradores e transmissores da cultura. Tanto que, até hoje, a mulher do sul da Itália tem um papel significativo no âmbito da família.

Um outro aspecto marcante que dominava a vida do camponês italiano era a religiosidade. No sul e na Sicília, o catolicismo oficial, emanado do Vaticano, permaneceu distante da maioria da população, prevalecendo entre os camponeses uma ação religiosa distinguida por elementos naturais (idem, p.195), expressos por meio de um folclore mágico com raízes históricas assentadas em um substrato cultural oriundo do momento da expansão da civilização cristã (Martino, 1976, p.263).

Na região central da Itália, as condições de vida eram muito próximas das do sul. No final do século XIX, no agro romano as atividades principais eram o pastoreio errante e a cultura de cereais, praticada de forma muito primitiva, delineando assim um perfil de miséria e desolação. Sereni (op. cit., p.169) chama atenção para uma diferenciação entre os camponeses dessa região: ao lado dos mais pobres, havia aqueles que, com mais recursos, podiam assegurar um maior número de animais para trabalho, permitindo-lhes explorar áreas mais extensas e com melhores condições para o cultivo no latifúndio.

As províncias ao norte de Roma distinguiam-se em relação às do sul em vários aspectos; porém, em comum, tinham a presença da pobreza, que também havia se aprofundado após a unificação. Entre elas, estava a Toscana, região coberta por grandes plantações de videiras e árvores frutíferas, e colinas verdejantes esparsamente pontuadas por cidades e vilas. Era uma área mais densamente povoada que as das províncias do sul; contudo, também como naquelas, a miséria preponderava nas numerosas aldeias incrustadas nas encostas de montanhas onde vivia grande parte dos camponeses (idem, p.176). Ao falar sobre essa região, Sereni dá uma grande ênfase ao aspecto da cultura letrada. Afinal, o dialeto que se impôs como língua oficial após a unificação foi o toscano, e foi por meio dele que a cultura letrada da classe dominante procurava dar o tom da cultura nacional. Assim, a imposição desse dialeto passou a ter relevante papel para a manutenção do Estado-Nação, no sentido de soldar as fissuras culturais expressas pelas diferenças dialetais. A importância que Sereni deu a essa questão se deveu a seu método de abordagem dentro de uma perspectiva marxista, pela qual o Estado unificado fazia parte de uma expressiva etapa da história.

Ainda com relação à vida no campo da Toscana, Sereni afirmou que a dependência das famílias camponesas por séculos permaneceu ligada ao mesmo poder; no entanto, à medida que a estrutura feudal foi se desfazendo ao longo do século XIX, as terras foram passando aos poderosos burgueses da cidade. Estes, ao adquiri-las, começaram a estender seu domínio econômico e político no campo, provocando a cristalização do regime de exploração da parceria. Esse regime de trabalho pressupunha a fixação da família camponesa na terra, e estabelecia uma ligação estável entre ela e o poder a que estava subjugada. Nela, sob o controle do proprietário e de seu agente, a família de colonos era obrigada a prestar serviços na cultura da fazenda. Esse controle era tão forte que se estendia à vida interna da família, a ponto de o filho ou a filha do colono não poder casar-se sem obter a permissão do proprietário. Na maioria dos casos, a dependência aumentava ainda mais com a usura praticada pelo patrão (idem, 178).

Na segunda metade do século XIX, a parceria permanecia não só sobre os campos da Toscana, mas também nas regiões da Marca e da Úmbria, conforme Sereni (ibidem), quando da unificação, esse sistema de trabalho tornou-se um sério obstáculo ao desenvolvimento em função de sua baixa produtividade. Aos poucos, esse sistema foi sendo desmontado, deixando praticamente como única saída à população camponesa a imigração.

Na região da Emilia, e particularmente na Romagna, a parceria também estava presente, mas de uma forma mais flexível do que na Toscana, Úmbria e Marca. Os camponeses ali dispunham de um certo capital, e, com o patrão, eram proprietários da metade dos animais e de outros instrumentos de produção. Os campos dessa região eram dominados por vastas áreas incultas quase desabitadas, e onde o homem estava presente, a miséria era tão marcante e a diferenciação social tão profunda, que tinha como conseqüência direta uma violenta tensão em todas as relações sociais (idem, p.186). Em torno de 1860, com o aprofundamento da miserabilidade dessa população, somada a uma forma de viver isolada que a levava a um individualismo, a desigualdade e a injustiça social fizeram que aumentasse a violência. Diante dessa realidade, essa região passou a ser cognominada de "a terra clássica das emboscadas pacientes e das vinganças sanguinolentas" (idem, p.189).

Importante atentar para o fato de que, para os camponeses que viviam em regiões onde predominavam as relações de trabalho sob a forma de parceria, e que vieram a trabalhar nas fazendas de café paulistas, o estranhamento não deve ter sido muito grande ao depararem-se com a estrutura de exploração de trabalho do colonato, uma vez que esta era muito semelhante ao regime de trabalho a que estavam submetidos em suas regiões de origem.

Nas regiões do norte da Itália, Lombardia e Piemonte, desde a primeira metade do século XIX os proprietários de terras vinham procurando ampliar suas áreas de influência, utilizando práticas capitalistas. Já nas zonas montanhosas dessas duas regiões, permaneciam as formas sociais mais tradicionais de exploração do trabalho do pequeno camponês. Os trabalhadores assalariados, em geral, eram remunerados; no entanto recebiam uma boa parte do pagamento *in natura*, o que caracterizava, em termos de relações sociais, uma submissão ao patrão, vale dizer, uma situação de servidão. Todavia, na medida em que as regras do capitalismo foram sendo impostas, a grande maioria dos camponeses foi sendo lançada à margem das novas formas de produção, entrando num profundo processo de empobrecimento. Para eles, a imigração passou a ser vista como a única possibilidade de buscar novas formas de vida.

No Vêneto, a burguesia emergente, ao pôr em prática as regras do capitalismo, encontrou barreiras menores em função das especificidades de suas estruturas social e econômica. A sociedade vêneta era composta por uma minoria de proprietários rurais geralmente morando nas cidades, que formava uma aristocracia de sangue e dominava uma massa de camponeses que lhes prestava serviços sob a forma de meeiros, ou alugando terras em condições de extrema exploração. Ao lado dessa aristocracia de sangue e dos camponeses, estavam os burgueses, que, de forma geral, trabalhavam como mercadores, ou lojistas que manejavam o dinheiro e resolviam os negócios (Gambasin, 1978, p.115). Também no Vêneto o avanço do capitalismo conduziu a um aprofundamento da pobreza que já grassava em meio aos camponeses. O aumento do aluguel da terra impôs a uma parte significativa desses camponeses o abandono de seus antigos locais de trabalho, que deu início a um deslocamento de uma fazenda a outra, almejando melhores condições de vida (idem, p.114).

Portanto, de modo geral, nas regiões italianas onde sobreviviam os resíduos feudais, os proprietários de terras, para desenvolverem a agricultura em moldes capitalistas, utilizaram práticas de expropriação dos camponeses, e estes, sem condições de sobreviverem no campo, saíam praticamente em fuga na busca de ocupação, em geral como assalariados, em outras áreas. Esse fenômeno adquiriu uma grande importância na Itália após a unificação, pois veio engrossar a corrente interna de imigração temporária. Num primeiro momento, o principal centro de atração dessas correntes imigratórias foi a Itália setentrional, onde as grandes fazendas capitalistas passaram a absorver uma maior quantidade de mão-de-obra (idem, p.327-8). Entretanto, ao mesmo tempo em que essas correntes imigratórias internas foram engrossando, teve início a chamada "grande imigração" da Itália.

O impacto da política econômica que visou à centralização do poder e ao controle das populações mais pobres foi importante fator de desagregação da propriedade feudal, mas, como veremos, sua ação obteve respostas diferenciadas de acordo com especificidades locais. A imigração foi a principal dessas respostas.

Especificidades da imigração na Calábria

As diversidades das condições de vida de cada uma das províncias do sul da Itália devem ser levadas em consideração quando se pretende compreender o processo imigratório iniciado nos primeiros anos do decênio de 1870, uma vez que o montante daqueles que deixavam suas terras bem como as formas de partir variavam de acordo com as condições socioculturais de cada localidade. Desse modo, a Basilicata, região onde a pobreza era muito acentuada, por volta de 1872 foi o local de onde saiu o maior contingente imigratório do sul da península. De seus 510 mil habitantes, apenas 15.086 eram agricultores com posses, 10 mil eram capitalistas abastados, enquanto 120.666 dos trabalhadores eram braçais que vivenciavam o espectro da fome, e ainda havia cerca de 23 mil pessoas sem emprego, sobrecarregando a pobre população trabalhadora (Moriconi, op. cit., p.281).

Foi o impacto das transformações após a unificação na Itália meridional que veio alterar as relações sociais e desencadear o processo imigratório. Era o Estado, o "outro" sem face, que, ao se impor, foi mudando o caráter das relações sociais, gerando novos parâmetros de identidades deslocadas das características do espaço cultural do *"paese"* e, portanto, passando a ser a principal razão do esgarçar do tecido de suas culturas. Na Sicília e no sul da península, a atividade artesanal da mulher aldeã foi aos poucos sendo corroída pela concorrência dos produtos industrializados (idem, p.156), rompendo assim toda uma tradição cultural, e com ela, a ordem social estabelecida.

As especificidades da imigração calabresa poderão ser melhor compreendidas a partir de sua periodização. Quem apresentou informações valiosas a esse respeito foi Pino Arlacchi (1982) que, para bem analisá-la, dividiu-a em dois momentos. O primeiro, compreendido entre os anos de 1870 e 1881, caracterizou-se mais como fenômeno de conteúdo psicológico que econômico. Sua argumentação está sustentada nas estatísticas oficiais. O censo demográfico de 1881 registrou a saída só de nove pessoas da região de Crotone, contra 3.168 da de Cosenza e 15.065 de toda a Calábria. O caráter dessa imigração não era exclusivamente agrícola, pois além dos agricultores, imigraram em ordem decrescente:

artesãos, pedreiros, marmoristas, escultores, domésticas e pequenos comerciantes. Nessa primeira fase, muitos profissionais liberais como médicos, advogados e engenheiros também partiram por conta própria, deixando a Itália, porque o país não oferecia condições de trabalho. Será visto posteriormente como foi representativo o número de imigrantes da região de Cosenza para a cidade de Jaú nas décadas de 1870 e 1880, e que ali se dedicaram às atividades urbanas.

A segunda fase da imigração calabresa, demarcada por Arlacchi, está compreendida no período que vai de 1897 a 1901, e foi desencadeada pela pobreza que havia se aprofundado no meio rural. Essa imigração foi marcada por uma característica específica: a da solidariedade da parentela e amizade de pequenos lugarejos, isto é, daqueles conhecidos que já haviam tido a experiência da imigração é que passaram a dar subsídios para um novo grupo de pessoas que pensavam em imigrar. Em muitas vilas camponesas do Cosentino, esta solidariedade tendeu a ser ulteriormente institucionalizada como uma organização sustentada por um princípio de cooperativa, que passou a dar prestígio e dinheiro aos camponeses que dela faziam parte (idem, p.161).

As diferenças que variavam de uma localidade para outra interferiram não só no caráter, mas também no montante do contingente de imigrantes. Pino Arlacchi, ao estudar o caráter distintivo da imigração do sul da Itália, deu exemplos de duas regiões específicas da Calábria, a crotoniense e a cosentina, mostrando como onde a miserabilidade era gritante, a opção de emigrar praticamente não existia. A região crotoniense, com estrutura agrária caracterizada pelo latifúndio, e onde a pobreza era mais aguda, quatro importantes obstáculos interpuseram-se à imigração: a miséria, a fraqueza das relações familiares, envolvendo a parentela e amizades tradicionais, o escasso individualismo empreendedor, e uma intensa sociabilidade. Dessa forma, era preciso um limiar mínimo de recurso econômico para tentar o caminho da imigração (idem, p.159-160). Os camponeses que conseguiram imigrar foram os pequenos inquilinos que possuíam alguma coisa para poder vender ou empenhar, como a casa, implementos agrícolas, terra, animais etc., ou então os artesãos, pequenos proprietários e pequenos comerciantes rurais. A imigração da região de Cosenza foi predominantemente maior no segundo período da imigração calabresa, quando prevaleceu a saída de pequenos proprietários camponeses.

Uma característica marcante da imigração calabresa, segundo Arlacchi, foi o estabelecimento de uma rede de relações tradicionais que perdurou de forma bilateral, fazendo que as instituições tradicionais reforçassem a imigração e esta, por outro lado, passasse a exercer um vigoroso efeito que fortalecia as relações tradicionais. A instituição do matrimônio, juntamente com a da família, da parentela e da vizinhança, não se enfraqueceram com o fenômeno imigratório, ao contrário, nos anos de mais intensa imigração tornaram-se mais fortes. Tal fenômeno pode ser explicado por uma difusa tendência de instrumentalizar a dimensão econômica de troca matrimonial com o fim de poder emigrar, e também, pela razão maior da reafirmação, via imigração, em manter os laços com a cultura e a sociedade de origem. No sul da Itália, com maior ênfase na Calábria, uma nova tendência ia se propagando no momento da imigração. Homens que tomavam a decisão de partir para a América, principalmente na idade entre 20 e 35 anos, uniam-se à mulher de seus sonhos um mês ou dois, ou até 15 dias antes da partida. Dessa forma, o matrimônio consubstanciava-se praticamente no último ato importante do imigrado antes de deixar sua terra, e com ele passava a ter em seu *paese* um correspondente seguro a quem podia encaminhar e confiar, os pecúlios levantados com seu trabalho em lugares distantes. Uma explicação para esse anormal costume de casar antes de emigrar seria o reforço da centralidade da família e a adequada integração do imigrante na comunidade de origem. Assim, "o seu ponto de referimento continuava a ser o lugar de origem... e este era *locus homonis* da sociedade onde deveria estar o bom viver se tivesse dinheiro" (Franzina, op. cit., p.162).

Portanto, os imigrantes dessa região, quando se estabeleciam no interior dos locais que escolheram para morar, pelo menos no primeiro momento, não tinham como meta prioritária buscar sua integração estabelecendo relações de amizade e vizinhança, e muito menos constituir família. Juntar dinheiro e retornar ao lugar de origem era seu principal objetivo. Não obstante, como veremos em capítulo mais à frente, quando analisaremos o caso de Jaú, isso nem sempre ocorreu.

Especificidades da imigração no Vêneto

A região vêneta foi de onde a saída de imigrantes veio a ser a mais significativa da Itália, sobretudo a partir do momento da grande imigração ou, mais precisamente, em 1886. Essa saída em massa de imigrantes levanta questões a respeito dos motivos que levaram famílias, e até vilarejos inteiros, a abandonar as terras que há centenas de anos vinham sendo o berço de seus ancestrais. Embora a pobreza tenha sido o mote principal, ela sozinha não é suficiente para explicar a fuga em massa dos imigrantes da região vêneta.

Franzina, um dos principais estudiosos dessa imigração, afirma que a chave para a compreensão da saída dos vênetos está nas especificidades da cultura dessa região. Para melhor estudá-la, ele a dividiu em duas fases, a antiga e a moderna. A antiga, já anteriormente mencionada, teve início no final do século XVIII e estendeu-se até os inícios da década de 1880, caracterizada por uma significativa e continuada imigração temporária de jovens que, sentindo as dificuldades de sobreviverem em suas terras, buscaram trabalho na Europa do Norte, particularmente na Alemanha. Essa saída de jovens era já nessa época definida como uma "imigração decorrente do pauperismo" (Franzina, op. cit., p.128).

Por seu próprio caráter sazonal, essa primeira fase da imigração vêneta forçou uma abertura do *paese* a novos valores, inerentes à sociedade industrial, trazendo muita insegurança à sociedade rural. Dessa forma, uma colheita ruim em meados do século XIX passou a ser interpretada pela sociedade camponesa como punição divina sobre a sociedade italiana, que, com a mudança de costumes, estaria sendo corrompida pelo materialismo e a irreligiosidade. A preocupação dos católicos intransigentes foi, por muitos anos, aquela de exorcizar os efeitos desviantes introduzidos, mormente pela imigração temporária dos meados do século XIX, recaindo a culpa sobre os jovens imigrantes. Foram eles que, vivendo em países populosos, com destaque para a Áustria, assimilaram e depois foram difusores das idéias revolucionárias, notadamente do socialismo, do comunismo e do anarquismo, vistas pelos tradicionalistas como destruidoras das comunidades de boas famílias e desagregadoras da ordem religiosa da sociedade rural veneta (idem, p.132). Desse modo, na medida em que o campo foi sendo transformado, deu-se também a desestruturação das formas mais tradicionais de viver, acentuando o empobrecimento do camponês. A preocupação daqueles que tinham uma mentalidade muito ligada à tradição e aos valores do catolicismo local incluiu uma grande inquietação ante o embate entre o novo e o velho. Nesse contexto, as autoridades eclesiásticas passaram a apresentar levantamentos das condições das famílias que estavam vinculadas às paróquias, tendo em vista demonstrar a falta de sentimento religioso da população, acima de tudo, com as "desordens familiares expressas em matrimônios desfeitos (Gambasin, op. cit., p.119)". É oportuno destacar que muitos chefes de famílias que imigraram na segunda fase da imigração eram aqueles jovens que haviam vivido em sociedades mais abertas aos valores da modernidade da Europa do Norte.

O segundo momento da imigração vêneta, definido por Franzina, teve como característica principal o contínuo e expressivo aumento do volume da saída em direção ao continente americano. Embora seu início possa ser datado em 1876, o êxodo em massa só começou a ocorrer um decênio depois. A decisão de deixar a terra tomou conta da massa camponesa vêneta depois de esta ter visto seus bens dominiais e eclesiásticos serem alienados, o uso comunitário da terra, abolido, com a decorrente perda da prerrogativa de vários direitos de pastagem aberta. Na realidade, o que estava ocorrendo era a passagem do uso tradicional da terra de bases semifeudais para a moderna fase das áreas agricultáveis, em face da ação da burguesia proprietária. A mudança dos contextos econômico e político e a particular situação agrária do período iniciado em torno de 1875 fizeram que o camponês passasse a ter a percepção de que vivia numa situação insustentável de sofrimento e miséria. Nesse contexto, a imigração em direção ao transatlântico passou a ser vista como uma oportunidade única de romper-se os liames com aquela forma de viver (Franzina, op. cit., p.133).

Na década de 1880, Franzina elucida o preconceito antiimigrantista – que como já visto, desqualificava moralmente o camponês – permanecia o mesmo da primeira metade do século XIX; todavia, nesse momento ele passou a ter um considerável papel no desencadeamento do processo imigratório, uma vez que foi um elemento essencial para a conscientização da massa camponesa no tocante ao desprezo que os aristocratas tinham em relação a ela. Foi quando os proprietários ficaram iludidos com a idéia de poder acabar com a pobreza dos camponeses e, conseqüentemente, impedir a imigração, dando-lhes acesso à ocupação dos terrenos incultos e à secagem dos pântanos, fazendo-os assim se tornarem proprietários. No entanto, o desejo dos camponeses não era ter acesso a terra, mas conquistar um padrão de vida com o mínimo de conforto. Diante da nova postura dos aristocratas, os camponeses não só se aperceberam das soluções inexeqüíveis apresentadas por eles, mas igualmente tomaram consciência do preconceito que essa classe proprietária tinha contra os pobres. Isso os levou a formar uma auto-imagem de inferioridade perante os aristocratas, o que resultou num aprofundamento dos ressentimentos em relação a eles. A exploração do trabalho e a violência das relações paternalistas, somadas aos ressentimentos advindos da "sátira do imigrante", fizeram que a opção de imigrar soasse como uma válvula de escape. A partir da década de 1880, quando o número de camponeses vênetos que se dirigiam para a América tomou vulto, não fazia parte de seus planos o retorno a sua região de origem. Tanto que antes de deixarem seu lugar ou seu *paese*, geralmente vendiam todas as suas coisas, animais e mobília, e os que possuíam terras, delas se desfaziam, levantando assim um pecúlio para ser investido na América (idem, p.166).

Embora a principal razão da saída dos imigrantes da Itália tivesse sido a miséria decorrente da reestruturação da vida econômica imposta pelo Estado unitário, em determinado momento as especificidades regionais e locais foram decisivas para que segmentos da população tomassem a iniciativa de partir.

No Vêneto, nas áreas montanhosas e no Friuli, a imigração foi desencadeada pela desestruturação dos resíduos feudais no campo. Franzina menciona um exemplo representativo dessa situação: o de um lugar chamado Montello, onde milhares de camponeses que formavam uma sociedade comunitária – cuja garantia das condições mínimas de existência dependia de 6 mil hectares de floresta, de onde as populações que viviam em seus arredores recolhiam para seus sustentos lenha e frutas – foram obrigados entre os anos de 1886 e 1895 a emigrar em massa para o Brasil, especificamente para o estado de São Paulo, depois de o proprietário dessa área florestal, o Estado italiano, tê-la destruído como forma de contestação à não-saída dos habitantes. Outro exemplo é o da região alagadiça em torno de Adria e Cavarzere, na província de Rovigo. Ali, a população mais pobre, ligada à aristocracia agrária por uma prolongada permanência dos vínculos feudais, nos anos de 1890, viu serem rompidos esses vínculos, em vista da produção em termos capitalistas. Diante dessa realidade, a imigração transoceânica apresentou-se como uma solução para esses camponeses (idem, p.166-177).

Setores da Igreja desempenharam expressivo papel no sentido de interferir no processo imigratório do Vêneto. Como o Vaticano não tinha uma posição clara a respeito dessa questão, os párocos das igrejas venezianas, cuja influência era muito grande nas comunidades rurais, posicionavam-se "ora a favor ora contra a imigração" (idem, p.169). Nos locais onde as pessoas da comunidade não encontravam outra saída, senão a imigração, eram os próprios padres que, muitas vezes, tomavam a iniciativa de organizar a partida (idem, p.170). Franzina cita o caso de dom Giacomo Bruttomesso, que se uniu "aos camponeses imigrantes e tornou-se, em 1886, o capelão de Nova Vicenza, no Brasil. Não menos freqüentes foram os casos de párocos que, do púlpito, aconselhavam a população a imigrar" (ibidem).

Na opinião desse autor, para a maioria dos camponeses que estavam deixando o Vêneto a partir da década de 1880, mesmo sem muitas esperanças de vencer na vida, a imigração apresentava-se como a última cartada de um jogo, e exemplifica esse sentimento que, de forma inequívoca, expõe a consciência que um camponês na hora da partida tinha em relação a seu futuro: *"No si viveva più, se moriva; 'sarà quel sarà, peggio del presente non sarà certo'; tentiamo la sorte, la sarà come sarà, e giacché abbiamo presto o tardi da morire, tanto vale lasciare la nostra pelle in América come nell'Europa"* (idem, p.173). Franzina defende a idéia de não ver só a miséria e a fome como elementos suficientes para explicar a fuga em massa, e justifica que é no entendimento de uma "autonomia camponesa", inerente à própria cultura rural vêneta, que podem ser encontrados elementos importantes para perceber "as ligações entre os habitantes do campo vêneto dos oitocentos e a imigração". Foi pela prática dessa autonomia no momento da unificação que o camponês vêneto conseguiu manter uma "distância em relação ao contexto cultural e político do Estado burguês unitário, bem como aos avanços populista católico e da hierarquia eclesiástica". Quando o Estado passou a cobrar tributos no campo, "os camponeses reagiram elaborando uma elementar estratégia de autodefesa, utilizando hábitos de seus lugares, como o incremento de uma antiga prática de furto campestre, sempre intensificada na época da colheita" (idem, p.192 e 194). Foi o que aconteceu na região de Verona quando, entre 1876 e 1879, ocorreu um aumento acentuado dos delitos no campo, que passaram logo a ser classificados pela classe dominante como ociosidade, vagabundagem, assalto à mão armada e furtos campestres. Mas essas ocorrências nada mais eram que insubordinações de massa, conscientes e bem definidas, isto é, manifestações de um aspecto da mencionada "autonomia camponesa" (idem, p.195). Contudo, quando os camponeses percebiam que os objetivos dessas agitações estavam falindo, passavam a ver a imigração como uma saída possível. No verão de 1888, na região de Verona, com as agitações levadas a cabo em Roveredo di Guà, Villafranca, Castelletto de Mozzole, Cologna, Terrazo, entre outros lugares, não tendo sucesso pelas estratégias de furtos os camponeses foram obrigados a abandonar em massa sua região de origem, buscando a imigração transoceânica (idem, p.197).

Outro aspecto do caráter da cultura vêneta que ajuda a compreender a fuga em massa e a irracionalidade e a emotividade do camponês dessa região, diz Franzina, era que a decisão de imigrar não era somente o resultado de uma ação pensada, mas também de decisões tomadas irrefletidamente. Era uma irracionalidade advinda de emoções de fundo mítico, que remontavam "aos contos da mais antiga tradição cultural camponesa do sabá, do carnaval, do mundo da terra prometida". Vista dessa ótica, a ação de imigrar assumia o caráter de uma festa, e o abandono da terra significava romper os vínculos materiais de submissão aos patrões e de subordinação à terra natal.

Uma outra atividade que também, de certa forma, esteve relacionada à imigração foi o "filó", uma prática cultural que consistia em reuniões informais durante o inverno na casa de um dos camponeses. Como o frio impedia o desenvolvimento do trabalho no campo, eles se reuniam para entabular longas conversas pelas quais gerações recebiam e refaziam seus costumes e valores. As mulheres, que também participavam dessas reuniões, ao mesmo tempo em que conversavam, iam tecendo os agasalhos de inverno para a família. Franzina comprova que muitos daqueles que tomaram a decisão de deixar sua terra puderam "ter pessoalmente pré-saboreada a partida na longa e fantástica vigília do 'filó' no inverno" (idem, p.203).

O momento da partida também podia se converter num ritual simbólico. Um exemplo citado por Franzina apareceu no jornal *O Verona Fedele* em 17 de julho de 1887, narrando detalhadamente a partida. Dizia, então, o articulista daquele jornal:

> Quarta-feira passada desfilava pelas vizinhanças de San Dona uma coluna com cerca de 200 imigrantes que caminhavam em direção à ferrovia que os levaria para Gênova. Nas extremidades da dianteira estavam dois pais com duas crianças sobre os ombros, cobertas de guirlandas, e entre eles estava a porta-estandarte com uma pequena bandeira, na qual estava escrito *"Viva l'America"*! Seguia depois um grupo de músicos, os quais com uma marcha regulavam o avançar da compacta coluna, que prosseguia ordenada entre os aplausos e os vivas dos camponeses... (idem, p.204)

Era, portanto, o orgulho dos camponeses que precisava ser exibido e festejado publicamente, uma vez que a partida significava o coroamento de um rompimento com a submissão que, até então, os prendia à aristocracia agrária. Assim, o imigrar era uma decisão que rompia definitivamente com todas as vontades ou pressões a que estavam submetidos.

Um outro elemento da cultura camponesa vêneta, que também vem ao encontro da explicação da imigração como uma fuga em massa, é o tipo de vínculo que essa população estabelecia com a religião católica. Embora católicos fervorosos, os vênetos não viam a Igreja representada pelo Vaticano e toda a sua hierarquia como uma instância da fé; para eles, a paróquia era "a única relevante estrutura do sacro, um fenômeno social profundamente enervado na cultura, no costume e na família" (Gambasin, op. cit., p. 13-4). Isso decorria de uma concepção sociológica carismática dos bispos, pela qual "o território não era importante, mas sim o povo de Deus, a comunidade dos batizados, sujeitos e objetos da atenção pastoral" (idem, p.15), e que fazia que "o pároco vêneto não rejeitasse, não rechaçasse e não abandonasse a massa de fiéis" (idem, p.58). Foi nessa perspectiva que passou a ter maior sentido o abandono de um *paese* inteiro da região de Treviso pelo conjunto de seus habitantes, que, juntamente com o pároco, transferiram-se todos para o estado de São Paulo. Fatos como esse põem em evidência a profunda identidade religiosa circunscrita ao local. O pároco, ao acompanhar a massa de fiéis, certamente alimentava nos imigrados a esperança de união, um elo que ajudaria a manter em terras distantes os tão caros valores vênetos: o prolongamento da identidade coletiva, o "nós" assentado no lócus do espaço social e da cultura. Dessa forma, os habitantes da comunidade podiam compartilhar as experiências dos preparativos da saída, da partida e da viagem. O inevitável separar-se certamente era intuído por esses imigrantes, mas as emoções positivas tinham de preponderar na ação "provisória" da partida; caso contrário, seria muito difícil o abandono definitivo do local onde, até então, haviam construído suas vidas.

Sabemos não ser provável que comunidades inteiras depois de imigrar se mantivessem unidas. No caso daqueles que vieram para o estado de São Paulo a fim de trabalhar no café, mesmo quando, por acordos estabelecidos na própria Hospedaria dos Imigrantes, conseguiram dirigir-se para a mesma propriedade, o que não era fácil, pois o espaço produtor da cultura era composto por um outro universo simbólico que punha em curso a fragmentação de anteriores relações socioculturais.

Também um outro elemento que ajuda a explicar o caráter de fuga da imigração vêneta: deveu-se a uma específica forma de imigração, ou seja, o núcleo familiar completo lançar-se no além-mar, procurando construir uma nova vida. Essa forma de imigração predominou quando o fluxo imigratório para a América passou a ser contínuo após a década de 1880, principalmente depois de uma crise agrária que atingiu a região em 1885. Imigrar então se apresentava como um modo de manter a solidez da família e assegurar os tão caros valores morais e religiosos da cultura vêneta.

Tratamos até aqui exclusivamente da imigração camponesa, e não obstante ela tenha sido a mais representativa no contexto da grande imigração, é preciso tomar um certo cuidado quanto a sua generalização. É sabido que, destacadamente, quando do início da grande imigração em meados da década de 1880, muitos imigrantes de origem urbana, para obter a passagem gratuita subvencionada pelo governo brasileiro, afirmavam nas declarações de praxe na documentação de embarque que eram camponeses. Folquito Verona (1999, p.4), ao analisar a imigração de trabalhadores têxteis da cidade de Schio para o estado de São Paulo, frisa que, pouquíssimas vezes, esses trabalhadores

> foram identificados como operários; a maior parte aparece nos registros como camponeses ou trabalhadores rurais, que de fato não eram. Nunca, entretanto, como procedentes daquela cidade... A preponderância da multidão dos chegados sobrepôs-se às minorias específicas.

Um quadro geral do tipo de atividades e ofícios dos imigrantes que deixaram a Itália nos fornece uma visão panorâmica das características e formas de trabalho de imigrantes dos vários lugares da Itália. Da Ligúria, imigraram quase sempre comerciantes, marinheiros e agricultores; do Piemonte, da Lombardia e do Vêneto, eram agricultores, trabalhadores braçais, operários, mineradores, lenhadores, artífices e pedreiros. Da Itália central, saíram os artistas, entalhadores, desenhistas, pintores, escultores, músicos, marmoristas, estucadores. Da Itália meridional, médicos, maestros, ambulantes, trabalhadores braçais, vendedores de armarinhos, vendedores de frutas, caldeireiros, latoeiros (Avagliano, 1976, p.181).

Importante relembrar que o italiano que vivera grande parte de sua vida circunscrito a sua comunidade, quando a deixava para imigrar começava a defrontar-se com o novo. Embora para alguns a experiência da imigração interna para a Europa do Norte tenha feito dessa partida algo não tão singular, o novo continente apresentava-se muito diverso do europeu.

Uma vez que os sujeitos sociais nunca estão encapsulados em mundos fechados, mas fazem parte do movimento das transformações históricas, o viver em sociedade implica uma contínua transformação do eu e do nós. Em determinados contextos históricos, essas transformações aceleram-se, pondo em curso mudanças profundas, pois o "outro", que é o parâmetro do "eu", é um outro que também está passando por um processo de mudança. A imigração, ao lançar o imigrado no interior de outra sociedade, consubstancia-se em um desses momentos.

Com efeito, a dor ou alegria, as seguranças ou incertezas que envolviam os imigrantes no momento da partida, situavam-nos ante um desenrolar de situações de enfrentamento do novo que culminava com sua chegada à América. Assim, a percepção do outro se dava, tendo como princípio uma leitura cujos parâmetros não iam muito além da cultura local. O momento da partida e a viagem propiciavam aos imigrantes viverem intensamente o provisório. No caso de muitos vênetos que vivenciavam a saída como uma festa – mesmo que dominados pela irracionalidade que acobertava uma ação reflexiva a respeito do significado que a imigração teria em suas vidas – este ato era o momento do provisório, que conscientemente significava a ruptura e a conquista da liberdade.

Para os imigrantes italianos que começaram a deixar a península na segunda metade do século XIX, o tempo despendido no deslocamento era muito grande. Conforme a distância do *paese* em relação à mais próxima estação ferroviária, muitas vezes feita a pé por dezenas de quilômetros, e depois a viagem de trem até o porto de embarque, a viagem transoceânica e a ida até o local de destino, em geral, levavam mais de um mês, ou até dois. No porto de embarque, podiam aguardar semanas até se reunir o número necessário de passageiros suficiente para a saída do próximo navio. Para cruzar o Atlântico, era preciso ter disposição de enfrentar a precariedade das acomodações e a falta de higiene nos navios. A viagem, além de penosa era demorada, estendendo-se por vinte dias ou até mais de um mês. Esse espaço de tempo era plenamente vivenciado por novas experiências e fortes emoções.

Dramas sociofamiliares que a imigração provocava foram dos aspectos que mais chamaram atenção dos jornalistas e intelectuais italianos naquele momento. Seus artigos e livros publicado deixaram-nos preciosas informações que permitem avaliar um pouco das angústias, dos encontros e desencontros que a imigração trazia à tona. Ferrucio Macola foi um deles. Vêneto de Treviso, intelectual, político e representante da elite italiana, em 1892, fez uma viagem em um navio de imigrantes de Gênova ao Rio de Janeiro com o propósito de "analisar a fundo, de forma bastante prática o problema da imigração". Antes de deixar a Itália, visitou alguns lugares da província de Treviso, região de onde havia saído até então o maior contingente de imigrantes do Vêneto. Tal visita tinha o propósito de recolher impressões de parentes e amigos dos imigrados a respeito de suas condições de vida na América (Macola, 1894). Os depoimentos por ele registrados transmitem as ansiedades e apreensões dessas pessoas.

Uma das maiores angústias dos que ficavam era pensar na possibilidade de ver seus entes queridos, distantes de sua terra natal, perderem crenças e valores, tão caros aos vênetos. Foi o caso do depoimento de uma mãe, cujo filho havia obtido o diploma de professor de escola elementar e que, emigrando para o Brasil, se sujeitara a trabalhar numa fazenda no estado de São Paulo. Pediu ela então a Macola que desse "recomendações ao filho para conservar o santo temor a Deus, e de recordar-se das dificuldades que teve no passado para instruir-se" (idem, p.22). Duas apreensões estão presentes na fala dessa mãe: a primeira era o temor de que o filho se afastasse dos valores religiosos, que eram um dos pilares da cultura vêneta e um dos principais elos familiares e comunitários. É bem provável que a essa mãe chegaram informações a respeito da distância que separava as formas do viver na América, se comparadas com a vêneta. Sabemos que, para os trabalhadores das fazendas de café paulistas, era muito difícil o cumprimento dos deveres religiosos, uma vez que era raro a fazenda de café dispor de uma capela para os devotos católicos praticarem suas obrigações religiosas, e ainda que o acesso às igrejas no meio urbano era praticamente impedido pelas distâncias que as separavam das propriedades agrícolas. A segunda apreensão da referida mãe provavelmente advinha da frustração do fato de esse filho, que havia obtido com grande dificuldade um diploma que lhe dera a qualificação de professor, ter se sujeitado a um trabalho não qualificado em fazenda de café. Foi constatado que muitos imigrantes que dispunham de uma profissão ou ofício, para obterem passagem gratuita, aceitavam trabalhar por um período nas fazendas cafeeiras. Talvez, foi o que ocorreu com esse imigrante.

Outro aspecto que os diálogos transcritos por Macola deixam entrever é a perda de contato entre o imigrado e seus familiares. Foi o caso de uma outra mãe, que solicitava informações de seu filho. Dizia ela "que sabia ter ele passado pelo Peru antes de radicar-se no Brasil, mas que, desde então, não havia obtido nenhuma notícia a respeito de seu paradeiro" (ibidem). É sabido que essa perda de contato com o imigrado foi um dos grandes dramas da imigração, uma vez que muitos daqueles que partiam, primordialmente sós, por diferentes razões perderam definitivamente o contato com a família.

Diante da miséria que grassava na vida daqueles que haviam permanecido na Itália, era muito comum eles acharem que os que haviam imigrado estavam em melhores condições de vida e, diante disso, era muito freqüente, entre os que ficaram, exigirem dos imigrados o envio de recursos. Macola também registrou essa forma de atitude. Foi o sucedido com uma jovem que lhe pediu para ser "portador de uma carta ao irmão, chamado Romano, que ela enfatizava ser excelente filho". Sua solicitação era para que o irmão lhe enviasse "alguma coisa porque havia feito um pequeno débito com os funerais da velha mãe, morta há alguns meses" (ibidem). Novamente, aqui ficam evidentes as dificuldades de manutenção dos contatos entre o imigrado e seus familiares. Vêem-se nesses casos dramas recorrentes de rupturas familiares.

Outro aspecto que esses exemplos dados por Macola nos apresentam é o do desconhecimento que essas pessoas tinham a respeito da América. Como para eles o referencial de espaço era o *paese*, local onde todos se viam e se conheciam, olhavam para a América da mesma forma. Importante que se diga que esse desconhecimento não era específico dos vênetos, tanto que De Amicis (1996, p.226), escritor italiano que também fez uma viagem em navio de imigrantes, reproduzindo suas experiências no romance denominado *Sull'Oceano*, abordou com muita clareza essa questão quando diz:

Deus santo, dava uma pena ver a ignorância tenebrosa que quase todos demonstravam, pois não tinham nenhuma idéia da divisão dos Estados e de distância, como se a América do Sul fosse uma ilha de cem milhas de circuito, onde todos os lugares se encontrassem a um tiro de fuzil do outro.

Certamente, o encontro de imigrantes no porto de embarque foi um dos momentos marcantes de suas vidas. Era naquele espaço que pessoas oriundas de diferentes regiões italianas começavam a mostrar umas às outras o que as aproximava e as distanciava. A percepção das diferenças podia se dar por meio dos sentidos da visão, audição e olfato. O primeiro possibilitava distinguir no outro seu modo de vestir, de alimentar-se, de gesticular, de portar-se, enfim, suas formas de comportamentos. Pela audição, percebia-se a sonoridade dos diferentes dialetos, além do som das canções cantadas ou tocadas, principalmente dos napolitanos. Pelo olfato, eram os cheiros do outro impregnado nas roupas e no corpo pelo uso de condimentos alimentares diferentes, pelos odores provenientes do próprio meio onde viviam ou mesmo pela ausência de higiene.

Contudo, tão marcantes quanto as diferenças percebidas pelos sentidos eram às estabelecidas pelas representações negativas, em especial àquelas emanadas das elites dominantes, sobretudo as do norte da Itália, mais poderosas economicamente e que mais cedo haviam incorporado os novos parâmetros sociais burgueses. Esses valores eram com freqüência utilizados para a desclassificação social de seus patrícios, principalmente camponeses e sulistas. Ferrucio Macola (1894, p.30), ao observar a massa de imigrantes no momento da partida no porto de Gênova, desnudou seu preconceito ao classificá-los. Referindo-se aos imigrantes do Sul, afirmou: que "os limpos são poucos; e só Deus poderá saber quantos anos ainda falta para a Itália poder ter orgulho de seu *Mezzogiorno* pelo consumo do sabão". Argumentou que isso só se daria quando viessem a aprender a usar o sabão, segundo ele, tese apoiada em um brilhante escritor moderno que considerava o sabão "o melhor elemento para avaliar a civilidade de um povo". Para reforçar a veracidade de seu argumento, reproduziu um fato contado pelo comandante do navio, em outra viagem para América, quando estava a bordo

um casal em viagem de núpcias; ela uma calabrezinha, uma bela jovem, elegante, com preciosos brilhantes, com cabelos negros... ele do mesmo lugar da esposa, proprietário de uma rica farmácia em uma cidade da América do Sul... Depois de dois dias de viagem, um outro senhor, que estava a bordo, reclamou ao comandante, para que a bela esposa fosse isolada... pois os seus belos cabelos negros mostrava uma miríade de pontos cinza reveladores (idem, p.32).

Nos dois casos, o parâmetro de julgamento feito por Macola sustentou-se nas teorias higienistas da época, assimiladas pela burguesia que as utilizava freqüentemente para avaliar o caráter dos que viviam nas raias da miséria. A relação sujeira/vagabundagem foi apresentada de forma direta por esse autor, num seu comentário a respeito de um diálogo que estabeleceu com um imigrante oriundo de Sparanise, província de Caserta, "um verdadeiro tipo de vagabundo, porque nem ele e nem sua família nunca se lavavam, e ele então respondeu: 'Nos lavamos duas vezes ao ano, e aqui no navio a água é salgada'" (idem, p.35).

Com relação aos vênetos, seus conterrâneos, os comentários eram dados pela óptica da positividade. Assim os descreveu:

Distinguiam-se de imediato os nossos. Bem vestidos, roupas bonitas, roupas brancas limpas, cabelos penteados. Os vênetos se dão a conhecer como os mais dóceis... Vários entre os imigrantes provaram durante a travessia infrações disciplinares ou por excesso de espírito belicoso: mas não um vêneto.... De caráter mais tenaz são os lombardos e os piemonteses, gente esperta que ao emigrar para o Brasil fornecem mais artesãos que agricultores. Os romanos eram quase todos operários. Alguns se diziam socialistas e eram muito prepotentes (idem, p.52-4).

A percepção de Macola sobre os imigrantes durante a viagem dificilmente não deixaria de ser marcada pelo preconceito, pois como passageiro da primeira classe, em nenhum momento se propôs a dialogar com os imigrantes sobre seus anseios, seus sofrimentos, e as razões que os levaram a imigrar. Suas opiniões eram tecidas a partir de um olhar distante e filtrado pelos preconceitos dominantes em meio à elite italiana. Todavia desperta atenção o grande espaço que Macola dedicou aos napolitanos. Sua avaliação a respeito foi marcada pela dubiedade, pois ao mesmo tempo que os olhava com boa disposição, resistia em aceitar suas formas de comportamento. Primeiro, disse que "os napolitanos levavam a bordo toda sua vivacidade, o colorido de sua região, as canções de suas praças, guitarras de suas serenatas... os gracejos de um dialeto maravilhosamente falado com as mãos, com os olhos e com a boca". Não obstante, em seguida acrescentou: "são sóbrios, se contentam com um pouco de macarrão e cebola...", e completou: "são sóbrios, porque as condições de miséria em que vivem, especialmente em face da repugnância quase instintiva que têm ao trabalho, dificilmente permitem alçarem um ideal gastronômico mais refinado", o que "é uma verdadeira desgraça, porque o povo napolitano é talvez o mais inteligente da Itália". No parágrafo seguinte, novamente vem a desqualificação: "Esses imigrantes eram em boa parte indivíduos sem arte e sem ofício; eram sapateiros, lenhadores, pintores de paredes, que tentavam a sorte atravessando o mar" (idem, p.56). Portanto, se a desqualificação advinha do preconceito assentado em alicerces ideológicos, a qualificação apoiava-se em uma razão de cunho político, corrente entre as elites e em grande parte da intelectualidade italiana, da qual Macola fazia parte, que tinha por fim estabelecer uma forte ligação afetiva identitária entre o povo e o Estado-Nação italiano. Isso fica demonstrado quando ele conclui sua avaliação a respeito dos napolitanos, dizendo: "Os napolitanos (escreve nosso cônsul-geral em Buenos Aires) são aqueles que por mais tempo conservam as tradições de seu *paese*, que mais cedo retornam para Itália, e que em menor número se casam com moças orientais" (idem, p.57). Embora esse fato correspondesse a uma realidade, Macola não explicitou, certamente por desconhecer, que o retorno não estava relacionado a ligações afetivas com a Itália, ou melhor, a um sentimento de nacionalidade, mas às especificidades da cultura regional sulista que, como vimos, com a imigração reforçaram laços familiares e de vizinhança, fazendo que a meta de seus imigrados fosse o retorno.

Macola também desqualificou os ofícios de sapateiros, pintores e lenhadores de muitos napolitanos, afirmando que não eram profissões.

No entanto, sabemos que esses profissionais eram facilmente absorvidos pelo mercado de trabalho brasileiro, basicamente nas cidades localizadas em áreas mais ricas, onde todo trabalhador qualificado encontrava espaço para exercer sua profissão.

Quanto aos sicilianos, Macola informou que aqueles que estavam a bordo eram da província da Catania e dos arredores de Nicosia, e que todos eles "conheciam o deputado socialista Felice de Giuffrida. Alguns afirmaram que eram afiliados à sociedade política e passavam meia lira ao mês para manter De Felice em Roma, no entanto não sabiam nem ler nem escrever" (idem, p.59). É sabido que foram muito intensos nesse momento em toda a Itália os movimentos de tendência à esquerda com socialistas e comunistas, mas predominavam os anarquistas, que faziam forte oposição à política adotada pelo novo Estado italiano. Daí o desprezo que Macola, como intelectual e não deixando de ser um porta-voz do governo italiano, demonstrou em relação àqueles imigrantes.

Não dispomos de suficientes informações para constatar se as diferentes representações que Macola fazia de seus conterrâneos eram de pronto percebidas pelos imigrantes em seus contatos de viagem; contudo, as diversidades de caráter sociocultural certamente eram apreendidas por eles. O encontro de um vêneto mais comedido com um napolitano mais extrovertido, cuja fala era acompanhada de um intenso gestual, fazia que cada um fosse se apercebendo do caráter de suas especificidades, ou seja, de suas culturas.

Aliás, se no porto de embarque o "outro" era identificado a distância, na viagem, em face das precariedades das condições de acomodações, esse "outro" começava a ser sentido no próprio contato físico. As viagens na terceira classe punham corpos e mentes em estreito contato, confinando-os nos porões dos navios. A convivência forçada propiciava as mais diferentes ações sociais, uma vez que, ao mesmo tempo, podia criar atritos e solidariedades. O já citado intelectual italiano De Amicis (1996, p.53), apesar de romancear suas experiências de viagem em navio imigrante de Gênova a Buenos Aires, narrou com muita argúcia as formas de relacionamentos que se davam ao longo do percurso através do Mediterrâneo e do Atlântico. Ponderou que "no início da viagem muitos grupos fixos já haviam se formado entre os imigrantes da mesma província ou da mesma profissão. A maior parte era de camponeses". Disse ainda que os atritos que, em geral, punham à mostra profundas diferenças, e muitas vezes emergiam das precárias condições de acomodação, alimentação e higiene. Ocorriam acusações de toda ordem, até mesmo advindas das dificuldades de comunicação em face das diferenças dialetais. Impropérios eram ditos de várias formas. O comentário do autor a esse respeito também é revelador:

> Era uma coisa que dava dupla pena, assim distante da pátria, ver de fora, os litígios, as antipatias de família, ouvir palavras diabolicamente engenhosas criticando o outro no amor próprio municipal, desenterrando recriminações e rancores mortos há tanto tempo entre nós, e revelando seus excessos, e os levando para reviver na América (idem, p.151).

Como Macola, De Amicis era um intelectual que, embora mais sensível aos problemas dos imigrantes, também os analisava sob a ótica patriótica italiana, que visava solidificar a unidade do Estado-Nação italiano. Entretanto, para a maioria dos imigrantes, a idéia de Estado, nação e pátria era algo distante e, muitas vezes, incompreensível, embora ainda na viagem, seguramente, começasse a tornar-se manifesta entre os viajantes da terceira classe a procura dos liames que os unissem. Diante das diferenças expostas, para eles restava, como principal referência comum, a Itália como uma unidade.

Macola e De Amicis mostraram em suas obras a chegada dos imigrantes à América. Macola (idem, p.194), como observador até certo ponto distante do drama da imigração, descreveu o momento em que o navio entrou na baía de Santos:

> que estava até a pouco iluminada pelo Sol, explodiu entre os imigrantes um grande grito de: *Viva a Itália!* O tédio da viagem tinha terminado, e o novo mundo abria já seus braços aos recém-chegados, revelando-se pela primeira vez com um quadro maravilhoso, que recordava o esplendor da bendita terra do sul da Itália.

Macola, ao enfatizar a euforia que tomou conta dos imigrantes com o grito de *Viva a Itália!*, deixou subentender que, com ele, não só expressaram o alívio com o final da viagem, mas tal grito também tinha um caráter emblemático, marcando uma identidade comum. Desse modo, a América que antes da partida foi saudada como uma esperança de futuro, na chegada, quando ela se apresentou em sua concretude, era a terra onde eles haviam construído suas vidas que recebeu a deferência de ser saudada, significando assim um reatamento com o vivido. Além disso, nesse momento, o conjunto dos imigrantes a bordo – um coletivo formado pela diversidade – não tinha como, em uníssono, saudar seus locais de origem: o que eles agora tinham em comum, e que fora dado pela experiência do viver coletivamente no navio, era a identidade italiana.

De Amicis (1996, p.240-1), com mais sensibilidade e perspicácia, conseguiu perscrutar melhor esses sentimentos, ao descrever em seu romance o impacto nos imigrantes da chegada no porto de Buenos Aires:

> Quando no horizonte começou a aparecer o contorno da terra americana, todos estavam com os olhos fixos sobre aquela faixa de terra nua, onde não viam nada, imóveis e absortos, como diante da face de uma esfinge, a qual quisesse arrebatar o segredo do próprio futuro, e como se além daquela mancha rosada aparecesse já aos seus olhares a vasta planície sobre a qual haveriam de curvar a fronte e deixar os ossos. Poucos falavam... Muitos que esperavam descobrir uma terra maravilhosa pareciam desiludidos... A visão da América era como se apenas ao vê-la se tivesse persuadido de ter abandonado irrevogavelmente o seu *paese*.

Para muitos, o retorno foi possível, ou como o coroamento de um projeto de vida, ou como frustrações decorrentes da não-adaptação. Os entendimentos e desentendimentos que emergiram durante a viagem continuaram a fazer parte de seu cotidiano. A obtenção de trabalho para a sobrevivência não foi a única, mas talvez foi a mais importante questão para os imigrantes. A construção de uma nova vida no confronto e encontro com novos hábitos e novas solidariedades constituiu-se em um longo aprendizado. Para um grande número deles, esse aprendizado foi impossível, e o retorno veio a tornar-se a rota de uma nova esperança. Aqueles que conseguiram levantar um pequeno pecúlio para pagar a passagem de volta, ou obterem a repatriação via consulado italiano, puderam retornar, outros, sem nenhuma saída, foram forçados a aqui permanecer. A despersonalização do eu por falta de adaptação levou muitos desses imigrantes ao alcoolismo, à loucura e ao suicídio. Todavia, para muitos que ficaram, a nova vida que esperavam construir na América, em parte, tornou-se uma realidade.

O novo mundo do imigrante italiano

Viajantes e intelectuais italianos que visitaram o Brasil na época da grande imigração, e que relataram a seus conterrâneos as condições de vida de seus compatriotas no Novo Mundo, são importantes fontes de informação, dimensionando o impacto causado a muitos imigrantes ao chegarem às terras brasileiras. Embora, de forma geral, eles tratassem das condições de vida nas grandes cidades, suas avaliações não deixaram de mostrar as distâncias entre as duas sociedades em questão. Percebemos nessas avaliações que havia uma visão fortemente marcada por um sentimento de estranhamento do europeu que já vivenciava a modernidade, bem como pelas doutrinas racistas que dominavam o pensamento europeu do século XIX e, portanto, calcadas em imagens estereotipadas cuja finalidade era privilegiar a superioridade cultural européia e seus valores burgueses. Nessa perspectiva, tinham a opinião de que, no Brasil, seus compatriotas estavam passando por um processo de degradação moral e social em face da absorção de práticas culturais inerentes à população negra e mestiça, vistas por eles como destituídas de um lastro cultural. Por outro lado, alguns deles, por terem estabelecido um contato muito estreito com representantes dos segmentos dominantes no Brasil, passaram a propalar as formas de pensar desse segmento, afirmando, sem nenhum juízo crítico, a idéia de que os imigrantes, em terras brasileiras, numa comparação às condições em que viviam na Itália, tinham melhorado seu padrão de vida. Não fazia parte das preocupações desses intelectuais verificar *in loco* como seus conterrâneos estavam reorganizando suas vidas, como eram suas lutas pela sobrevivência, suas frustrações, os novos sentidos que procuravam dar as suas vidas.

O. S. Felice foi um desses viajantes que visitaram o Rio de Janeiro e São Paulo, e algumas cidades do interior paulista no final da década de 1910, no intuito de verificar as principais características do meio no qual seus compatriotas estavam vivendo. Com olhar filtrado pelo preconceito, elaborou seus escritos detalhando aspectos da vida brasileira que considerou inaceitáveis para um europeu. Ao publicar sua obra, declarou que seu principal objetivo era alertar os futuros imigrantes que tivessem a intenção de se estabelecerem no Brasil.

Em seus julgamentos, Felice (1923, p.25) não usou de nenhum subterfúgio para abrandar a opinião que formara a respeito do Brasil, ao contrário, utilizou palavras precisas, adjetivadas de forma negativa, para ajuizar a sociedade brasileira. Nessa perspectiva, é exemplar o trecho a seguir:

> Povos ligados por fortes elos a nós, se curvam sob o peso de nossa história milenar... Nós admiramos o povo adolescente, a sua magnífica organização existente... Mas vivendo em seu meio por algum tempo, nós provamos com um sentimento de pena e suportamos com um estranho mal-estar a epopéia de sua extrema juventude.

São, portanto, idéias formuladas a partir de uma cultura letrada, ratificadas por uma concepção evolucionista. Na conclusão do parágrafo, faz ressalvas, com uma justificativa – "extrema juventude" – que induz a pensar que no futuro a situação poderia melhorar, ficando assim implícita a idéia de cultura como civilização. Para ele, os brasileiros formavam uma sociedade que precisava ser aperfeiçoada com o correr do tempo. Nesse sentido, avaliou o povo brasileiro como desprovido de cultura.

A carga de preconceitos de Felice aparece ainda mais explicitada em uma passagem na qual a pecha da ociosidade é a tônica principal:

> Os brasileiros não têm o hábito de responder às cartas, nem às solicitações. "Amanhã": é o seu mote, e é um pouco o mote de sua preguiça.
> Um dos casos vistos, me fez recordar as perguntas, as recriminações, os

desesperos dos nossos imigrantes isolados na fazenda, nas quais a gentileza da alma... latina dos brasileiros permanece surda (idem, p.45).

A idéia de o brasileiro ser vagabundo fundamentava-se em representações elaboradas a partir de premissas do pensamento liberal europeu. Contudo, é possível que Felice, em contato com aristocratas brasileiros, tenha absorvido o discurso que propalava a idéia de ser o trabalhador brasileiro ocioso. Idéia que não tinha a mesma matriz do pensamento de Felice, uma vez que a ociosidade do trabalhador brasileiro foi elaborada ao longo do período colonial para justificar a manutenção da escravidão.

As ponderações de Felice a respeito do brasileiro não ficaram só na preguiça. A presença do negro incomodou-o muito, principalmente vê-los circulando por espaços burgueses e pondo à mostra práticas culturais trazidas da cultura africana. Expressou de forma contumaz sua indignação ao deparar-se com negros dançando num baile realizado no *hall* do hotel em que havia se hospedado no Rio de Janeiro:

> As músicas dos negros no *grill-room* do hotel ribombam ainda em meus ouvidos. Guardo ainda na pupila o sorriso do negro que se dobra sobre o rangido enlouquecido dos instrumentos, e uma zombaria indescritivelmente sarcástica, quase assustadora. Piedade, desprezo, quase vingança, contra a civilização branca... É hora dos cabarés. Vamos. A sala é cintilante de luz, de braços nus, de dorsos nus. Nela, com maxixe violento, os corpos femininos se contorcem (Felice, 1923, p.51-2).

É preciso atentar para o fato de que as publicações de obras dos intelectuais, viajantes e representantes do governo italiano eram escritas na língua pátria e dirigiam-se em especial ao leitor da península e, portanto, o brasileiro dificilmente teria acesso a esses escritos. Dessa forma, sem a preocupação de uma reação crítica de representantes da cultura letrada brasileira, e juntamente com a certeza de sua superioridade cultural, despojavam-se da autocensura, expressando com maior liberdade o que pensavam a respeito dos mais variados aspectos da vida e cultura no Brasil.

Interessante aqui confrontar a visão que intelectuais brasileiros tinham em relação aos imigrantes italianos. Assim, embora o preconceito estivesse presente, sobretudo no âmbito da classe dominante, quando o reproduziram por meio de uma linguagem escrita, não o proclamavam com a mesma virulência dos itálicos. A importância da mão-deobra imigrante no contexto da economia brasileira, a expressividade numérica da comunidade italiana, a convivência próxima com alguns de seus representantes que já haviam conquistado prestígio e poder, e ainda a introjeção da idéia de superioridade da cultura européia, certamente levaram muitos dos intelectuais brasileiros a expressar seus preconceitos de maneira mais sutil. Muitas vezes, para reproduzirem na forma escrita os juízos que apregoavam valores negativos, e que eram corriqueiramente utilizados no cotidiano por representantes da sociedade brasileira, velavam o preconceito sob a forma de humor, recurso que disfarçava o peso da crítica.

Um dos intelectuais brasileiros que, em obra ficcional, procurou abordar especificidades da realidade do convívio do imigrante italiano na cidade de São Paulo foi Alcântara Machado. Em seu opúsculo intitulado *Brás, Bexiga e Barra Funda*, no qual fez referências a bairros eminentemente italianos, abordou o cotidiano dos imigrantes reproduzindo falas idealizadas, que uniam e desuniam imigrantes e brasileiros. O humor permeando os diálogos não deixou de apontar o preconceito em relação ao italiano. A reprodução que fez de um bordão conhecido, pelo qual o imigrante italiano era tratado como "carcamano pé de chumbo/calcanhar de frigideira/quem te deu a confiança/de casar com brasileira" (Machado, 1994, p.20), expôs, em tom de brincadeira, um juízo negativo em relação ao italiano: era sabido que carcamano manifestava a idéia de ladrão.

Entretanto, somente nas práticas sociais do cotidiano, verificando as escolhas num universo de possibilidades que imigrantes e representantes da sociedade local puseram em curso é que poderão determinar não as regras de estratégias adotadas pelos imigrantes italianos, bem como os valores que regiam suas tomadas de decisões. Esses assuntos serão tratados nos capítulos subseqüentes.

2
IMIGRANTES ITALIANOS:
O MORAR E O TRABALHAR

Como aqui pretendemos caracterizar os imigrantes que optaram por morar na cidade, nossa primeira preocupação será verificar quais as possibilidades de que dispunham, e como lidaram com elas para estabelecer seus espaços de atuação. Assim, fomos buscar uma escala geográfica menor, onde os sujeitos sociais poderiam ser mais facilmente identificados e, por extensão, os fios que teceriam as relações sociais seriam mais facilmente percebidos. Afim de nos aproximarmos das práticas cotidianas, focamos a pequena cidade de Jaú, localizada bem na área central do estado de São Paulo, que se constituía num dos principais produtores de café desse estado. Em decorrência disso, no final da década de 1890, destacou-se como um dos mais significativos pólos de atração de imigrantes do interior paulista. Sua importância como centro receptor de italianos foi tratada por escritores contemporâneos. Pierre Monbeig (1984, p.172) foi dos que chamaram a atenção para o valor da presença do italiano nesse município, quando apresentou dados a respeito. Segundo ele, "de um total de 123.069 imigrantes distribuídos pelas fazendas de São Paulo entre 1898 e 1902, um pouco mais da terça parte (49.799) concentrava-se em cinco municípios: Ribeirão Preto (14.293), São Simão (7.837), São Carlos do Pinhal (7.739), Araraquara (7.679) e Jaú (6.191)".

Embora esse autor não fizesse distinção quanto à procedência dos imigrantes, sabemos que a maior parte deles tinha como pátria a Itália. Luigi Rosa, intelectual italiano, ao fazer em 1897 uma avaliação a respeito da fixação de seus compatriotas no Brasil, apresentou um quadro geral da imigração italiana para o estado de São Paulo, apoiado em dados levantados pelo cônsul-geral de São Paulo e publicados no *Bolletino dell'imigrazione*, em 1902. Nesse quadro, Jaú apareceu como o município do interior de São Paulo que mais havia recebido imigrantes italianos. Em primeiro lugar, estava a capital São Paulo, com 260 mil italianos; em seguida Jaú, com 35.080, seguido de Ribeirão Preto, com 25 mil, Jaboticabal com 18 mil, São Carlos com 14 mil e Campinas com 12 mil (Rosa, 1981, p.182). Embora declarada como fonte oficial, essa informação está em desacordo com uma outra do *Almanack do Jahu*, referente ao ano de 1902, que apresentava um total de 25.800 habitantes para todo o município, sendo 5.200 no perímetro urbano, 140 no suburbano, e o restante no meio rural;[1] portanto, uma população inferior ao montante total de imigrantes que se dirigiram a Jaú, de acordo com informações apresentadas pelo cônsul.

De imediato, pode-se aventar a possibilidade de tal informação ter compreendido a soma de todos os imigrantes italianos que se dirigiram a Jaú desde o início do processo imigratório, desconsiderando assim aqueles que haviam retornado à Itália, e sabemos que foram muitos, e os que se deslocaram para outros municípios, e ainda aqueles que faleceram no decorrer desse período. Este mesmo raciocínio serve para avaliar o número de imigrantes que o referido cônsul apontou para a cidade de São Paulo, uma vez que, na opinião de Monbeig, os italianos ali estabelecidos totalizavam 260 mil. No entanto, é sabido que, no ano de 1900, a população da capital paulista não passava de 240 mil habitantes. De qualquer forma, vale destacar que se São Paulo cresceu de forma vertiginosa nos anos subseqüentes, graças ao grande número de imigrantes europeus que ali se estabeleceram, o mesmo ocorreu na cidade de Jaú. Dados referentes a 1912 mostram um expressivo crescimento comparado com os de 1902, uma vez que, naquele ano, a

---

1   *Almanack do Jahu* para o ano de 1902, editado pelo *Correio do Jahu*, 1902, p.9.

cidade de Jaú contava com 1.593 casas e 16 mil habitantes, enquanto todo o município somava 85 mil habitantes.[2] Há uma outra fonte de informação que igualmente mostra a incontestável expressividade do imigrante italiano em Jaú. Trata-se de dados estatísticos publicados no *Correio do Jahu* em 1902, apresentando um panorama do número de nascimentos ocorridos no município entre os meses de abril e junho daquele ano:[3] filhos de brasileiros somaram cento e dez; de italianos, cento e noventa e sete; de espanhóis, dezoito e de portugueses, onze. Portanto, o número de nascimentos entre os italianos foi superior à soma do total das outras nacionalidades, incluindo a brasileira. Este é um importante indicativo de que a população jovem de origem italiana em Jaú, em idade de procriar, era superior à brasileira. Não dispomos de tais dados a respeito de outros municípios paulistas, mas Maria Coleta Oliveira, ao analisar a imigração italiana na cidade de Amparo, também no interior paulista, afirmou que, nas áreas de concentração de imigrantes italianos em São Paulo, o crescimento vegetativo entre os italianos em muitas localidades foi maior do que o dos brasileiros (Oliveira & Pires, s.d.).

Para melhor avaliar a forma de inserção dos imigrantes italianos em Jaú, é necessário acompanhar um pouco a história da cidade. No início da década de 1870, quando Jaú completou vinte anos de existência, a região era considerada ainda uma boca de sertão e vivia praticamente à margem da economia comercial. Mas, ainda que de forma incipiente, foi no decorrer dessa década que a produção de café do município começou a entrar no circuito comercial, o que deu ensejo a um primeiro surto de desenvolvimento econômico que, por sua vez, refletiu diretamente na expansão do povoado. Tanto que no ano de 1871 a Câmara Municipal buscou novos parâmetros para a ordenação do espaço urbano, com a aprovação de seu primeiro Código de Posturas. Embora ele não seja tão importante para avaliar quais eram as preocupações específicas das autoridades em relação ao que deveria ser normatizado, já que os conteúdos desses códigos eram cópias de outros

---

2   *Commercio do Jahu*, anno 3, n.410, 3/7/1912, p.1.
3   *Correio do Jahu*, anno 7, n.616, 14/8/1902, p.2

mais antigos aplicados em cidades como São Paulo e Rio de Janeiro, ele não deixa de ser um útil indicador de que a aristocracia local estava assimilando as inovações inerentes à idéia de modernização.

Assim, a vila em expansão, passou a ser um chamativo para imigrantes mais destemidos, interessados em desenvolver atividades urbanas, e que não viam empecilhos em se arrojarem para o interior. Alguns dos italianos que começavam a chegar ao Brasil também foram seduzidos pelas oportunidades que a nova frente de expansão lhes podia oferecer. Importante não esquecer que, nessa fase da imigração italiana, eram principalmente os sulistas que saíam, tendo como projeto levantar o mais rápido possível um montante de dinheiro e, em seguida, retornar a seu lugar de origem.

Pelo difícil acesso, chegar até Jaú era um desafio. Aqueles que partiam da capital podiam contar com o conforto do trem até Campinas; todavia, dali para a frente, o meio de transporte disponível era o lombo de burro. A partir de 1876, quando a ferrovia estendeu seus trilhos até Rio Claro, restava ainda, para alcançar a então vila, um longo trecho de mais de 150 quilômetros de terra, o que implicava uma longa e cansativa viagem, em estradas que, na verdade, não passavam de simples picadas mal conservadas. Depois de deixar Rio Claro, o viajante enfrentava a subida da serra do mesmo nome para, em seguida, percorrer nos chamados "campos de Brotas", um longo trecho arenoso coberto por vegetação de cerrado. Prosseguia sua caminhada vencendo mais uma serra, a de Brotas, para em seguida avizinhar-se das terras jauenses. Ali, a paisagem aparecia numa nova conformação: os aspectos do solo e da vegetação mudavam, era o domínio da terra roxa, tão cobiçada pelos cafeicultores. A mata subtropical cobria praticamente toda região com uma flora composta por árvores frondosas, destacando-se entre elas: peroberas, ipês, cedros, paus-d'alho, araruavas, figueiras brancas, jangadas, ceboleiras etc (Oliveira, 1999, p.118). Chegava-se à vila pelo sudeste. Depois de descer um espigão, o viajante alcançava o vale do rio Jaú, onde na encosta à esquerda despontava o acanhado povoado. Uma outra opção era o caminho fluvial pelo rio Tietê até o porto Iguatemi, que distava mais ou menos trinta quilômetros da então vila. Portanto, os

IMPASSES NO NOVO MUNDO 61

primeiros imigrantes italianos que partiram de São Paulo em direção ao povoado de Jaú, certamente fizeram um desses percursos.

O aspecto físico do núcleo urbano por volta de 1870 era marcado pela simplicidade das formas de morar do interior do Brasil, ou seja, casas construídas de madeira ou taipa, cobertas de folhas de coqueiro e espalhadas num exíguo espaço dentro do quadrilátero delimitado ao sul pela Rua das Flores (atual Marechal Bittencourt), ao norte pela Rua da Palma (Major Prado), a leste pela Rua do Commercio (Amaral Gurgel), e a oeste pela Visconde do Rio Branco, havendo também um beco que hoje faz parte da Rua Riachuelo (entre a Marechal Bittencourt e a Treze de Maio). Dessa forma, o povoado compreendia três quadras do sul para o norte, e ainda três quadras de leste para o oeste. Embora não tenhamos dados numéricos a respeito da população do povoado nesse período, podemos deduzir que não passava de algumas centenas de pessoas, uma vez que, no ano de 1870, o município todo totalizava quatro mil almas (Godoy, 1975, p.45).

Com a aproximação da ferrovia, tornou-se possível a circulação de carros de boi entre Jaú e Rio Claro, o que veio facilitar o escoamento das produções do município, como toucinho, açúcar mascavo, aguardente, fumo e principalmente o café, cuja lavoura começava a tomar corpo. Por outro lado, pela rapidez e pelo maior volume que a ferrovia transportava, passaram a chegar na cidade maior quantidade e variedade de mercadorias para o abastecimento do comércio local, colocando à disposição da população novos artigos e estimulando a alteração dos costumes e a formação de uma mentalidade mais aberta aos modernos hábitos de consumo.

Sem dúvida, mesmo que de forma precária, a melhoria das condições dos transportes propiciou um surto de crescimento do povoado que, por sua vez, passou a atrair novos forasteiros, fazendo que os espaços vazios dentro do mencionado quadrilátero começassem a ser ocupados, promovendo a expansão da área do povoado. Há notícias de que, no final da década de 1870, se deu o prolongamento da Rua do Commercio em direção ao norte, e a da Palma em direção a oeste. Ao principiar o decênio seguinte, as edificações no interior do núcleo urbano somavam quatrocentos prédios que, em sua maioria, eram compostos por um ou dois pavimentos e guardavam entre si grandes distâncias. Essa exígua área estava comprimida entre uma grossa capoeira de um lado, e de outro por uma frondosa mata virgem (Teixeira, 1900, p.115-6).

Chama atenção o fato de encontrarmos imigrantes italianos em um núcleo urbano de frente pioneira no início da década de 1870, uma vez que, nesse momento, a imigração italiana não tinha nenhuma expressividade. Franco Cenni (1959, p.172), escrevendo a respeito dos primeiros imigrantes que chegaram ao Brasil na segunda metade do século XIX, afirmou que foi só a partir de 1877 que essa imigração passou a ter uma certa importância no Brasil. Vicenzo Grossi (1914, p.471), que também fez um levantamento a respeito da entrada de imigrantes italianos no País, esclareceu que foi somente em 1874 que chegaram os cincos primeiros italianos em São Paulo, mas três anos depois já eram três mil e, desde então, excederam notadamente os portugueses". No entanto, dois anos antes, em 1872, há informações de que cinco italianos já estavam radicados no povoado de Jaú. Ocorre que Grossi se apoiou apenas em dados oficiais, e desta documentação não constavam os italianos estabelecidos em Jaú, como Miguel Peccioli, que havia entrado no País pelo porto do Rio de Janeiro, e, conseqüentemente, seu nome não estava nas estatísticas oficiais paulistas. Quanto aos demais imigrantes, não dispomos de informações que indiquem quais os percursos feitos por eles antes de se fixarem em Jaú. De qualquer forma, surpreende a precocidade da chegada de italianos nessa vila ainda no início da década de 1870.

Embora os primeiros imigrantes italianos que chegaram à vila de Jaú na década de 1870 encontrassem, em termos materiais, um núcleo fortemente marcado pelo caráter rural, por certo que, logo nos primeiros contatos com os habitantes locais, tornava-se evidente para eles que, em termos de organização social e política, a estrutura social já se estabelecera. A aristocracia agrária, que em um passado recente havia assegurado para si a terra, base da riqueza do município, ainda que se apresentasse dividida por disputas políticas que geravam uma acirrada oposição entre os adeptos dos partidos Liberal e Conservador e do recém-organizado Partido Republicano, mantinha-se hegemônica

IMPASSES NO NOVO MUNDO 63

no controle do poder político local. Os poucos funcionários públicos e profissionais liberais que atuavam na vila eram membros ou estavam de alguma forma vinculados a essa aristocracia. Pelas ruas vagavam prostitutas, bêbados, loucos, autores de pequenos furtos e pessoas sem profissão definida à espera de qualquer serviço avulso, e que, pelas condições de marginalidade, eram envolvidos em conflitos, que amiúde resultavam em atos criminosos (Oliveira, 1999, p.46). Como na maioria das cidades do interior paulista, os leprosos eram compelidos a morar fora da área urbana, mas freqüentemente circulavam a cavalo pelas ruas, pondo à mostra suas chagas para solicitar esmolas (Lomonaco, 1889, p.303).

A avaliação que um italiano, com vivência em centros urbanos europeus, fazia de um pequeno povoado como Jaú, era de um lugar marcado pela desolação. Lomonaco, viajante italiano que passou por pequenos povoados paulistas semelhantes a Jaú no final da década de 1890, traduz bem o sentimento de um europeu que já vivenciara a modernidade, ao defrontar-se com esses espaços. Asseverou que esses povoados

> eram dominados por baixíssimas edificações de taipa, verdadeiras cabanas feitas de bambu ou barro, através das quais penetrava chuva e vento. As ruas, constantemente em horrível estado de abandono....Nos domingos ou feriados o ambiente animava um pouco... todas as pessoas que moravam no campo circulavam por as suas respectivas vilas com o fim de participarem das práticas religiosas ou irem para as casas de negócio: sobretudo os "caipiras" acorriam em grande número para adquirirem gêneros nas várias vendas... Para induzi-los a fazer alguma compra, os vendedores são obrigados, freqüentes vezes, usar de artifícios de oratória engenhosos e cansativos, e dessa forma, somente depois de muita conversa, argumentações e persuasões, resolvem adquirir. (idem, p.313 e 331-2)

Era, portanto, um mundo muito diferente daquele que os imigrantes italianos haviam deixado para trás.

No entanto, por seu caráter de frente pioneira e com terras propícias à lavoura do café, a vila de Jaú apresentava-se como um local promissor, e, em vista disto, logo passou a ser um pólo de atração para forasteiros audaciosos ou desvalidos, que esperavam ali realizar mudanças nos rumos de suas vidas. Foi dentro desse contexto que os primeiros imigrantes italianos ali chegaram, esperando levantarem o mais breve possível um pecúlio e retornarem à terra natal, uma vez que a maioria deles fazia parte da leva de italianos do sul da península, cuja idéia unânime era voltar a seu lugar de origem.

Não dispomos de informações a respeito do montante de italianos que se dirigiu à vila na década de 1870, todavia é certo que alguns deles para ali rumaram e lá permaneceram definitivamente. Como vimos no capítulo I, as primeiras levas de imigrantes que deixaram a Itália no início dos anos 70 do século XIX eram predominantemente sulistas, ocupando serviços não exclusivamente agrícolas e com prática em determinados ofícios, como pedreiros, carpinteiros, marceneiros, pintores de parede e também pequenos comerciantes. Em menor número, estavam os que procediam do centro e do norte da Itália, e, de forma geral, voltados a serviços braçais, mas também vieram operários, mineradores, lenhadores, artífices e alguns agricultores.

É certo que, em 1872, já estavam radicados em Jaú o comerciante Antonio Mercadante, o pintor de parede Francisco Falce, o mascate Nicolao La Salvia, o páraco Braz Magaldi e seu irmão José Magaldi.[4] Logo depois, em 1875, chegou Antonio Miraglia, que abriu um estabelecimento comercial denominado "Loja do Caçador". Da região de Lucca, na Toscana, ou mais especificamente de Castelnuovo di Garfagnana, chegou o já citado Miguel Peccioli, que após ter trabalhado por cinco anos como vendedor ambulante na cidade do Rio de Janeiro, e depois em Sorocaba, decidiu estabelecer-se em Jaú. João Bardelli, procedendo de Galerati, província de Milão, na Lombardia, em 1876, fixou-se em Jaú exercendo o ofício de marceneiro.[5] Possivelmente, no final do decênio de 1870, outros italianos já estivessem radicados na então vila, todavia suas ações não foram registradas em documentos.

---

4   Jaú. Museu Municipal. *Processo do Tribunal do Júri de Jaú*, caixa n.12, réu Ângelo Diogo de Araújo, 1872
5   Idem, caixa n.58, réu César Felice,1885

Coletamos algumas outras informações a respeito desses imigrantes, como sua origem, o tipo de atividade que exerceram e, de alguns deles, até a idade. Entre os comerciantes encontramos: Antonio Mercadante, oriundo da província de Salerno (do sul da Itália);[6] Antonio Miraglia, da província de Cosenza, na Basilicata (sul da Itália); Michelli Peccioli, de Luca, na Toscana (Itália central); João Bardelli, marceneiro, da região de Milão, na Lombardia (norte da Itália); Francisco Falce, com 28 anos, pintor de parede; e Nicolau La Salvia, com 38 anos que exercia a atividade de mascate. Estes dois últimos eram oriundos da região da Basilicata (do sul Itália) (ibid.). Quanto ao pároco Braz Magaldi e seu irmão José Magaldi, não foi possível levantar suas procedências.

Dentre os imigrantes dos quais sabemos a origem, quatro provinham do sul da Itália, e os outros dois, das regiões norte e central (Toscana e Lombardia). Vale observar que Antonio Miraglia, Francisco Falce e Nicolau La Salvia vieram da Basilicata e, como foi visto no primeiro capítulo, era o local de onde saiu, no período de 1870-1881, o maior contingente de imigrantes do sul da Itália, constituído de pequenos proprietários camponeses e de alguns pequenos comerciantes rurais.

Na verdade, mais do que identificá-los, queremos vê-los atuando no âmbito do espaço/cultura, interagindo em contato com a sociedade local. Para tanto, procuramos mapear dentro da área urbana os lugares que elegeram para praticar suas atividades biológicas e sociais. E ainda saber como, no contato com o "outro", puderam manter e recriar formas de atuação social, adaptando hábitos e valores na construção e reconstrução de práticas culturais.

Nesse mapeamento, os lugares dentro do espaço urbano em que os imigrantes italianos escolheram para morar ou trabalhar, lançamos mão de indicações encontradas na documentação. Nos autos dos processos do Tribunal do Júri de Jaú, os depoentes, para esclarecer o que havia ocorrido no contexto dos conflitos, via de regra faziam referências a respeito dos lugares onde se encontravam. Como selecionamos "processos" nos quais estavam – entre réus, vítimas e testemunhas – imigrantes italianos, muitas vezes foi possível determinar, por seus

---

6   Idem, caixa n.12, réu Ângelo Diogo de Araújo, 1872

relatos, os locais de suas moradias ou dos espaços de trabalho. No entanto, como alerta Michel de Certeau (1994, p.202-2), ao trabalhar com esse referencial é preciso ter em mente que relatos não definem espaços, mas lugares e o lugar é constituído a partir de

uma configuração instantânea de posições, implicando uma indicação de estabilidade. O espaço é o efeito produzido pelas operações que o orientam, o circunstanciam, o temporizam e o levam a funcionar em unidade polivalente de programas conflituais ou de proximidades contratuais... Diversamente do lugar, não tem portanto nem a univocidade nem a estabilidade de um próprio... Em suma, o espaço é o lugar praticado.

Igualmente, avaliamos as referências espaciais que apareceram nas documentações oficiais da cidade, como leis, requerimentos, ofícios e circulares da Câmara Municipal. Juntando e cruzando todas essas informações, foi possível determinar espacialmente os lugares em que os imigrantes italianos se estabeleceram dentro do espaço da cidade.

Dessa forma, verificamos que os primeiros imigrantes que chegaram a Jaú no início da década de 1870, preferencialmente se instalaram em um espaço específico, ou seja, a Rua das Flores (hoje Marechal Bittencourt). Na época, essa rua centralizava o comércio do povoado, dado que sugere que os primeiros italianos que ali chegaram se dedicaram às atividades voltadas ao comércio. É importante que se diga que, embora a Rua das Flores centralizasse a maior parte do incipiente comércio, e fosse também ponto de atração da vida social do povoado, o aspecto do conjunto das edificações mostrava a precariedade de suas construções, levantadas com materiais que a natureza local oferecia, "a madeira quase em bruto e terra amassada com água",[7] o que confirma a visão que Lomonaco teve dos vilarejos que visitou quando de sua passagem pela região Sudeste do Brasil.

Foi nessa rua que, em 1875, Antonio Miraglia abriu a "Loja do Caçador". No ano seguinte também ali se instalou, com uma casa de ferragens, Michele Peccioli; e em 1881, André Castelli estabeleceu-se

---

7 *Commercio do Jahu*, anno 2, n.297, 25/5/1911, p.1.

IMPASSES NO NOVO MUNDO 67

com uma casa de comércio; e Pedro Nardini, com uma de armarinhos.[8] Em 1887, Damasio Peccioli abriu uma padaria no cruzamento dessa rua com a do Chafariz (atual Riachuelo).[9] O *Almanach da Província de São Paulo* de 1888, ao apresentar um panorama da vida socioeconômica da cidade, indicou que, nesse ano, havia em Jaú 27 estabelecimentos comerciais, e, dentre eles, seis pertenciam a imigrantes italianos: Antonio Miraglia, Ângelo Fiorita, Damásio Peccioli, Jacob Vicente Finamori e Miguel Peccioli, este em sociedade com Pedro Nardini.[10] Consta que apenas Finamori estava com seu estabelecimento comercial fora do espaço da Rua das Flores. No rol das profissões levantadas no referido *Almanach*, também aparece o médico italiano Júlio Speranza, com seu consultório instalado na Rua das Flores. Por ser a mais importante, o poder publico decidiu, em 1884, melhorar seu aspecto com a construção das guias de sarjetas em dois de seus quarteirões, e, para executar esse serviço, foi contratado para empreiteiro de obras o italiano Pedro Nardini.[11] Assim, além das atividades voltadas ao comércio, com o início da urbanização da cidade os imigrantes italianos logo começaram a prestar outros tipos de serviço.

Não foi possível encontrar informações que confirmassem se todos esses imigrantes que se dirigiram à cidade de Jaú dispunham de recursos para dar início às suas atividades comerciais. No entanto, pelo papel que já desempenhavam na cidade duas décadas depois, alguns homens vencedores com prestígio social, e ainda, muitas vezes, casados com filhas de aristocratas locais, há um forte indicativo de que, se começaram do nada, cresceram muito rapidamente. Foi visto que Micheli Peccioli, oriundo de Toscana, assim que chegou ao Brasil, trabalhou como vendedor ambulante no Rio de Janeiro, indo em seguida se radicar em Sorocaba, no interior de São Paulo e, cinco anos depois, fixou-se em Jaú. É bem provável que nesse percurso tenha levantado

8 Jaú (Município). Museu Municipal. *Processo do Tribunal do Júri de Jaú*, caixa n.16, réu João Castelli, 1882.
9 Idem, caixa n.23, réu Antônio Ribeiro do Amaral,1887.
10 *Almanach da Província de São Paulo*: Administrativo, Comercial e Industrial para o ano de 1888. São Paulo: Jorge Seckler & Comp., 1888, p.181.
11 *Commercio do Jahu*, anno 4, n.451, 23/11/1912, p.2.

um pequeno pecúlio que lhe permitiu abrir uma casa de comércio em Jaú, região pioneira que, por sua vez, lhe possibilitou dar início a atividades comerciais sem a necessidade de um expressivo montante de capital. O caso de Vitor Cesarino foi diferente: saiu da região da Campanha, onde sua família era proprietária de uma casa de comércio no centro de Sapri, na província de Salerno. Chegou em Jaú por volta de 1885 com capital disponível para abrir um dos maiores armazéns de secos e molhados da região com vendas no atacado e no varejo, sob a firma Cesarino & Irmãos. Logo depois, na década de 1890, assumiu a função de agente do Banco Francês Italiano. Seu posicionamento econômico e o decorrente prestígio social abriram-lhe caminho para adentrar nos espaços das famílias da elite dominante ao casar-se, em 1895, com Maria Augusta, filha de Joaquim Ferreira do Amaral, um importante representante da aristocracia agrária jauense e também um dos fundadores da cidade.[12]

No final da década de 1870 e início de 1880, o prolongamento da Rua da Palma fez que a área urbana avançasse até a baixada próxima ao rio Jaú. Nesse local, em 1877 foi aberto um largo, que logo veio a se tornar uma importante área comercial. Na discussão que se deu na Câmara Municipal a respeito da abertura desse largo, ele apareceu com a denominação de Largo de Baixo, mas como o pároco pretendia ali construir uma igreja em homenagem a Nossa Senhora do Rosário, sua denominação oficial passou a ser Largo do Rosário[13]. Contudo, por lá ter sido construído um galpão, onde se davam às apresentações teatrais e outros eventos culturais, ele se tornou popularmente conhecido por Largo do Teatro. Hoje esse espaço tem a denominação de Praça da República.

À medida que nesse largo foram sendo construídas casas comerciais, alguns italianos logo procuraram também ali se estabelecerem abrindo lojas, botequins, armazéns, e igualmente fixando suas resi-

---

12 Depoimento de Rachel Cesarino de Moraes Navarro, neta de Vitor Cesarino, dado a Flávia Arlanch Martins de Oliveira em 22/1/1992.
13 Jaú (Município). Museu Municipal. Requerimento enviado à Câmara Municipal de Jaú em 4/2/1877, Arquivo13.2.

dências. Em 1882, o italiano Antonio Caetano possuía ali uma loja;[14] Paschoal Spinelli, em 1883, estava lá instalado com uma sapataria;[15] e Jacob Vicente Finamori, em 1885, com uma casa de negócio.[16] Foi nesse ano que Vitor Cesarino abriu nesse largo sua casa de comércio.[17] Há referências de que, em 1885, lá havia uma marcenaria pertencente a João Bardelli, e que no quintal onde ela funcionava estavam sua casa e a de seu empregado César Felice.[18] Também em 1888 funcionava nesse largo uma Casa de Pasto pertencente a Valério Marinelli.[19] Por essas informações, fica patente a importância que imigrantes italianos tiveram na primeira expansão territorial do centro urbano, principalmente tendo em vista suas atuações no comércio local.

Até o final do decênio de 1870, a ocupação do povoado ainda se limitava à margem esquerda do rio Jaú, mas, nos princípios de 1880, quando a área urbana alcançou o *status* de cidade, esta começou a avançar para a margem direita desse rio, dando início à ocupação da área do atual Largo São Sebastião. Em 1885, Joaquim de Souza, ao depor como testemunha em um processo do Tribunal do Júri a respeito de um conflito travado entre João Bardelli e César Felice, fez menção a uma máquina de benefício (arroz ou café) do outro lado do rio,[20] e, portanto, nas imediações desse largo. O crescimento urbano foi o sintoma mais evidente da arrancada do desenvolvimento da economia cafeeira no município.

Após 1885, quando já se sabia que a ferrovia logo lançaria seus trilhos até Jaú, o que se efetivou dois anos depois, os fazendeiros do município passaram a investir pesadamente na lavoura cafeeira, não só incorporando novas áreas de plantio, mas também substituindo

---

14 Idem, *Processo do Tribunal do Júri de Jaú*, caixa n.39, réu João Carlos Lesbeis,1882.
15 Idem, caixa n.1, ré Leopoldina Maria do Nascimento,1884.
16 Idem, caixa n.15, réus Francisco Justino de Souza e João Pires Rodrigues,1885.
17 Depoimento de Rachel Cesarino de Moraes Navarro, dado a Flávia Arlanch Martins de Oliveira em 22/1/1992.
18 Jaú (Município). Museu Municipal. *Processo do Tribunal do Júri de Jaú*, caixa n.58, réu César Felice, 1885.
19 Idem, caixa n.30, réu José Lutti.
20 Idem, caixa n.58, réu César Felice.

as lavouras tradicionais de fumo, algodão e cana-de-açúcar pelo café, dando um novo perfil econômico ao município (Oliveira, op.cit., p.21).

Assim, Jaú evidencia um acentuado crescimento econômico, que levou a cidade a se tornar um importante pólo de atração de imigrantes, não só de estrangeiros, mas ainda de nacionais que chegavam para suprir as necessidades de mão-de-obra nas lavouras e, igualmente, para novas demandas que o crescimento urbano exigia.

Com o início da imigração subvencionada pelo Estado brasileiro em 1887, começou a chegar ao município um número mais representativo de imigrantes europeus. Foi nesse ano que apareceu a primeira informação oficial, relatando o encaminhamento de imigrantes para Jaú, ou seja, 25, sendo todos eles italianos,[21] e um ano depois o montante dos imigrantes conduzidos para Jaú era de 318.[22] Todavia, como foi visto, aqueles que se fixaram na cidade não constaram dos levantamentos oficiais, uma vez que muitos deles haviam entrado por outros portos, como o do Rio de Janeiro, do Espírito Santo, e os do sul do País.

Não há notícias quanto o total de habitantes da área urbana de Jaú para a década de 1880, porém sabemos que, em 1886, a população do município totalizava 18.341 pessoas (Milliet, 1982, p.58), mais que o dobro da registrada em 1872, quando somava 7.512 habitantes (Fernandes, 1955, p.9). O impacto desse crescimento levou o memorialista Sebastião Teixeira a estabelecer uma cronologia para a história local, determinando o ano de 1887 como um marco significativo. Sua justificativa aparece nos seguintes termos:

> ...a pequena vila de 1887 estendeu-se por quase todos os lados, sendo em 1891 de fato e de direito uma grande cidade... A três fatores diversos deve Jaú seu crescimento... à estrada de ferro, que aproximou-se dos centros mais populosos onde pode haurir os indispensáveis elementos de progresso

---

21 Relatório apresentado à Assembléia Legislativa Provincial de São Paulo pelo presidente da província barão de Parnahyba, no dia 17 de janeiro de 1887. São Paulo: Jorge Seckler, 1887, p.10.

22 Relatório apresentado à Assembléia Legislativa Provincial de São Paulo pelo presidente da província Dr. Francisco de Paula Rodrigues Alves, no dia 10 de janeiro de 1888. São Paulo: Jorge Seckler, 1888, p.35.

e civilização; deve-se à abundante produção e à alta do preço do café, que aumentaram-lhe a fortuna, base da prosperidade; deve-se finalmente, à imigração estrangeira, que aumentou-lhe a população e contribuiu para a expansão da riqueza. (Teixeira, op. cit., p.119)

O importante papel que os imigrantes tiveram no crescimento econômico e na expansão da área da cidade foi reconhecido pelos próprios contemporâneos. É oportuno que se diga que, com a instalação da estação ferroviária, localizada no alto da cidade, entre o término das Ruas Direita (Edgard Ferraz) e da Palma (Major Prado), deu-se um rearranjo na composição da estrutura urbana. Houve um deslocamento da área comercial, com o esvaziamento da Rua das Flores (Marechal Bittencourt) para a do Commercio (Amaral Gurgel) e da Palma (Major Prado). Três anos após a chegada da ferrovia, antigos becos sem denominação oficial e novas ruas receberam nomes e foram incorporados no perímetro urbano. Em 1889: Campos Sales, Francisco Glicério, General Isidoro, Gomes Botão. Em 1890: Humaytá, Primeiro de Março, Prudente de Moraes, Quintino Bocaiúva, Quinze de Novembro, Rangel Pestana, Saldanha Marinho, Treze de Maio, Vinte Quatro de Maio, Rua Municipal (atual Zezinho Magalhães). Com esses dados, foi possível mapear o espaço urbano no início da década de 1890. Veremos, mais à frente, que os comerciantes italianos acompanharam esse deslocamento.

Todavia, como foi visto no primeiro capítulo, quando a partir de 1887 a imigração italiana tomou o caráter de imigração em massa, foram preponderantemente os habitantes do norte da Itália que passaram a alimentar a corrente imigratória para o Brasil. Numericamente, de longe, foram os vênetos os mais representativos, uma vez que a crise agrária que assolou aquela região pôs em fuga milhares de camponeses. A maioria deles foi conduzida para o meio rural para trabalhar como mão-de-obra na lavoura de café, sob o regime de colonato. Entretanto, muitos dentre eles, por terem se frustrado em relação à forma de vida que passaram a ter nas fazendas cafeeiras, procuravam arrumar meios para desvencilhar-se do trabalho rural, até mesmo articulando fugas. É sabido que muitos deles, embora tivessem como meta a cidade, para obter a passagem subsidiada sujeitaram-se a permanecer por um período no trabalho com o café, mas, na primeira oportunidade, buscavam a cidade para morar.

Muitos dos imigrantes italianos que fugiram do trabalho nas fazendas – em sua maioria de origem camponesa, não dispondo de recursos e desconhecendo ofícios de caráter urbano – aceitavam trabalhar em atividades pouco remuneradas, como as de jornaleiro, carroceiro, vendedor ambulante, ou fazendo pequenos serviços, como o caso de Pedro Maruca, que morando nos arrabaldes da cidade "sobrevivia do trabalho de empalhar cadeiras, que vendia por três mil réis cada uma".[23] Um dos serviços que criaram a oferta de trabalho diretamente em proporção ao fluxo da expansão da lavoura cafeeira foi o de carroceiro, uma vez que a carroça era o único meio de transporte disponível para conduzir a produção das fazendas até a estação de embarque. Foi como carroceiros que um grande número de vênetos conseguiu estabelecer-se na cidade, vindo a constituir-se em maioria nesse setor de serviço. Na planilha de dados concernentes aos imigrantes estabelecidos na cidade de Jaú, quando cruzamos informações pertinentes aos locais de onde provinham e as profissões que passaram a exercer no meio urbano,[24] constatamos que entre 37 carroceiros de origem italiana, um era toscano, outro da Emilia Romana, três calabreses, enquanto os vênetos somavam 13, perfazendo assim mais da metade dos imigrantes que trabalhavam nesse setor. Embora a maior parte deles fizesse esse serviço na condição de empregados de fazendeiros, que dispunham de suas próprias carroças; ou para aqueles que eram proprietários e que as alugavam, ou contratavam carroceiros para realizar os serviços. Entre esses proprietários havia alguns imigrantes, como o italiano Pedro Bega. Procedente da Toscana, Bega morava em uma casa que dispunha de um grande quintal na Rua Quintino Bocaiúva, onde centralizava seus negócios com permuta de animais e aluguel de carroças.[25]

---

23 Jaú (Município). Museu Municipal. *Processo do Tribunal do Júri de Jaú*, caixa n.46, réu Benedito Gonçalves Pinheiro, 1908.
24 Planilha de dados já mencionada.
25 Jaú (Município). Museu Municipal. *Processo do Tribunal do Júri de Jaú*, caixa n.57, réu José Morete, 1902.

Foi visto que muitos camponeses vênetos, antes de se lançarem na imigração transoceânica, trabalharam nos grandes centros industriais da Europa do Norte, onde tomaram contato com idéias anarquistas e comunistas. Ao que tudo indica, foram essas idéias que alimentaram o primeiro movimento paredista dos carroceiros, ocorrido em Jaú. Esse movimento foi desencadeado em 1891, quando o Conselho da Intendência Municipal votou um aditivo na lei municipal, abrindo uma crise política. Esse aditivo visava a aumentar a tabela de impostos que recaía, entre outros setores, no dos carroceiros. O memorialista e advogado Sebastião Teixeira (op. cit., p.125), ligado à ala que defendia o aumento dos impostos, ao apresentar um relato a respeito desse acontecimento, nomeou a ação desses trabalhadores como "greve dos carroceiros". Talvez Teixeira, ao fazer sua avaliação desse acontecimento, não percebeu, ou propositalmente ignorou a possibilidade de qualquer articulação que pudesse ter sido encaminhada pelos próprios carroceiros, preferindo vê-la apenas como uma manipulação de segmentos da oposição, ou melhor, dentro da própria elite política local. Para Teixeira, a cobrança desses impostos estava "dentro dos limites do justo e do eqüitativo" (idem, p.126), e que foram os fazendeiros da oposição que instigaram os carroceiros a tomarem parte no movimento paredista ao reuni-los no espaço do teatro. Contudo ele não levantou a possibilidade de os proprietários de carroças terem então se juntado aos fazendeiros, aproveitando-se da força política que aqueles detinham para dar andamento ao movimento paredista. Por outro lado, certamente os imigrantes europeus, integrantes ou não de movimentos anarquistas, socialistas e marxistas, tinham conhecimento da prática de greves, que indiscutivelmente era desconhecida pela elite agrária brasileira.

Aliás, esse assunto também pode ser visto de outra perspectiva, isto é, até que ponto os grevistas, percebendo o interesse dos segmentos políticos da classe dominante, deixaram-se manipular, aproveitando-se da força política desses segmentos para impor seus interesses. A propósito, fica a questão: Quem manipulou quem? Seja como for, o movimento paredista durou oito dias, e o objetivo almejado foi alcançado com a revogação do mencionado "aditivo". Disso tudo, ficou marcado o fato de que imigrantes italianos, principalmente vênetos, conseguiram, ainda que de forma pouco duradoura, pela primeira vez em Jaú, uma aliança com segmentos da aristocracia agrária local.

Voltando à questão dos espaços ocupados pelos imigrantes italianos na cidade, a documentação mostra que, a partir do início do último decênio do século XIX, com a expansão da área urbana, principalmente como uma decorrência da chegada em massa dos imigrantes, um grande número de italianos passou a viver em áreas consideradas suburbanas, em casas precariamente edificadas, ou quando em áreas mais centrais, em cortiços. Muitos construíram ou alugaram casebres, dispostos ao longo das saídas das estradas que davam acesso para outras localidades da região. Uma das primeiras áreas a ser ocupada foi a saída que levava ao bairro do Banharão, que depois, ao ser incorporada ao perímetro urbano, recebeu o nome de Rua Gomes Botão. Essa rua continuou, ao longo do século XX, sendo marcada pela forte presença de italianos.[26] Posteriormente, com a expansão da cidade para a margem direita do rio Jaú, as laterais de mais duas saídas da cidade foram, em grande parte, ocupadas por imigrantes italianos. A primeira dava acesso à então vila de Bariri, hoje popularmente chamada de Rua Potunduva. A segunda, a que ligava Jaú à S. João da Bocaina, mais tarde Rua Capitão José Ribeiro. À medida que chegavam mais imigrantes, com a rápida ocupação dessas ruas, elas foram prolongadas, distanciando-se seus finais do centro da cidade. Paralelo à Rua Capitão José Ribeiro, logo depois do início da ocupação do Largo São Sebastião, deu-se o prolongamento da Rua da Palma, também em grande parte decorrente de sua ocupação por imigrantes italianos. A presença desses imigrantes nessa rua foi tão marcante, que logo ela recebeu o epíteto de Rua da Polenta (hoje Rui Barbosa), uma referência à alimentação básica desses imigrantes.

Como vimos, os novos imigrantes italianos que chegaram na fase da grande imigração sujeitaram-se a morar nos locais menos valorizados. Contudo, com a rápida expansão da cidade, principalmente na década de 1890, quando essas áreas passaram a ser incorporadas ao perímetro urbano e, conseqüentemente, valorizadas, aqueles que haviam con-

---

26 As indicações a respeito dessas ocupações aparecem nos processos do Tribunal do Júri de Jaú, Museu Municipal de Jaú.

seguido dispor de melhores meios pecuniários continuaram a morar nessas ruas, e os demais, juntamente com os novos imigrantes que iam chegando sem recursos, foram sendo impelidos para áreas ainda mais afastadas do centro urbano.

Em 1889, quando foi aprovada uma lei municipal que determinou um novo perímetro urbano para a cidade, na discriminação da área que passou a ser considerada urbana, foram incluídas as ruas localizadas à margem direita do rio Jaú. O documento que contém essa lei lista os seguintes locais como limites da cidade: "começando no rio Jaú, onde ele é cortado pela Rua Direita, subindo esta, circundando o Largo São Sebastião, continua pela Rua da Palma e seu prolongamento até a casa de Augusto Manckel; e aí, em linha reta até a estrada da Bocaina."[27] Portanto, os novos espaços incluídos: Largo São Sebastião e o prolongamento da Rua da Palma, eram preponderantemente ocupados por imigrantes italianos.

A área localizada na margem direita do rio Jaú permaneceu, ao longo do primeiro decênio do século XX, como um espaço quase que exclusivamente ocupado por imigrantes italianos. Há várias referências nesse sentido. Em 1900, Eugênio Ântico dizia que em companhia de Beraldo Sevio, Lillo Giuseppe e Maria Finochia estavam todos se dirigindo para suas casas que eram para o lado da Igreja de São Sebastião.[28] Em suas declarações, todos eles afirmaram ser de origem italiana. Em 1906, os italianos Antonio Patriani, Pedro Fuzetti, Francisco Busnardo, Antonio Bertachini, Petrônio Bertachini e Joanna Cesare diziam residir na Boa Vista, depois da ponte da Rua Major Prado,[29] denominação do bairro que então incluía a Rua Rui Barbosa e a Capitão José Ribeiro. Em 1991, João Testa, Primo Fuzzetti, Debrando Buschetto e Augusto Buschetto, também italianos, afirmaram que moravam na Rua Rui Barbosa.[30]

---

27 Jaú (Município). Museu Municipal. Resoluções e Leis da Câmara Municipal de Jaú, lei n.56, de 15 de março de 1889.
28 Jaú (Município). Museu Municipal. *Processo do Tribunal do Júri de Jaú*, caixa n.12, réu Hilário Francisco, 1900.
29 Idem, caixa n.70, réu Antonio Patriani Filho,1906.
30 Idem, caixa n.8, réu Manoel Rodrigues Perpétuo,1911.

Da mesma forma, na primeira década do século XX, italianos marcavam presença em uma outra rua da cidade, ou seja, a Potunduva. Em 1902, sabemos que ali estavam: Carlos Bartelotte, Gaetano Basso, Antonio Raffa, João Giongo, Giovanni Zambonato, Jacinto Corradi, Lourenço Ferrari, Eliseo Botolucci,[31] Giacomo Crivelari, Attilio Bertoldi, Giuseppe Crepaldi, Carlos Salvador, Albino Battochio, Barberina Giacomelli,[32] Adelina Padovani,[33] Leopoldo Corradi, Francisco Crepaldi e Álvaro Bornarchi.[34] Importante destacar que a grafia desses nomes é – característica da língua italiana, e aqui os estamos considerando desse modo. Mas, em sua grande maioria, os imigrantes oriundos da atual província de Trento, região que, embora fortemente marcada pela cultura italiana, inclusive por seu dialeto, pertencia ao reino austro-húngaro. Tanto que, em suas declarações, esses imigrantes faziam questão de afirmar que possuíam a nacionalidade austríaca.

Por outro lado, muitos italianos foram se estabelecendo indistintamente em outros locais da cidade. É preciso levar em conta que, quando do início da chegada em massa de imigrantes italianos, a estrutura urbana de Jaú ainda não havia passado pela reforma de caráter burguês que tinha como meta estabelecer uma divisão de espaços sociais diferenciados. Essa reforma só começou a ser efetivada a partir de 1908, com a criação e implementação de um código de posturas especialmente elaborado com esse intento. Assim, imigrantes que se fixaram na cidade no período anterior à remodelação urbana, mesmo com minguados recursos, puderam alugar, comprar ou mesmo construir suas moradias com padrões bastante simples, nos quarteirões centrais da cidade, local que, depois de 1908, foi se configurando como um espaço eminentemente aristocrático. Desse modo, ao longo da década de 1890, embora os imigrantes italianos que estavam chegando procurassem, de forma geral, fixar-se perto de seus compatriotas, muitos deles foram se estabelecendo por toda a área urbana.

---

31 Idem, caixa n.36, réu Antonio Raffa,1902.
32 *Correio do Jahu,* anno 7, n.567, 23/2/1902, p.2.
33 Jaú (Município). Museu Municipal. *Processo do Tribunal do Júri de Jaú,* caixa n.10, réu Eusébio Gouvêa, 1905.
34 Idem, caixa n.10, réu Álvaro Bonarchi,1907.

Pelas especificidades de morar na cidade, o convívio com representantes da sociedade hospedeira foi inexorável. Certamente, o maior estranhamento para um italiano foi compartilhar o mesmo espaço com negros e mulatos, pela cor e hábitos culturais africanos que ocasionavam uma certa aversão. Somava-se a isso, o preconceito resultante do escravismo inerente à própria sociedade branca de origem brasileira, que prontamente o imigrante assimilou. Por exemplo, nos autos dos processos do Tribunal do Júri foi muito raro encontrarmos situações em que italianos estivessem convivendo com representantes da raça negra. Entretanto, com a presença do negro na cidade, eles não puderam deixar ter essa convivência. Foi o caso de Filipe Pavanello, que em 1891, ao adquirir por compra duas casas geminadas, localizadas na esquina das Ruas Rangel Pestana e da Raia (atual Lourenço Prado), passou a ter como vizinho o negro Maximiniano.[35] Com ele, Pavanello dividia um poço que abastecia de água as duas casas. Os demais vizinhos nomeados na escritura de compra eram de origem brasileira. O terreno em que estava a referida casa compreendia uma área de 11 braças de frente por 26 de fundo, e, embora estivesse a quatro quadras da então rua principal, ou seja, a das Flores, na escritura há menção de que estava localizada em área suburbana. Acontece que, esta área não era de ocupação recente, uma vez que no tópico que apresenta as especificações a respeito das condições do imóvel aparece a descrição de "uma casinha... com três portas e uma janela... em completa ruína... que fôra edificada há muitos anos". Possivelmente, foi o baixo valor desse imóvel que permitiu ao imigrante Pavanello adquiri-lo. Ao que tudo indica, Pavanello foi um daqueles italianos que, para sobreviver na cidade, trabalharam como vendedores ambulantes, pois embora ele se intitulasse como comerciante, não aparece em seu inventário nenhuma indicação de que fosse proprietário de casa comercial; só há evidências de que deixou dívidas em dois armazéns referentes a compras feitas, principalmente na aquisição de produtos alimentícios.

---

35 Jaú (Município). Museu Municipal. Processo de Inventário de Felippe Pavanello, aberto em 1892 (T. 1.7.2.297).

É preciso considerar que, no início da década de 1890, as diferenças sociais e econômicas entre os imigrantes já se refletiam em suas formas de morar. Uma comparação entre as condições da moradia de Pavanello, em 1891, com a do padeiro e hoteleiro Vicente Marinelli, em 1893, põe à mostra as diferenças. Os bens pertencentes a Marinelli, e que foram avaliados no processo de inventário aberto em 1893, apontam que ele vivia não só com conforto, mas até com certo requinte. No rol de avaliação do mobiliário de sua casa constam: duas marquesas, avaliadas por 20 mil réis; 12 cadeiras austríacas, avaliadas por 70 mil réis; um armário de madeira, por 60 mil réis; dois aparadouros de mármore, por 70 mil réis; um armário de vidro, por 30 mil réis; uma mesa de jantar, por 25 mil réis, uma mesa pequena, por 12 mil réis; uma máquina de costura, por 30 mil réis; uma xícara de prata, por 15 mil réis.[36]

Devemos ressaltar que o conforto em que viveu Vicente Marinelli era uma exceção e não regra, pois é sabido que a maioria dos imigrantes vivia com parcos recursos, e muitos deles nas raias da miséria.

No ano de 1911, o jornal o *Commercio do Jahu* publicou em suas páginas uma notificação da prefeitura municipal onde constava a relação dos proprietários com imóveis na área urbana, o montante dos respectivos impostos a serem pagos e o valor dos imóveis. Por essa relação, foi possível levantar não só o total dos imigrantes italianos proprietários de imóveis, bem como as ruas com maior concentração de italianos.[37] As que se destacavam de imediato foram a Marechal Bittencourt (antiga Flores) e a Amaral Gurgel (antiga Commercio).[38] Na primeira, do total de 82 imóveis existentes, 27 pertenciam a italianos, e na segunda, dos 94, 54 eram de italianos. Como essas duas ruas eram eminentemente comerciais, é muito provável que grande parte desses imóveis abrigasse alguma forma de comércio. Já foi tratado que, com a chegada da ferrovia em Jaú em 1887, houve um deslocamento

---

36 Jaú (Município). Museu Municipal. Processo de Inventário de Vicente Marinelli, aberto em 1893 (T.1.7.2.60).
37 *Commercio do Jaú*, anno 3, 13/5/1911, n.294, p.4 e anno 3, n.391, 3/5/1911, p.4.
38 Embora não haja nenhuma menção à nacionalidade dos proprietários em questão, foi possível identificar um grande número deles pela planilha de dados e outros pela grafia do nome, que sabemos ser de origem italiana.

do comércio da Rua das Flores (Marechal Bittencourt), para as ruas da Palma (Major Prado) e do Commercio (Amaral Gurgel). Portanto o número maior de italianos proprietários na Rua Amaral Gurgel comprova que eles também acompanharam o deslocamento do comércio da Rua das Flores para a do Commercio.

Pelo valor dos imóveis, é possível termos uma idéia a respeito de seu padrão e, por conseguinte, das diferenças socioeconômicas entre eles. Era muito freqüente na cidade o fato de imigrantes italianos, que haviam levantado algum capital, comprarem ou construírem imóveis baratos para alugar, preferencialmente para seus conterrâneos. Investir em imóveis era um bom negócio, visto que, com o contínuo fluxo de imigrantes para a cidade, a procura por residências era muito grande. Parte significativa desses imóveis era de pouco valor, muitas vezes localizados em um mesmo terreno, dispondo de apenas um ou dois cômodos, conformando assim cortiços, que podiam ser encontrados não só nas áreas mais centrais da cidade, mas igualmente em seus arredores. Encontramos amiúde nos autos dos processos do Tribunal do Júri julgamentos de ações conflituosas entre italianos que moravam nesses cortiços. Em razão de serem compelidos a compartilhar o mesmo espaço físico, como quintal, tanque de lavar roupas, latrinas etc., com o acréscimo das diferenças de costumes e comportamentos, repetidas vezes afloravam conflitos que terminavam em violência física.

Alguns imigrantes, no entanto, eram proprietários de imóveis de alto padrão. Por exemplo, o de maior valor encontrado na referida lista de impostos pertencia a Ângelo Gambarini, avaliado em 1:200$000, e o de menor valor, o da italiana Anna Begerin, avaliado em 84$000.[39]

Em face do grande afluxo de imigrantes que chegavam à cidade, o problema de moradia era uma constante. Em 1910, um cronista, comentando a respeito da cidade de Jaú, dizia: "Jaú vai se tornando uma cidade habitável... Há grande falta, porém, de prédios de aluguel, e isto afasta muitas famílias que poderiam mudar para cá..."[40]

Para aqueles que ali pretendiam se fixar, mas sem condições de

---

39 *Commercio do Jahu*, anno 3, n.294, 13/5/1911 p.4, e anno 3, n.391, 3/5/1911.
40 Idem, anno 2, n.183, 22/5/1910, p.1

imediato de montar uma casa, ou pela falta de imóveis disponíveis, os hotéis e pensões existentes passaram a ter uma procura muito além do que podiam oferecer. Muitos italianos, percebendo que esse setor estava em expansão, logo começaram a abrir seus próprios hotéis e pensões. Entre eles, estavam: o Hotel Ferrari, Hotel Piemonte, Hotel Toscano, Hotel Torino,[41] Hotel Bissoli,[42] Hotel Capone, Hotel Pastorelli,[43] Hotel Butiglieri[44] e Hotel Savoia.[45] De forma geral, esses hotéis estavam instalados em locais não adequados, ou melhor, improvisados, como pudemos observar no anúncio da mudança do Hotel Bissoli: "João Bissoli declara que mudou-se da casa n.2 da Travessa Municipal (Largo do Teatro) para o espaçoso e higiênico prédio da mesma rua n. 1, antiga casa da Onça, em frente a casa comercial do Sr. Adelino Sá."[46] Entre os acima mencionados, o Capone deve ter sido o que dispunha de melhores instalações, uma vez que ali se hospedavam as mais distintas autoridades italianas que passavam por Jaú. Entre as pensões, a que recebia hóspedes mais diferenciados era a "Pensão Internacional", de propriedade de Inocêncio Marchezan.[47] Havia muitos proprietários de casas comerciais, principalmente de bares e restaurantes, que improvisavam nos fundos uns quartos para alugar. Normalmente, ali pernoitavam seus conterrâneos que moravam nas fazendas ou nas localidades próximas e precisavam passar mais de um dia na cidade. Entre os donos de quartos, destacamos Francisco Busnado, que abrigava pensionistas em quartos anexos a sua casa de negócio, na Rua Major Prado,[48] e Salvador Butiglieri, nos fundos de sua venda.[49]

---

41 Jaú (Município). Museu Municipal. *Processo do Tribunal do Júri de Jaú*, réu Donato Capone (T. 0124.1.7.116.732), 1917.
42 *Commercio do Jahu*, anno 2, n.126, 30/10/1909, p.3.
43 Idem, anno 1, n.93, 3/7/1909, p.2.
44 Idem, anno 4, n.437, 5/10/1912, p.2.
45 Idem, anno 6, n.631, 7/3/1914, p.3.
46 Idem, anno 2, n.126, 27/10/1909, p.3.
47 Idem, anno 1, n.89, 26/6/1909, p.3.
48 Jaú (Município). Museu Municipal. *Processo do Tribunal do Júri de Jaú*, caixa n.70, réu Antonio Patriano Filho, 1906.
49 Idem, réu Salvador Butiglieri, (T.081-1.7.116.466), 1912.

Na década de 1890, o enriquecimento do município, em face dos lucros obtidos pelo café, permitiu que muitos imigrantes italianos levantassem capital suficiente para investirem no setor do comércio, não só o diversificando com novas casas comerciais, mas ainda melhorando o padrão desses imóveis. O rol de anúncios de casas comerciais, publicado no jornal *Correio do Jahu*, ao longo do ano de 1897, é um indicativo dessa tendência.[50] Nesse ano, o italiano Antonio Tamanini mudava sua alfaiataria da Rua do Commercio para o Largo do Teatro; a firma de "Solla e Cia" reabria um novo estabelecimento na Rua do Commercio; Paschoal Spinelli anunciava as principais mercadorias disponíveis em sua "Loja O Guarany", localizada na Rua da Palma. Em 1889, Braz Miraglia também estava com uma casa comercial na Rua da Palma.[51] Anúncios publicados em 1901, no jornal da colônia italiana denominado *La Civetta*,[52] dão novas indicações nesse sentido. Na Rua Marechal Bittencourt (antiga Flores), número 8, estava o salão de barbeiro de Octavio Cola, e no número 45, a Sapataria Globo, de Antonio Cusci; na Rua Lourenço Prado, número 33, encontrava-se a Sapataria de Gerolamo Quagliati, e no número 42 o "Ristorante Garibaldi", de Adolfo Padovani. Também anúncios publicados no *Correio do Jahu*, ao longo de 1902, mostram a presença de italianos no comércio local. No Largo do Teatro, estava a "Farmácia Italiana", de propriedade de Giacomo de Mattia & Cia., e o consultório do médico Dr. Antonio Gioia, (formado pela Academia de Nápoles). Na Rua do Commercio, no quarteirão compreendido entre as ruas Marechal Bittencourt e Edgard Ferraz, os comerciantes italianos, praticamente, dominavam o espaço, pois lá estavam: Ângelo Atanásio, com a "Casa Helênica"; Relojoaria, de Rocco Campiglia; Relojoaria e Ourivesaria, de Caetano Orecchio; Sapataria da Onça, de Caetano Allegro; Estúdio Fotográfico, dos Irmãos Cantarelli; Funilaria, de José Rossi; Pensão e Casa de Negócio, de Inocêncio Marchezan; Alfaiataria, de José Ro-

---

50 *Correio do Jahu*, anno 2, 1897.
51 Jaú (Município). Museu Municipal. *Processo do Tribunal do Júri de Jaú*, caixa n.16, réu João Annuncio Marcondes, 1899.
52 *La Civetta*, anno 2, n.6, 28/6/1901.

mano; Casa de Câmbio, de Domingos Peccioli. Portanto, não resta dúvida que, nos primeiros anos do século XX, os imigrantes italianos tinham sob seu controle grande parte do comércio local. O predomínio desses imigrantes, tanto no pequeno como no grande comércio, não foi uma especificidade na cidade de Jaú, uma vez que essa tendência ocorreu nas principais cidades receptoras de imigrantes do interior paulista. Em estudo sobre a cidade de Amparo, no mesmo período aqui tratado, Maria Coleta F. Oliveira e Maria Conceição Pires (op. cit., s.d) encontraram o mesmo panorama, pois segundo elas:

> A maior concentração de italianos é encontrada na categoria de casas de comércio e afins, envolvendo o tipo de estabelecimento comercial predominantemente em Amparo... Sua composição é variada, incluindo secos e molhados, fazendas, roupas feitas, armarinhos, etc. Nesse ramo, os italianos são 35%, já em 1888, atingindo em 1900 48% dos negociantes do ramo.

Disso tudo, o que percebemos é que a ascensão social de grande parte dos imigrantes acompanhou o próprio crescimento econômico do município e, por extensão, da cidade. Como já foi visto, quando da chegada dos primeiros imigrantes na década de 1870, o município contava com mais ou menos quatro mil habitantes. Já no ano de 1902, somava somavam 25.800 habitantes, e a cidade 5.340; dez anos mais tarde, em 1912, a cidade totalizava 16 mil habitantes, e todo o município somava 85.000. Todavia, nesse período houve uma modificação no caráter das atividades exercidas pelos italianos radicados na cidade. Uma avaliação do montante de negociantes arrolados pela Prefeitura Municipal de Jaú no ano de 1918, visando à cobrança do imposto referente ao "Comércio e Indústria",[53] permite avaliar a mudança de perfil dos proprietários das casas comerciais. A despeito de não estarem incluídos nessa relação alguns dos serviços em que os italianos preponderavam, como carroceiros e vendedores ambulantes de frutas e verduras, o montante de italianos que consta dessa relação mostra

---

53 *Commercio do Jahu*, anno 10, n.1271, 10/2/1918 p.3; n.1273, 14/2/1918, p.3; n.1277, 22/2/1918, p.3, 4 e 5; n.1291, 8/3/1918 p.2; e n.1292, 9/3/1918, p.2.

o indiscutível peso de sua participação na vida econômica da cidade. Tanto que, entre os 483 que pagaram o referido imposto, 216 eram de origem italiana.[54] Um dos setores que marcadamente estavam em mãos de italianos desde o final da década de 1890 era o de secos e molhados, uma vez que em 1918, dos 98 comerciantes que atuavam nesse âmbito, 53 eram italianos. Mas havia outros que eram hegemônicos: estavam em suas mãos as nove casas de ferragens, as oito lojas de calçados, as duas relojoarias, os dois depósitos de madeiras, as duas charutarias, e ainda três entre as nove farmácias. Também no âmbito das pequenas manufaturas, eles eram proprietários de fábricas de veículos[55] (12 das 19), fábricas de massas (três das quatro); fábricas de cervejas e bebidas (as seis existentes pertenciam a italianos); e da única fábrica de ladrilhos. No setor de serviços, eram proprietários das duas únicas serralherias, das duas marmorarias e das duas serrarias existentes na cidade. E ainda: de alfaiatarias (de nove entre as treze); de tinturarias (quatro das seis); de cocheiras (três das quatro); de açougues (cinco dos sete); de hotéis (seis dos sete). Eram italianos: nove dos doze empreiteiros de obra, e oito dos treze ferreiros de Jaú.

Com a entrada de um número maior de imigrantes de outras nacionalidades nos primeiros anos do século XX, alguns setores do comércio passaram para o controle de outros imigrantes, principalmente sírio-libaneses, como o de lojas e fazendas, uma vez que das 35 existentes na cidade, apenas uma pertencia a italiano, enquanto dez estavam em mãos de sírio-libaneses. Em alguns segmentos do comércio e serviços, nos quais os italianos preponderaram até os primeiros anos do século XX, em 1918, eles praticamente haviam deixado de atuar, como foi o caso das pensões, uma vez que nesse ano, das sete existentes apenas uma era de italiano, e das padarias, setor em que os italianos foram pioneiros, em 1918, nenhuma das cinco em funcionamento na cidade estava em suas mãos. E, por último, entre os 26 vendedores ambu-

---

54 O levantamento do número de italianos foi feito por nós a partir da identificação de seus respectivos sobrenomes.
55 Locais onde eram construídos troles, carroças e carruagens.

lantes de lenha, apenas dois eram italianos, e entre os 33 vendedores ambulantes de leite, somente sete eram italianos.

Apareceram ainda arrolados nesse quadro setores pouco representativos, mas quase sempre os italianos estavam ali representados: venda de bilhetes de loteria (um), venda de camas de ferro (um), vendedor ambulante de fazendas (um), vendedor ambulante de sorvetes (um), ensacador de arroz (um), papelaria e tipografia (um), selaria (três), banca de toucinho (um); ferrador (um), ourivesaria (um), funileiro (um) e curtume (um).

Essas informações mostram de forma inequívoca como os imigrantes italianos foram ocupando espaços na cidade. No entanto, mais que uma atuação na vida econômica, eles tiveram importante papel na transformação da própria sociedade hospedeira, a qual eles também foram remodelando suas formas de ser. Contudo muitos dentre eles não conseguiram encontrar espaços para sobreviver e foram lançados à marginalidade. Alguns, tomando conhecimento de meios legais para se repatriarem, lançaram mão desse direito, procurando obter atestados de pobreza. Em 1914, Ravará Egydio, Candido Franciscchetti, Narpelli Emilio e Bononto Giovanni, como súditos italianos, obtiveram atestados de miserabilidade para poderem se repatriar.[56]

Enfim, para melhor compreender esse processo de inserção do imigrante nessa sociedade, é preciso ter em conta as diferenças existentes entre eles em face das formações culturais inerentes ao regionalismo italiano, que se consubstanciaram na dificuldade de estabelecerem a unidade da chamada colônia italiana. Houve imigrantes vencedores que impuseram seus interesses acima do ideal de uma comunidade unida, e os demais, em sua batalha pela sobrevivência, pouco tinham a fazer na luta para manterem-se unidos em termos de um ideal de nacionalidade. A integração à sociedade hospedeira constituiu-se então num curto caminho.

---

56 *Commercio do Jahu*, anno 6, n.618, 5/2/1914, p.1

3
AÇÕES, RELAÇÕES E ALTERCAÇÕES
NOS ESPAÇOS DE SOCIABILIDADES

O estudo da inserção do imigrante italiano em uma escala menor permite revelar mecanismos e funcionamentos sociais que põem à mostra a interação entre o recém-chegado e a sociedade receptora, num processo em que ambos são transformados, desencadeando dessa forma novas configurações sociais. Como na documentação disponível o tratamento dado ao imigrante circunscreve-se a registros realizados sob a ótica de representantes da sociedade hospedeira, as informações ali constantes estão perpassadas por julgamentos que esta faz do imigrante, o que permite também avaliá-la, pois como assevera Di Carlo (in Sayad, 1986, p.2): "a reflexão sobre a imigração feita pela sociedade receptora acaba por se constituir um espelho disforme no qual projeta todos os limites, todos os atrasos, e as deformações culturais que permeiam essa sociedade".

Como já adiantamos na introdução, para abordar o cotidiano dos imigrantes italianos, privilegiamos como fonte histórica os autos dos processos do Tribunal do Júri de Jaú, documentação que, por seu próprio caráter, averigua confrontos, todavia as narrativas nela contidas mostram outras instâncias de relacionamentos sociais. Portanto, nos autos dos processos em que imigrantes italianos aparecem enredados em conflitos, é possível distinguir, não só as diferentes formas de relacionamentos que eles estabeleceram com a sociedade local, mas igualmente as distintas percepções que essa sociedade foi elaborando a seu respeito.

Já vimos no capítulo II, que a chegada dos primeiros imigrantes italianos em Jaú, no início da década de 1870, coincidiu com o prenúncio de crescimento demográfico e da expansão do espaço ocupado da então vila. Esses imigrantes, de forma geral, oriundos do sul da Itália, e com alguma experiência no comércio e conhecedores de novas mercadorias, tiveram o papel de agentes modernizadores, atendendo assim aos propósitos da aristocracia agrária que começava a vislumbrar a modernidade. Dessa forma, se a vila em expansão passou a ser um chamariz para esses imigrantes, por outro lado sua presença não podia ser desprezada. Contudo, por serem esses imigrantes portadores de normas e valores que representavam um mundo simbólico diverso, seus comportamentos e valores punham à mostra as diferenças, fazendo que a sociedade local os visse como indesejados forasteiros.

Também os primeiros italianos que chegaram na então vila de Jaú no início do decênio de 1870 assumiram a tarefa de executar serviços que exigiam um certo conhecimento, mesmo os mais simples. Foi o caso do poceiro Carlos Biglieti, que se tornou pioneiro na abertura de poços para abastecimento de água aos habitantes da vila, que até então só se serviam das águas do rio Jaú e de seu afluente, o córrego da Figueira.[1]

Cronologicamente, a primeira menção a imigrante italiano na cidade de Jaú apareceu nos autos de um processo do Tribunal do Júri, aberto para apurar um conflito ocorrido no dia 12 de setembro de 1872. O discurso apresentado pelo promotor público em sua abertura traduz o tempo e o espaço do acontecimento. Disse ele:

> No dia 12 do corrente (setembro)..., indo o italiano Nicolao La Salvia a loja comercial de José Antonio Barbosa com o fim de comprar um pente, perguntou ao caixeiro Ângelo Diogo de Araújo por quanto vendia o dito pente, este respondeu que vendia por duas patacas, e dizendo-lhe Nicolao

---

1 *Commercio do Jahu*, anno 6, n.864, 17/12/1915, p.3.

que era muito caro, o denunciado Ângelo pegou numa garrucha, armou-a contra o peito de Nicolao e dizendo-lhe está morto, disparou o tiro.[2]

Importante adiantar que embora Nicolao tenha saído gravemente ferido desse conflito, sobreviveu.

As razões que levaram o réu de nome Ângelo Diogo de Araújo a tomar tal atitude não foram elucidadas nos autos desse processo judicial. Igualmente, nada foi esclarecido no sentido de mostrar se houve alguma pessoa que presenciou o conflito entre o réu e a vítima. Ao que tudo indica, essa foi uma estratégia utilizada pelas autoridades judiciais, visando à defesa de Ângelo Diogo. A proteção dada ao réu e o descaso com a vítima também ficaram evidentes, porém, é na sondagem do feitio dos autos e do teor das informações coletadas pelos agentes da justiça que se torna possível conhecer as intencionalidades que sustentaram tal decisão.

Em primeiro lugar, é preciso indagar em que termos se deu o cumprimento das formalidades exigidas pela justiça no tocante ao registro da identificação da vítima, do réu e do proprietário da loja em que o mencionado caixeiro trabalhava. De imediato, o que parece inusitado é o fato de que, nas identificações informais dos envolvidos, apenas o nome de Nicolao aparece vinculado ao atributo de sua nacionalidade, ou seja, "italiano". É até compreensível que, no caso do réu, por ser brasileiro, tenha se desprezado o registro de sua nacionalidade, mas, todas as vezes que o nome de seu patrão, José Antonio Barbosa, de origem portuguesa, foi mencionado, ignorou-se o registro de sua nacionalidade. Tudo leva a crer que tal procedimento em relação à vítima visou a marcar o lugar social que ocupava naquela sociedade. Era o diferente, e, portanto, o estranho.

Já o réu Ângelo Diogo de Araújo, embora procedesse de Minas Gerais e, portanto, de um lugar geograficamente distante, pelo lastro cultural comum, matinha uma identificação com a sociedade local. Forasteiros recém-chegados dos mais remotos lugares do território

---

2 Jaú (Município). Museu Municipal. *Processo do Tribunal do Júri de Jaú*, caixa n. 12, réu Ângelo Diogo de Araújo, 1872.

brasileiro, pelo cabedal expresso pela língua portuguesa e por compartilharem o mesmo universo simbólico, estabeleciam mais facilmente uma identificação com os mais antigos moradores da vila. O comerciante português, para quem o réu trabalhava, embora oriundo do continente europeu, pelo domínio da mesma língua e da mesma matriz cultural, mantinha uma proximidade com essa sociedade. Já Nicolao La Salvia, embora declarasse ser morador da vila, ao expressar comportamentos assentados em valores inerentes à sociedade italiana, e certamente por comunicar-se utilizando um português mal falado, somados ao restrito círculo de convivência, estampava a diferença. Dessa forma, os escrivães, ao registrarem o atributo da nacionalidade atrelado ao nome do imigrante italiano, proclamavam nada mais que o comportamento dominante da sociedade jauense. As testemunhas de origem italiana que depuseram nos autos desse processo, também tiveram o registro de seus nomes sempre acompanhados pelo indicativo da nacionalidade.

Importante esclarecer que Nicolao, depois de ferido no interior da casa comercial, saiu à rua à procura de socorro, sendo visto ensangüentado e cambaleando por várias pessoas que depois foram arroladas como testemunhas. A condição de observadores distantes em relação ao ocorrido com Nicolao por parte dessas pessoas pode ser percebida de forma inequívoca em seus depoimentos. Nenhuma delas afiançou que Nicolao, quando caminhava pela rua à procura de socorro, tivesse sido amparado por alguém. No entanto, detalharam as condições em que a vítima se encontrava, informando que Nicolao, gravemente ferido, ensangüentado, atravessou a rua e andou quase meio quarteirão até a casa do vigário José Magaldi, um italiano naturalizado brasileiro. Esse fato deu-se às quatro horas da tarde, com o comércio aberto e pessoas circulando pelas proximidades. É bem provável que a vítima, ao se ver só, sem socorro, enfrentando dificuldades para comunicar-se em português e percebendo que não seria socorrida pelas pessoas a sua volta, saiu em busca de proteção na casa do vigário, um patrício seu.

No entanto, o depoimento do vigário Braz Magaldi mostra que seu compromisso era muito maior em relação aos interesses da sociedade local do que com seu compatriota. É sabido que a igreja no Brasil, além de estar unida ao Estado, detinha um grande poder, o que levava seus representantes a manterem vínculos estreitos com a aristocracia agrária e o poder político. Do mesmo modo, a opção pela cidadania brasileira por parte do padre não deixava de ser um forte indício dessa ligação. Tanto que, em seu depoimento, não respeitando os cânones da Igreja, revelou parte do teor da confissão de Nicolao ao afirmar que procurou "arrancar do ofendido palavras de perdão para seu ofensor", e que Nicolao tinha declarado em confissão "ter amizade tanto com o ofensor como com Barbosa", e existirem boas relações de amizade entre réu e vítima. Essa declaração leva à dedução de que o vigário teve a intenção de subsidiar elementos para a defesa do réu. Portanto, mais importante que o esclarecimento das razões do embate era a defesa do réu que estava em jogo.

As informações fornecidas pelas demais testemunhas dão indicações que permitem inferir a respeito das instâncias de relacionamentos não só entre os italianos e segmentos da sociedade local, mas igualmente entre os próprios italianos. Um outro patrício da vítima, de nome Francisco Falce, então com 24 anos de idade, também morador da vila, em seu depoimento mostrou sua solidariedade à vítima. Disse

> que estava ele defronte à casa de Emerenciana, e foi chamado pelo italiano Antônio, morador no Rio Novo, dizendo que Nicolao lhe mandara chamar porque tinha levado um tiro, e imediatamente... acompanhou o referido Antônio até a casa do padre... onde se achava o ofendido.[3]

O fato de Nicolao procurar cercar-se de seus compatriotas desvenda a existência de uma prática de solidariedade tácita entre os italianos que viviam na vila de Jaú. Tudo faz crer que Nicolao e Falce eram amigos, ou no mínimo conhecidos, uma vez que, além da mesma nacionalidade, compartilhavam comportamentos e valores constitutivos da mesma cultura regional, já que ambos procediam da província da Basilicata, na Calábria: Nicolao, de uma localidade chamada Pramutola, e Falce, de Rinso. Não há informações de que chegaram juntos a Jaú, mas

---

3   Jaú (Município). Museu Municipal. *Processo do Tribunal do Júri de Jaú*, caixa n.12, réu Ângelo Diogo de Araújo, 1872

seguramente faziam parte da primeira leva de imigrantes que deixaram Basilicata a partir de 1870 quando, além de agricultores, saíram em ordem decrescente, artesãos, pedreiros, marmoristas, escultores e comerciantes (Moriconi, op.cit., p.285). Nicolao ganhava seu sustento percorrendo as fazendas do município como vendedor ambulante, e Falce, trabalhando na cidade como artista.[4]

Certamente, esses dois imigrantes saíram da Itália dentro do contexto caracterizado como primeira fase da imigração calabresa, ou seja, 1870-1881, que, como visto no capítulo I, fazia parte do projeto do imigrante o retorno a sua comunidade. Portanto, quando Nicolao e Falce optaram por tentar a sorte em uma região então considerada de sertão, não para crescer com a cidade e nela se integrarem, mas, para levantar um pecúlio e poderem retornar o mais cedo possível a suas localidades de origem. Já foi mencionado que, nessa primeira fase da imigração calabresa, houve um esforço para manter a centralidade da família e a adequada integração do imigrante na comunidade do local de sua procedência, fazendo que seu ponto de referência continuasse a ser o lugar onde estava seu tronco familiar e amigos, quer dizer, a sociedade onde deveria estar a melhor forma de viver, se houvesse dinheiro. Assim, os imigrantes dessa região, quando se estabeleceram no interior da sociedade brasileira, pelo menos no primeiro momento, não tinham em mente estabelecer relações de amizade e vizinhança, e muito menos ali constituir família. Esse tipo de atitude certamente não passou despercebido nos contatos que estabeleceram com representantes da sociedade local, o que seguramente propiciava o aparecimento de desconfianças que dificultavam ainda mais a já difícil aproximação entre eles.

Após esse episódio, não encontramos nas fontes pesquisadas alusão a esses dois imigrantes, sendo válido supor que tenham retornado à Itália, o que vem ao encontro do principal projeto de Nicolao e seu amigo: abreviar tanto quanto possível o tempo de permanência em terras estranhas. Já Antonio Mercadante, oriundo de Salerno, na Campanha,

---

[4]   Por artista, naquela época, entendiam-se todas as pessoas cujos ofícios eram voltados à construção civil.

permaneceu e integrou-se à sociedade hospedeira, uma vez que seus descendentes vivem até os dias de hoje na região.

Vimos que, com exceção dos conterrâneos da vítima, as demais testemunhas, ao deporem, não esconderam a intenção de favorecer o réu. Não é possível avaliar se algo foi alterado nas transcrições dos depoimentos; contudo, a forma pela qual as informações foram registradas mostrou falas fragmentadas e construídas com sagacidade, mais para escamotear do que propriamente para esclarecer os importantes momentos subseqüentes ao conflito. A arquitetada defesa do réu expõe o nível de hostilidade dentro da sociedade receptora no tocante à vítima. Escamoteando as informações que contrariavam a defesa, a absolvição do réu efetivou-se um mês após a abertura do processo. Fica assim evidente que o italiano Nicolao La Salvia não era visto como um membro efetivo do corpo social da comunidade e, portanto, não convinha despender grande esforço para esclarecer o que ocorreu quando do conflito. Ao que tudo indica, era a própria sociedade local que buscava se proteger diante da insegurança que um estranho causava.

As transcrições das falas das testemunhas sinalizam que nenhum dos depoentes afirmou ter presenciado o conflito; no entanto, mostram que eles procuraram sagazmente formas de interpretar os acontecimentos tendo em vista subsidiar a defesa do réu. Emerenciana Vitória de Jesus, que morava em frente à casa de comércio onde ocorreu o conflito, disse ter visto Nicolao "lançando sangue... e gritando que acudisse e que nesse mesmo ato apareceu o menor Joaquim, conhecido por Nenê, e ela, depoente, perguntou ao menor o que era... e este respondeu que era uma garrucha que achara na prateleira que tinha disparado um tiro em Nicolao", dando assim a entender que o que ocorreu foi apenas um acidente. Rosendo Dias Falcão, outra testemunha, afirmou "que o ofendido atirou com a garrucha tentando arrumá-la"; portanto, também induziu a acidentalidade do fato. Jacinto Luiz Pereira contou ter ouvido a vítima dizer que quando ferido em casa do vigário "ele próprio lhe tinha atirado", ou seja, a própria vítima seria a autora do disparo, isentando assim por completo a culpabilidade do réu. Em seu depoimento, o padre Braz Magaldi contou que "ouviu um grito de acuda acompanhado de grunhidos... e viu encostado na cerca do quintal de Emerenciana, Nicolao", e depois de acudi-lo "como ministro da religião procurou arrancar do ofendido palavras de perdão ao ofensor", que o "ofendido declarou ter amizade com o ofensor como com Barbosa", e que obteve da vítima "palavras de perdão", e ainda a declaração da "existência de boas relações de amizade entre réu e vítima". Esse depoimento apresenta fortes indícios de que o vigário procurou esvaziar as possíveis tensões entre réu e vítima.

Já as informações dadas por Germano José Coelho contrariaram as demais. Ele foi a única testemunha a afirmar que o menor havia dito "que tinha disparado um tiro em Nicolao", mas, não fez nenhuma inferência no sentido de demonstrar se tal ato foi proposital ou acidental.

A vítima em suas declarações sustentou que o motivo que levou o réu a atirar em sua pessoa se deu pelo fato de ter pechinchado o preço de um pente. E quanto ao réu, nada elucidou: limitou-se a dar as informações de praxe solicitadas pela justiça: idade, 14 anos; estado civil, solteiro; profissão, caixeiro; nacionalidade, brasileira; naturalidade, Jacutinga, Minas Gerais. Em seguida, o escrivão concluiu a redação de seu depoimento com as formalidades habituais usadas, acrescentando: "mais nada respondeu e nem foi perguntado...". A falta de registros sobre a versão do réu e os depoimentos, que de certa forma deram subsídios para inocentá-lo, muito provavelmente foram arquitetados sob a orientação das autoridades judiciais e apoiados por segmentos da sociedade local. Nesse sentido, a abertura do "processo" e seu andamento na apuração do conflito seguiram os procedimentos formais a serem pautados pelos atores jurídicos. Porém as informações ali registradas deixaram transparecer que o empenho das autoridades e das testemunhas era dar uma resposta ansiada pela própria sociedade local, ou pelo menos, por um segmento dela: livrar o réu-menino da responsabilidade pelo ocorrido. Discussões feitas por Marisa Corrêa (op.cit., p.29) a respeito de julgamentos que ocorreram nos Tribunais do Júri vêm ao encontro do que foi aqui exposto. Afirma ela que

> em termos formais, no Tribunal do Júri, uma parcela representativa da sociedade, é quem decide a sorte do acusado. Em termos reais, essa decisão é construída aos poucos, e a partir de uma série de outras decisões

IMPASSES NO NOVO MUNDO 93

que concorrem para dar maior ou menor peso e força a uma das versões definidas publicamente frente aos jurados. Em termos formais, todos têm o direito e o dever de servirem como jurados; em termos reais, também os jurados são escolhidos por membros do grupo jurídico.

Por conseguinte, conhecer o lugar social das pessoas que compunham o quadro de testemunhas é crucial para ajudar a desvendar a rede de solidariedade estabelecida em favor do acusado. Dentre 13 depoentes, mais da metade era de comerciantes: Emerenciana Vitória de Jesus, Rosendo Dias Falcão, Jacinto Luiz Pereira, Germano José Coelho, João Delfino Ferraz, Caetano Jorge Cardoso e João Gonçalves Preto, e Germano José Coelho, além de comerciante, era proprietário de grande extensão de terras no município. O caixeiro era empregado de um dos mais importantes comerciantes do povoado. Certamente, todos eram conhecidos, ou até amigos do patrão do réu, um dos mais expressivos negociantes da vila. As demais testemunhas foram: o vigário, um solicitador, um tabelião, um caixeiro, um carpinteiro e um artista, sendo estes dois últimos, companheiros italianos de Nicolao. É oportuno destacar que ser comerciante em um município que então possuía 7.412 habitantes, dos quais 806 eram escravos (idem, p.17), em uma época em que a maior parte da população vivia da produção de subsistência, não significava dispor de um bom conceito econômico ou social na sociedade local. Na verdade, ao que parece, a intenção das testemunhas em inocentar o réu era uma resposta ansiada pelos representantes da aristocracia local. Quanto ao silêncio em relação a informações que poderiam ter sido dadas com mais precisão, Marisa Corrêa (idem, p.25) afirma que os silêncios "são as estratégias utilizadas pelos atores jurídicos para transformar o real específico numa realidade manipulável, flexível". Essa tática fica mais evidente com conduta tomada pelos atores jurídicos relativamente ao patrão do réu, José Antônio Barbosa. Ele nem sequer foi arrolado entre as testemunhas, e estas, ao prestarem esclarecimentos, também não fizeram nenhuma alusão a ele. Tomou-se todo o cuidado para não deixar nenhum indício, pelo menos no campo legal, que pudesse presumir o local onde Barbosa se encontrava no momento em que Nicolao foi ferido por seu caixeiro. Este dado não deixa de ser intrigante, pois caso Barbosa fosse arrolado entre as testemunhas, mesmo que não tivesse presenciado o conflito, certamente poderia ter fornecido subsídios importantes a respeito de seu caixeiro.

É possível que a razão desse silêncio possa estar por trás das palavras proferidas pelo vigário em seu depoimento, quando ele falou que Nicolao, em sua confissão, dissera "ter amizade com o caixeiro como com Barbosa". Mesmo considerando que a vítima tivesse se expressado dessa forma, qual seria a intenção do vigário em desfazer qualquer possibilidade de desavença em relação a Barbosa, se este não tivesse nenhuma participação no conflito? Será que não foi o próprio vigário que apresentou essa informação? Isso pode levantar a suspeita de que o réu cumpriu uma ordem do patrão ou até tenha sido por ele induzido. No caso de uma resposta afirmativa, é plausível pensar que Barbosa poderia ter tido alguma pendência com Nicolao. Nessa perspectiva, o patrão ficaria legalmente imputável, e por outro lado, por ser o réu quase um menino, ficaria fácil desqualificar a importância do ato criminoso no qual a vítima era um adventício.

Fica assim perceptível o distanciamento social então vigente entre imigrantes e membros da sociedade local no início da década de 1870. A pouca expressividade numérica dos imigrantes e o caráter temporário dessa imigração propiciavam a sociedade acolhedora elaborar em relação a eles uma imagem de permanentes forasteiros, sem vínculos com o local onde viviam e, por conseguinte, sem nenhum projeto de futuro que pudesse integrá-los no interior daquela sociedade.

Dessa forma, a presença de elementos de outra nacionalidade não deixava de ser vista como um incômodo para os habitantes, que evidenciavam as fragilidades inerentes à sociedade da frente pioneira, na qual situações novas eram sempre apresentadas. Todavia, é preciso ressaltar que, nessa sociedade em fase de rápida reconstrução, o jogo de forças estabelecido pelos grandes proprietários de terra, em geral membros de famílias tradicionais paulistas e mineiras, assentava-se em uma forte retaguarda amparada pelo poder político, tanto no âmbito da província como do Império.

Nesse momento, muitos dos imigrantes que escolheram Jaú para se estabelecer, certamente haviam obtido informações a respeito das propaladas facilidades de ganhar dinheiro numa frente pioneira em expansão. No início da década de 1870, quando a ferrovia chegou até a cidade de Rio Claro, ensejou uma melhor circulação de mercadorias para a então vila de Jaú, e criou novas oportunidades para aqueles que, mesmo com parcos recursos, podiam abrir um pequeno comércio ou realizar a venda de suas mercadorias na condição de ambulantes, ou ainda ter a possibilidade de exercer algum ofício no povoado. Certamente, foram essas oportunidades que Nicolao e Francisco Falce buscaram ao instalar-se em Jaú.

O grupo de pessoas com as quais o vigário conversava no momento do conflito elucida as formas de contato dos primeiros imigrantes italianos estabelecidos em Jaú. Formava o referido grupo: Germano José Coelho, Manoel Gomes Coelho, Benjamim Constant de Almeida Coelho, Manoel Pires de Campos, José Magaldi (italiano) e Antonio Mercadante (italiano). Devemos esclarecer que Benjamin Constant de Almeida Coelho, Manoel Pires de Campos e Germano José Coelho eram todos pessoas influentes no circuito da sociedade local. Germano José Coelho, de origem portuguesa, casado com uma representante da prestigiada família Almeida Prado, era um forte comerciante e grande proprietário de terras no município. Manoel Pires de Campos era também grande proprietário de terras, cuja família controlava o poder político na cidade juntamente com a Almeida Prado.

Os depoimentos das testemunhas indicam que o vigário Braz Magaldi, seu irmão José Magaldi e Antonio Mercadante conversavam amistosamente com as pessoas que estavam em frente à casa comercial de Germano José Coelho, sugerindo assim, que eles tinham trânsito em meio a segmentos sociais que dispunham de poder e prestígio na sociedade local. Já a vítima Nicolao La Salvia e seu amigo Francisco Falce, embora residissem na vila, um lugar onde todos se conheciam, parece que viviam quase alijados do convívio com a comunidade. Portanto é possível afirmar que, em Jaú, já no início da década de 1870, a inserção de imigrantes italianos no povoado dava-se sob duas formas diferenciadas: aqueles que já haviam conseguido transitar melhor na sociedade, em geral, graças a seu desempenho como comerciantes, e aqueles que, por não quererem ou não poderem, mantiveram-se quase à margem daquela sociedade.

Italianos em confronto

Nove anos depois, ou mais precisamente em 1881, autos de um outro processo do Tribunal do Júri de Jaú trazem informações indicando novas formas de convívios sociais em curso entre italianos e a sociedade hospedeira. É importante esclarecer que nos quase dez anos que separam os dois casos, a vila de Jaú havia galgado o *status* de cidade.

Diante da chegada de um número cada vez maior de forasteiros, e entre eles muitos imigrantes italianos, houve um acentuado crescimento da cidade, com maior diversificação das atividades de caráter urbano.

No conflito em questão, a vítima foi o italiano André Castelli e o réu João Castelli. Embora não haja nenhuma informação que esclareça se eram parentes, os sobrenomes comuns e o fato de João ter morado por um período na casa de André levam a crer que eram. André, nascido na Itália, estava com 34 anos, e João, natural da cidade do Rio de Janeiro, tinha 20 anos. A denúncia desse caso apareceu nos autos nos seguintes termos:

...que os italianos, de nomes André Castelli e João Castelli, aquele pedreiro e esse alfaiate, que já andaram de rixa, no dia primeiro do corrente à rua das Flores nesta vila, perto à taipa existente entre as casas de Manoel José Coimbra e Emmerenciana de tal, pelas quatro horas e meia da tarde, após uma ligeira alteração de palavras, principiada por André Castelli, que se achava embriagado, o denunciante João Castelli, puxando de um revolver que consigo trazia, desfechou sobre ele quatro tiros, acertando dois conforme consta do corpo de delito... e sendo perseguido pelo clamor público, fugiu, sendo detido no meio da fuga, pelo subdelegado de polícia, que o prendeu em flagrante delito[5].

---

5   Jaú (Município). Museu Municipal. *Processo do Tribunal do Júri de Jaú*, caixa n.16, réu João Castelli, 1882.

André disse ter iniciado a discussão por ter desconfiado que João havia assediado sua mulher. Se João apresentou argumentos para defender-se dessa acusação nada sabemos, uma vez que todos esclarecimentos presentes nos autos atêm-se ao que aconteceu no momento do conflito. Entretanto, por outro lado, os relatos pertinentes às circunstâncias em que se deu o conflito permitem elucidar formas de convívio então vigentes entre imigrantes italianos e a sociedade local.

O réu João Castelli iniciou seu depoimento informando que estava passeando pela Rua das Flores em companhia de Francisco Augusto Ferraz do Amaral e José Pacheco de Almeida Prado quando tudo começou, fato confirmado por estes em seus depoimentos.

Com esses dados, já é possível identificar os espaços dos relacionamentos sociais de João Castelli no âmbito da sociedade, uma vez que "estar passeando" significa o desfrute de um momento de lazer, o que normalmente se faz entre amigos ou, no mínimo, com pessoas com quem se tem bons relacionamentos. Sabemos que os dois companheiros de João Castelli pertenciam a famílias que detinham muito prestígio e poder na cidade, sugerindo assim que o convívio social do réu não se restringia ao círculo da comunidade italiana.

Outra informação contida nos autos desse processo assinala que já se haviam aberto espaços para imigrantes italianos adentrarem no interior das famílias de origem brasileira. Isto ficou explicitado quando uma das testemunhas, o brasileiro de nome Siqueira, declarou em seu depoimento ser sogro de André Castelli.

Ademais, o redimensionamento da inserção dos imigrantes em meio à sociedade hospedeira dependia de como os diferentes segmentos sociais, tanto da comunidade imigrante como da sociedade hospedeira, iam redefinindo o caráter da italianidade. Nas falas que aparecem nos autos, o tratamento dado ao imigrante torna perceptível tal redimensionamento. Nesse sentido, é esclarecedora a forma pela qual as testemunhas referiram-se a André e a João Castelli. Embora em seus depoimentos eles indicassem os locais do nascimento, o primeiro na Itália e o segundo na cidade do Rio de Janeiro, as testemunhas ao referirem-se a eles utilizaram indistintamente o atributo italiano, ignorando desse modo a nacionalidade brasileira de João. Como o caráter de italianidade para os imigrantes, certificado pela própria lei italiana, tinha como pressuposto a descendência, ou seja, o sangue, a cidadania italiana era estendida a todos os descendentes, e por isso João, certamente se vendo como um italiano, projetava essa identidade, fazendo que fosse visto como tal. Também é sabido que outras instâncias definiam essa identidade: língua, hábitos e costumes, bem como a prática de relacionamentos que os imigrantes procuravam estabelecer entre si, principalmente na manutenção de uma solidariedade tácita entre eles.

João Castelli, apesar de ser brasileiro nato, expunha sua identidade italiana pela forma mais perceptível de sua cultura de origem, qual seja, o domínio da língua de seus ancestrais. Foi a testemunha João Eleutério quem deu informação a esse respeito, quando afirmou: "Pedro Nardini dirigiu ao acusado 'palavras nas quais o depoente não entendia por serem dirigidas em língua italiana'". Ainda com relação ao uso da língua, há fortes indicativos de que, em determinadas circunstâncias, os imigrantes usavam o italiano não só por seu melhor domínio da língua, mas também para velar as informações que pudessem fragilizar sua comunidade. Dessa forma, as palavras de Nardini a João Castelli podem ter se configurado em conselho, ou mesmo reprimenda, tendo em vista proteger os interesses dos imigrantes locais. Essa questão fica bem evidente quando Pedro Nardini, única testemunha de origem italiana, disse ao depor: "que estando no quintal nada viu e que só sim ouviu os tiros", o escrivão acrescentou que ele nada mais informou. Talvez para Nardini fosse claro que se desse maior elucidação a respeito do fato, forneceria mais elementos para enredar ainda mais seus patrícios nas malhas da justiça. Assim, a melhor opção foi silenciar. Diante da pouca solidez que dominava a sociabilidade entre imigrantes e a sociedade acolhedora, certamente não era conveniente para os italianos que as fissuras que se davam no interior da comunidade fossem publicamente expostas.

As relações de vizinhança e os contatos do dia-a-dia faziam que, aos poucos, as distâncias entre os imigrantes e a sociedade que os abrigava fossem sendo amainadas, e desse modo, com o fluir do tempo, o forasteiro fosse deixando de ser um estranho, visto que as ambigüidades fazem parte do encontro entre culturas, e a condição do imigrado não existe tanto em si, mas no olhar do outro (Di Carlo, 1986, p.34). Um importante indicador das mudanças foi a substituição do atributo "italiano" por outras palavras. O brasileiro João Eleutério, ao depor, nomeou seu vizinho, o italiano Pedro Nardini, mas não fez uso do atributo que definia sua nacionalidade. Referiu-se a ele citando apenas seu nome e sobrenome. O tratamento dado pelas testemunhas Balduino de Melo Castanho e Francisco Ferraz do Amaral manifesta a mesma ambigüidade quando se referiram à vítima, nomeando-a por André Castelinho. A modificação de seu sobrenome com o acréscimo do sufixo "inho" firmava um aportuguesamento do nome. Também o fato de ele ter recebido esse cognome por pessoas de fora da comunidade imigrante, e não com a intenção de estigmatizá-lo, é um importante indicador de receptividade em relação a esse imigrante pela sociedade hospedeira. Mas o uso dessa alcunha, embora uma derivação de seu próprio nome, não deixava de velar sua identidade italiana. André certamente já vivia a duplicidade da sobreposição de duas identidades. Via casamento, fora alçado ao interior de família brasileira, e, por meio dela, podia estreitar relacionamentos no âmbito da sociedade local, porém seu elo com a comunidade italiana não se desfazia.

Casamentos interétnicos, ao conduzirem os imigrantes italianos para o interior de famílias brasileiras, como no caso de André, levavam os cônjuges a exporem entre si, com maior visibilidade, seus valores e costumes, a saber, suas diferenças, e, por outro lado, o convívio diário criava um espaço para intensas trocas culturais, configurando-se em um dos principais vetores de transformação da sociedade acolhedora.

A inclusão de imigrantes italianos em famílias brasileiras por meio de casamentos parece não ter sido tão incomum quando do início da fixação dos primeiros imigrantes italianos em Jaú. No ano de 1883, os autos de um processo do Tribunal do Júri trazem informações a respeito do casamento que estava para ser realizado entre o italiano Paschoal Spinelli e uma brasileira, cujo nome não foi especificado, sendo ela só nomeada como irmã de Luiz Teixeira[6]. Os autos desse processo

---

6   Jaú (Município). Museu Municipal. *Processo do Tribunal do Júri de Jaú*, caixa n.1, ré Leopoldina Maria do Nascimento,1884.

foram abertos para apurar as condições em que a amásia de Spinelli, Leopoldina Maria do Nascimento, o feriu em um conflito entre eles. O fato deu-se quando Leopoldina ficou sabendo que Spinelli iria se casar e, em um acesso de ciúmes, avançou sobre ele, agredindo-o a facadas. Paschoal, radicado em Jaú, exercia o ofício de sapateiro, era natural da província de Salerno, e estava com 26 anos de idade. Possivelmente, Paschoal também foi um dos integrantes das primeiras levas de imigrantes do sul da Itália, aqueles que partiram deixando seus familiares, esperando encontrar no Novo Mundo uma forma rápida de levantar pecúlio para, em seguida, retornar. O casamento com uma brasileira certamente mudou seu projeto de retorno.

No início da década de 1890, também o calabrês Antonio Miraglia estava já casado com Bárbara Ribeiro de Barros, filha de um dos mais importantes representantes da aristocracia agrária local[7]. Discute-se na historiografia que, de forma geral, eram as filhas de decadentes famílias aristocratas que se casavam com ricos imigrantes. Não foi esse o caso de Bárbara, pois nas décadas de 1880 e 1890 sua família possuía expressiva riqueza e *status* social, constituindo-se fortes fazendeiros.

No entanto, se, por um lado, os imigrantes sulistas vencedores via casamento estavam participando da classe social dominante, outros dispensavam o compromisso legal, optando por viver em concubinato com mulheres brasileiras ou italianas de origem mais humilde. Foi o caso do já mencionado Valério Deodato Marinelli, oriundo de Potenza, na Basilicata. Em 1886, quando contava 22 anos de idade, já estabelecido em Jaú com uma Casa de Pasto no Largo do Teatro, acabou ali permanecendo até o final de sua vida, em 1899, quando foi assassinado. Até a sua morte havia acumulado significativos bens: uma fazenda no município de Bariri, uma casa comercial na beira da estrada que ia para Bocaina, e três casas de morada, construídas de tijolos em São João da Bocaina. Valério não havia se casado, mas a mulher com quem vivia, Celeste Tomagneli, também era de origem italiana. Não tendo feito testamento, seus bens passaram para seus familiares que haviam

---

7   Jaú (Município). Museu Municipal. Processo de Inventário de Antonio Miraglia e sua mulher, aberto em 1895 (T. 1.7.2.316).

permanecido na Itália. Celeste, nos autos do testamento de Valério, alegou pertencer-lhe apenas duas pulseiras, dois cortes de vestido de seda, uma corrente de ouro para relógio, um quadro com retratos e uma bacia de banho[8]. A razão pela qual não oficializou o casamento é bem possível que esteja no fato de não ter rompido suas ligações com as práticas culturais de sua região de origem, a Basilicata, ou seja, juntar um pecúlio e voltar para casar-se e constituir família.

Como é sabido, um dos aspectos importantes para a manutenção da cultura é a reprodução de hábitos alimentares e, de forma geral, a cozinha é um espaço feminino. Sem a presença da mulher italiana no preparo dos alimentos, perdia-se um valioso elo com a cultura italiana, pois o ritual de fazer a comida e a forma de alimentar-se consubstanciam-se em importantes pontos de referimento para a definição e identificação dos grupos étnicos e nacionais. Peppino Ottoleva (1932, p.33) assevera: "A lembrança dos sabores e dos odores é, obviamente, um instrumento de recuperação da história pessoal, que começa da infância: falar da 'cozinha materna' seja talvez mais apropriado que falar da língua materna". Portanto nessa fase da imigração italiana em que a maioria dos que aportaram no Brasil era de representantes do sexo masculino que vieram sem família, quando se casaram com brasileiras lhes restava passar às esposas conhecimentos da culinária de seus locais de origem. Caso contrário, tinham de adaptar-se aos sabores da cozinha brasileira. Se bem que, no convívio cotidiano principiava uma barganha entre as duas cozinhas, num processo de circulação de informações, ambas eram modificadas. Porém é essencial admitir que, diante da pobreza que grassava na Itália, os hábitos alimentares trazidos pelos imigrantes eram muito restritos. Como será visto no capítulo 5, os hábitos alimentares dos imigrantes procedentes do sul da Itália não iam muito além do pão de farinha de cevada ou centeio acompanhado de verduras e cebolas cruas (Alvim, 1998), e aqui eles trocaram o pão de cevada pela broa de fubá.

Tanto no caso de Castelli como no de Spinelli, as circunstâncias que os conduziram a construir suas vidas em terras americanas fizeram

---

8   Idem, de Valerio Deodato Marinelli, aberto em agosto de 1899 (T.1.7.2.60).

que muitos sonhos e projetos concebidos antes da partida da terra natal fossem entrando no esquecimento ou relegados a um futuro distante.

Os percalços que se antepunham aos projetos dos imigrantes, como a dificuldade de levantarem um pecúlio até mesmo para financiar a viagem de volta, faziam que o retorno passasse a ser sempre protelado e, com isso, muitas vezes eles estabeleceram uma identificação com os padrões culturais da sociedade receptora, embrenhando-se aos poucos em seus círculos de amizade ou profissionais. Essa integração na sociedade hospedeira fazia que fossem refazendo suas identidades, espelhando-se em novos modelos. Nesse sentido, a prática de matrimônios entre italianos e brasileiras nesse início de processo imigratório em Jaú resultou, em última instância, das circunstâncias de como eles foram se inserindo na sociedade local, bem como elaborando o novo tempo vivido.

Dados constantes dos autos de um outro processo do Tribunal do Júri de Jaú, aberto para apurar um crime ocorrido no dia 20 de julho de 1882, mostram que as relações entre italianos e brasileiros estavam se tornando mais complexas[9]. Trata-se de um processo aberto para averiguar as condições em que o comerciante Felipe Carlos Lesbeis foi assassinado dentro de sua casa por seu filho João Carlos Lesbeis.

É certo que Felipe estava estabelecido em Jaú pelo menos desde 1865, pois seu filho João Carlos havia ali nascido naquela data. Embora a maioria dos comerciantes do município tivesse poucos recursos, uma vez que muitos deles andavam descalços pela cidade (Oliveira, op. cit., p.49), este não era o caso de Felipe, já que seu filho dispunha de dinheiro para luxos, como mandar suas roupas para serem lavadas em tinturaria, gastar com alfaiate, comprar botinas, e ter a casa servida pelo trabalho de uma escrava. O relacionamento de Felipe com pessoas de prestígio e poder ficou explicitado por informações a respeito do momento subseqüente ao crime, quando a seu lado estavam o médico, o juiz de Direito e um amigo de seu filho, José Pedro de Camargo Penteado, membro de família de muito poder e prestígio na cidade.

---

9   Jaú (Município). Museu Municipal. *Processo do Tribunal do Júri de Jaú*, caixa n.39, réu João Carlos Lesbeis, 1882.

Foi um imigrante italiano de nome Miguel Peccioli que apareceu envolvido nesses acontecimentos. Peccioli assegurou que, imediatamente após o ocorrido, compareceu ao quarto da vítima, encontrando-a ainda agonizando e que, também imediatamente, chegaram o médico dr. Hortêncio, o juiz municipal dr. Melchiades Alves Vieira e o jovem amigo do assassino José Pedro de Camargo Penteado. Portanto, ao que parece, Peccioli foi a primeira pessoa que se acercou de Felipe Lesbeis para verificar o que tinha ocorrido, exceto àquelas do circuito da família.

A presença de Peccioli na casa de Lesbeis, no momento subseqüente ao crime, faz pensar ter existido uma certa proximidade entre ele e a família da vítima, e certamente tal proximidade advinha de relações de vizinhança e do tipo de atividade que exerciam. Ambos eram comerciantes e com as respectivas casas comerciais e residências guardando pequena distância entre si; Peccioli, na Rua das Flores, e Lesbeis, na Direita, ruas paralelas com quarteirões comuns. Tanto que, na transcrição do português mal falado por Peccioli, o escrivão registrou que "ele foi à casa do ofendido quando se lhe deu o tiro de arma de fogo e se dirigiu imediatamente para lá". Miguel Peccioli foi uma importante testemunha para encaminhar o julgamento de um parricida que, apesar de todas as evidências indicarem o contrário, o filho negava terminantemente ter assassinado o pai. A inclusão de Peccioli no rol das testemunhas expôs a confiabilidade que ele dispunha perante as autoridades locais; caso contrário, poderia ter sido descartado pela justiça. Vivendo na cidade desde 1876 e atuando no comércio como proprietário de uma casa de ferragens, Peccioli estava com 32 anos de idade. O tipo de atividade que exercia fazia dele uma pessoa conhecida pela sociedade acolhedora. Também seu tempo de permanência na cidade possibilitou contato com um grande número de pessoas, o que foi lhe permitindo angariar simpatias e circular com certa facilidade no interior da sociedade local.

Diferentemente de Nicolao La Salvia e de Francisco Falce, procedentes da Itália meridional, onde a imigração vinculava-se às relações comunitárias e a volta era a principal meta, Miguel Peccioli viera do centro-norte do país, ou mais precisamente, da Toscana, cujo caráter da imigração não derivava de uma proposta definida por grupos comunitários. Foi visto no capítulo anterior que Miguel trabalhou como vendedor ambulante por cinco anos nas cidades do Rio de Janeiro e Sorocaba, para em seguida estabelecer-se em Jaú. Desse modo, depois de levantar um pecúlio, escolheu uma cidade pioneira para crescer junto, e nesse propósito foi vitorioso, uma vez que no início do século XX era um dos maiores comerciantes no atacado e varejo da cidade de Jaú. O retorno à Itália não deixou de ser um projeto de vida para Peccioli, pois após trinta anos de permanência na cidade e 35 de Brasil, retornou para lá residir até sua morte. Seus familiares que vieram depois e seus descendentes permaneceram na cidade.

Informações constantes da documentação apontam que a integração de Peccioli se dava até certo ponto. Seus limites podem ser identificados quando as testemunhas lhe imputaram o atributo de italiano. Este era o espelho da diferença. Mas mesmo assim Peccioli, sem deixar de ser o "italiano", era também o comerciante que prestava serviços à comunidade, ou melhor, dispunha de um lugar em meio a essa sociedade. A ambigüidade era dessa maneira a principal marca nas formas de convívio do imigrante no âmbito da sociedade hospedeira.

Informações presentes em um processo de inventário, datado também no ano de 1882[10], não só apresentam subsídios para desvendar um pouco mais a respeito das formas de relações estabelecidas entre o italiano Miguel Peccioli e o comerciante Felipe Carlos Lesbeis, mas igualmente desvendam práticas de relacionamentos estabelecidas entre os próprios imigrantes. Nos autos desse processo consta a informação de que Miguel Peccioli, em dezembro de 1881, saldou uma dívida correspondente a dois contos, cento e quarenta e um mil e setecentos réis, que havia tomado emprestado do comerciante Felipe Lesbeis. Naquela época, diante da ausência de agências bancárias em Jaú, para obter recursos era costume recorrer a empréstimos com pessoas que possuíssem capital disponível. Contudo, mesmo considerando esse empréstimo como uma transação comercial, a forma pela qual foi efe-

---

10 Jaú (Município). Museu Municipal. Processo de Inventário, inventariado João Biagioni, (T. 1.7.2. 311),1882 .

IMPASSES NO NOVO MUNDO 105

tivada não deixou de ser um acerto entre pessoas conhecidas. Lesbeis ao conceder o empréstimo, depositou confiança em Peccioli.

É preciso esclarecer que, mesmo mantendo relações amistosas com pessoas da sociedade acolhedora, os imigrantes italianos procuraram estabelecer um certo circuito de relações entre eles, que ia desde práticas de solidariedade, como acolher o recém-chegado em suas próprias casas, ajudá-lo na procura de emprego, pô-lo em contato com o novo meio social, e ainda, na medida do possível, procurar reter as transações comerciais no circuito da comunidade imigrante. Essas práticas visavam a assegurar interesses mútuos para fortalecerem-se diante da sociedade hospedeira. Nessas transações comerciais e financeiras, eles não deixavam de seguir à risca as regras do capitalismo, como a cobrança de juros, e apontar à justiça seus conterrâneos inadimplentes e estelionatários.

Dos autos do processo do inventário em questão, consta um documento que mostra Miguel Peccioli, emprestando do inventariado, o italiano João Biagioni, em junho de 1880, o expressivo montante de um conto e oitocentos e quinze réis, no qual constava também o acerto do pagamento de juros (idem, ibid.). Entretanto, com a morte de Biagioni, que se deu logo depois desse empréstimo, essa dívida passou a ser com a viúva e com a filha herdeira, então menor. Coube ao comerciante Lesbeis, que também ocupava a função de juiz de órfãos, gerenciar os bens da filha de Biagioni. Também consta dos autos um documento pelo qual os advogados da viúva acionaram a justiça para impor a Peccioli o pagamento dos juros do empréstimo, já que ele só havia feito chegar às mãos de Lesbeis o montante do empréstimo. Perante a justiça, ele se justificou dizendo que, por desconhecer as leis brasileiras, e "não estando a viúva nessa vila depositou o dinheiro em mãos do juiz de órfãos". Como este era também seu credor, pensou que, ao saldar com esse dinheiro parte de suas dívidas, "o juiz passava a ter em seu poder a importância de capital do dito crédito, e dos juros... tomando por esse fato esse depósito o caráter judicial"... e que, pelas razões expostas, pediu ao juiz de órfãos "que na partilha fosse considerado como devedor apenas da quantia depositada" (idem, ibid.). Ao que parece, Peccioli procurou meios de livrar-se do pagamento dos juros à viúva de seu patrício, mas não conseguiu escapar desse compromisso, pois em fevereiro de 1883, com a presença da viúva e das testemunhas, entre as quais os italianos Angelo Nardini e Camillo Peccioli, foi feito o pagamento do montante de juros.

Uma outra ocorrência de empréstimos em dinheiro entre imigrantes, caso que também só foi resolvido na justiça, deu-se em 1883, tendo por fim resolver a pendência de um empréstimo de 360$500 que Antonio Miraglia fez a Francisco Basílio, com juros de 1% ao mês[11]. Nesse caso, para testemunhar o descumprimento do trato foram convocados os italianos Januário Farco, Valério Marinelli e Antônio Calicchio. O que se depreende é que Francisco Basílio tomou emprestado tal soma para alimentar seu negócio de mascate, porém não conseguiu levantar recursos para saldar a dívida. Acionada a justiça, esta, em 1886, embargou o único bem disponível de Basílio – um cavalo alazão arreado.

Pelo fato de os imigrantes manterem estreitos contatos entre si, também freqüentemente se envolviam em conflitos ou desentendimentos. Pela mesma razão, em geral eram seus patrícios que testemunhavam os desentendimentos ou conflitos que ocorriam no meio deles. Eram, pois, complexas as relações no âmbito da comunidade imigrante. Na luta pela sobrevivência, ou pela conquista de um melhor padrão de vida, sobrepunham-se concomitantemente vários interesses, que suscitavam desavenças e solidariedades.

Em meados de 1880, depois de quase uma década e meia de convívio, a aproximação entre a comunidade imigrante e a sociedade local intensificou-se, propiciando novos modelos de relacionamento. A imputação da identidade étnica como forma de nomear o imigrante italiano começou a ser diluída em outras formas de identificação. Falas reproduzidas nos autos de um processo do Tribunal do Júri de Jaú datado de 1885 indicam o italiano João Vicente Finamori, não mais sendo nomeado por sua origem étnica, mas por uma alcunha advinda do trabalho que ele exercia na cidade. Finamori, nas declarações de praxe dadas à justiça, afirmou ser italiano e proprietário de uma casa

---

11   Ação de Embargo. Antonio Miraglia embargante e Francisco Basílio embargado, (T. 15..B- 1.7.4.17.M.15),1886.

comercial no Largo do Teatro; no entanto, as demais testemunhas identificaram-no como Jacob machadista[12]. Por conseguinte, o trabalho que Finamori exercia na cidade, amolador ou vendedor de machados, se sobrepôs à etnicidade.

Embora nos procedimentos formais da justiça, por força de lei, a nacionalidade italiana necessariamente aparecesse definida, nas falas das testemunhas, os italianos eram nomeados como eram conhecidos no dia-a-dia. De forma geral, dependendo do *status* de quem os nomeava e de quem se falava, o atributo "italiano" podia ou não ser utilizado. Via de regra, em vista da contínua chegada de novos imigrantes, avolumando o número de desconhecidos, e com o decorrente aumento dos conflitos envolvendo imigrantes, reforçava-se o preconceito em relação a eles, e o uso de tal atributo passou a ser utilizado com freqüência e de forma pejorativa.

Além disso, esse aumento de italianos vivendo no espaço urbano fez que as práticas sociais cotidianas correntes nas relações entre eles e brasileiros também fossem adquirindo diferentes faces. Os acontecimentos descritos nos autos de um processo-crime aberto em 1885 para averiguar um conflito entre os italianos João Bardelli e César Felice[13] indicam algumas dessas faces. O tempo de permanência e o lugar social que esses imigrantes ocupavam na cidade, muitas vezes eram fatores preponderantes na definição de punir ou inocentar o réu. Isso aparece indicado nos procedimentos jurídicos quando do indiciamento de César Felice como réu e João Bardelli como vítima. Bardelli, procedente da Lombardia, vivia na cidade desde 1876, e quando do conflito, em 1885, era proprietário de uma oficina de marcenaria. O toscano César Felice estava então com 32 anos de idade, tendo há pouco se instalado na cidade, trabalhando como empregado na marcenaria de Bardelli.

O conflito ocorreu no terreno localizado próximo ao Largo do Rosário, onde estavam a oficina e a residência de Bardelli, e também

---

12   Jaú (Município). Museu Municipal. *Processo do Tribunal do Júri de Jaú*, caixa n.15, réus Francisco Justino de Souza e João Pires Rodrigues, 1885
13   Idem, caixa n.58, réu César Felice, 1885.

a de seu empregado Felice. As primeiras testemunhas de acusação arroladas nada elucidaram a respeito das razões que levaram patrão e empregado ao confronto; apenas se limitaram a relatar o que viram no momento do conflito.

O que se nota nas avaliações das testemunhas, em sua maioria representantes da comunidade imigrante, foi que, cada vez que foram convocadas a prestar depoimento, reavaliavam suas opiniões a respeito do ocorrido. Ao que parece, o pouco conhecimento, principalmente dos recém-chegados, das regras sociais vigentes na sociedade em que estavam inseridos e o sistema normativo que a gerenciava, fizeram que as testemunhas de origem italiana não assumissem uma conduta coerente na defesa de seus patrícios. Dessa forma, à medida que o processo corria na justiça, buscaram estratégias para desvencilhar seus conterrâneos da condenação. Tanto que Felice, que a princípio fora apontado como réu, passou a ser considerado vítima.

Entre as testemunhas, estava o já mencionado comerciante italiano Jacob Vicente Finamori, que na primeira fase dos depoimentos declarou peremptoriamente que "Bardelli e Felice haviam passado a manhã bebendo em seu estabelecimento". Com essa afirmativa, intencional ou não, deu subsídios à justiça para responsabilizar os dois envolvidos. Importante que se diga que o estabelecimento comercial de Finamori, onde os dois haviam passado a manhã bebendo, estava localizado no Largo do Rosário – espaço de grande concentração de imigrantes italianos. O dia do conflito foi um domingo. Juntando essas duas informações pode-se inferir que os dois poderiam estar desfrutando de um momento de lazer em um espaço de encontros e socialização de italianos.

De qualquer forma, não é possível avaliar até que ponto esses imigrantes estavam embriagados ou não, mas para os representantes da justiça era uma oportunidade para demonstrar aos italianos os cânones da ordem. Assim, a informação dada por Finamori subsidiou a aplicação de uma ação normalizadora. Para a sociedade local, principalmente no segmento da elite dominante, o crescimento demográfico da comunidade imigrante trazia inseguranças, à medida que conquistava novos e amplos espaços sociais e ameaçava normas e valores vigentes. Dessa forma, sempre que possível, procurava-se impor limites para enquadrar os imigrantes nas regras estabelecidas.

No caso de Finamori, fica difícil inferir sua intencionalidade em desqualificar seus conterrâneos, pois ele podia apenas ter dado a informação solicitada, sem todavia avaliar as possíveis conseqüências para seus conterrâneos. Outra possibilidade é ter ele momentaneamente renunciado à solidariedade com a comunidade imigrante, tendo a intenção de dar sua contribuição à justiça e obter um reconhecimento da sociedade local. Ou ainda, no contexto dos acontecimentos, Finamore identificava-se com as duas comunidades, vivendo, como diz Di Carlo (op. cit., p.25), "espaços diversos de experiência e de memória, experimentando a distância e a continuidade".

Disso tudo, fica a pergunta: Por que, mesmo com fortes indícios que apontavam para a responsabilidade de ambos, a justiça definiu a princípio somente Felice como réu? Uma hipótese é que o outro, por estar radicado há nove anos na cidade, trabalhando como marceneiro, adquirira respeito e confiança, que, por sua vez, lhe assegurava um lugar na sociedade. Dessa forma, conseguiu impor sua versão a respeito do conflito, por desfrutar de maior credibilidade, ou pelo melhor domínio da língua portuguesa soube, de maneira mais satisfatória, argumentar a seu favor. Já Felice, recém-chegado da Itália, um desconhecido mal falando o português, e ainda na condição de empregado do primeiro, provavelmente não conseguiu fazer-se ouvir. Como um conflito entre imigrantes em geral era visto como uma ameaça à ordem estabelecida, a justiça nesses casos era acionada para agir com maior rigor, e para tanto era preciso apontar um réu. Nesse contexto, a prisão de Felice pode ter assumido um caráter exemplar.

Foram as declarações da vítima e réu que deram entender as razões do enfrentamento entre eles. Bardelli afirmou:

...que morando com Cesare Felice, que é seu empregado, vivia bem com ele, mas que a mulher dele respondente não se dava bem com a mulher de Felice, que é muito endiabrada, que então ele hoje falando com Felice, que era preciso ver isso, e este caiu sobre ele com pauladas, que ele respondente depois que levou as pancadas ou socos, que ele nem sabe o que foi, não distinguiu mais nada, nem sabe quem apareceu no lugar que é perto do rio nos fundos de seu quintal.

Já a versão de Felice é outra. Disse que:

...sempre viveu bem com João Bardelli de quem é sócio na marcenaria, mas que hoje, estando ele em casa, a mulher de João veio do lado da casinha chamando ele na carpintaria para ir acudir a mulher dele respondente que estava sendo perseguida por João no fundo do quintal, e que então ele correu para lá e pegando uma ripa deu em João e lançou-o por terra dando-lhe socos.

Sua versão foi a mesma de uma das testemunhas, que também afirmou ter visto Bardelli bater em Felice com um sarrafo.

A soltura de Felice só foi possível graças à intervenção de seus patrícios, que utilizando os próprios meios legais, procuraram cobri-lo com um manto protetor ao testemunharem a seu favor, sem deixarem de tomar o devido cuidado para não recair a culpa sobre Bardelli. Para isso, imputaram às esposas de ambos a responsabilidade pelo ocorrido. Foi o italiano Maximiliano Colombo que, em seu depoimento, procurou apresentar elementos para subsidiar a "justificativa" feita por Felice para provar sua inocência à justiça. Argumentou nos seguintes termos:

...que no dia em que se deu o conflito e que era santificado, ele depoente com sua mulher foram a convite de João Bardelli à casa deste, achando aí apenas a mulher deste, chegando logo depois Bardelli em companhia do justificante, imediatamente Bardelli dirigiu-se à sua própria mulher e então esta chorando, foi dar-lhe um murrão, dar-lhe uma bofetada, não chegando a dar-lhe porque a mesma correu e indo Bardelli na procura de sua mulher encontrou em seu caminho a mulher do justificante que se achava lavando os pés e não só dirigiu-lhe injúrias tais como: puta e além disso deu-lhe um tapa na cara, pelo que em defesa a mulher do justificante atirou-lhe com a bacia em Bardelli e aí Bardelli rasgou palitot da mulher do justificante, que fugiu para as bandas do quintal indo a casa de Nardini. Não contente com isso, Bardelli a perseguiu dirigindo impropérios e enquanto proferia chegou o justificante e, vendo-se injuriado na pessoa de sua mulher, perguntou a João o que queria dizer aquilo, do que retrucou Bardelli dizendo que a mulher do justificante era puta, e ainda nessa ocasião o justificante disse a Bardelli que respeitasse sua mulher porque assim respeitaria a ele justificante, porém Bardelli não se importou com sua advertência e continuou insultando, pelo que... avançou sobre o justificante com uma ripa e depois o justificante tomando-lhe a mesma, e que furiosamente Bardelli tinha ido ao chão.

A confusa redação do escrivão, que reproduz a fala de Colombo, seguramente advinha de sua dificuldade de expressar-se na língua portuguesa. Apesar disso, evidencia-se que ele procurou meios para explicitar que Felice, ao atacar Bardelli, apenas revidou a agressão dada por este, e que o conflito derivou de uma briga entre suas respectivas mulheres.

A partir desse ponto, nota-se pelos autos um grande esforço por parte dos italianos visando a livrar Felice de um julgamento indevido. Todos corroboraram as declarações de Felice em sua "afirmativa" de que fora a mulher de João Bardelli quem o chamou para ir defender sua mulher. Versão endossada pelas testemunhas: Maximiliano Colombo e sua mulher, Pedro Nardini, José Pelluti e Germano Chiti. Todos se esforçaram para impor a versão de que as brigas entre as mulheres dos dois envolvidos os levaram a um ato inconseqüente, e que não provocou o rompimento das relações de trabalho e amizade entre os dois indiciados. Assim, foram articulando a defesa de Felice, sem deixarem de ser solidários a Bardelli. Jacob Vicente Finamori, que de início havia deposto desfavoravelmente aos dois envolvidos, também se empenhou em livrar Felice da prisão. Por fim, para desobrigar Felice da prisão foi o próprio João Bardelli quem pagou a fiança definitiva de seu empregado, "tendo como testemunhas do abono o italiano Pedro Nardini e Jacob Vicente Finamori".

Merece atenção o fato de o pagamento da fiança de soltura de Felice ter sido feito pelo próprio Bardelli. Todavia é possível aventar que não se deu em face de uma solidariedade incondicional da comunidade imigrante, uma vez que Bardelli, na condição de patrão, poderia ter feito um adiantamento a ser pago por futuros serviços a serem prestados por Felice.

Essas incoerências apontam para algumas dificuldades enfrentadas pelos imigrantes ao lidarem com os poderes constituídos da sociedade receptora. Certamente, logo percebendo a extensão do poder de certos segmentos da sociedade local, consubstanciado no controle econômico, político e jurídico do município, alguns imigrantes, à medida que iam ascendendo economicamente, procuravam uma aproximação com esses poderosos para obter benesses, e, nesse afã, muitas vezes deixavam de lado interesses que convinham à comunidade imigrante. Dessa forma, muitos imigrantes, principalmente aqueles que detinham um poder econômico, eram freqüentemente enredados em ações dúbias, tanto frente à comunidade imigrante como na sociedade. Ou mesmo procurando manter uma auto-imagem positiva da "colônia" imigrante, como representação desencadeavam, muitas vezes, fissuras que comprometiam a pretendida unidade dessa comunidade. Em outras ocasiões, os laços que os uniam à comunidade italiana falavam mais alto, e assim buscavam defendê-la, sobretudo quando percebiam que alguns de seus amigos e conhecidos estavam sendo injustiçados, ou ainda quando, por razões diversas, era mais interessante fortalecê-la.

Para entender a complexidade das relações sociais entre italianos e também entre eles e os vários segmentos da sociedade, é importante lembrar que, quando da chegada dos primeiros imigrantes italianos, a estrutura da organização social jauense tinha suas fragilidades, uma vez que, como frente pioneira desde a fundação do núcleo urbano de Jaú em 1853, era coagida a incorporar a contínua chegada de forasteiros de diferentes regiões brasileiras, e a partir de 1870, dos imigrantes europeus, provocando uma constante redefinição dos liames dos diferentes segmentos sociais, certamente ensejando inseguranças. A idéia de que a chegada dos imigrantes na cidade comprometia a organização social vigente foi reproduzida em 1916 por um memorialista local:

> Incontestavelmente o Jaú de trinta anos era mais divertido, mais comunicativo, mais social enfim, do que hoje... A pequena população era quase toda nacional. Os estrangeiros eram portugueses, poucos italianos e um ou outro pertencente a diferente nacionalidade. Por isso as famílias

brasileiras visitavam-se animadas vezes e agrupavam-se mais, havendo, portanto maior sociabilidade[14].

A memória propicia uma visão idílica do passado e, certamente, esse memorialista pôs à margem em seu discurso toda a violência da sociedade escravocrata e das transformações provocadas pela nova economia assentada no café, na qual o imigrante constituía-se um dos elos mais importantes. De qualquer forma, essa versão certamente preponderava no segmento dominante da sociedade, da qual esse memorialista fazia parte, vendo a chegada dos imigrantes pôr em xeque o projeto de ordem social ansiado por eles.

Em grande medida, o meio de controle mais eficaz de que a sociedade local dispunha para tentar regular as novas variantes sociais que emergiram com a chegada do imigrante foi recorrer aos poderes institucionalizados. Buscou-se assim enquadrar os forasteiros de acordo com a ordem social que vinha ao encontro de seus ideais e interesses.

É nesse contexto que os acontecimentos que envolveram a prisão e a soltura de Felice podem ser considerados emblemáticos.

A chegada dos vênetos

Em Jaú, até meados da década de 1880, pouco antes do início da grande imigração, embora imigrantes de outras regiões da Itália, principalmente toscanos, estivessem estabelecidos na cidade, os sulistas ainda preponderavam. Com a chegada em massa de imigrantes a partir de 1887, representada particularmente por vênetos, em pouco tempo sua presença mudou o perfil do quadro de imigrantes italianos na cidade. Embora em termos numéricos reforçassem a comunidade italiana, as diferenças inerentes ao regionalismo peninsular foram levadas para o interior daquela comunidade, desestabilizando ainda mais a precária unidade da "colônia".

---

14 *Commercio do Jahu*, anno 7, n.977, 8/8/1916, p.1.

De acordo com os cânones da política governamental, apesar de as levas de imigrantes conduzidas ao interior de São Paulo visarem a atender à demanda de mão-de-obra nas fazendas de café, um número não tão insignificante delas buscou meios para estabelecer-se na cidade. Em Jaú, à semelhança de outros municípios, esse processo pôde ser observado. Os vênetos que optaram por viver na cidade, em sua maioria procedentes do meio rural e, portanto, sem habilidade para exercer ofícios de caráter urbano, submeteram-se a serviços que não exigiam nenhuma habilidade especial, como vendedores ambulantes de frutas e verduras, lenhadores, empregados domésticos. No caso de Jaú, já apontado, um número expressivo deles foi trabalhar como carroceiros no transporte de café das fazendas para as máquinas de beneficiamento, ou diretamente para o embarque na estação ferroviária. Portanto a chegada dos vênetos deu um novo contorno à sociedade jauense.

Esse processo não foi algo específico de Jaú, mas de praticamente todas as cidades-sedes de municípios cafeeiros do interior de São Paulo, que, oferecendo possibilidades no novo mercado que se abria, passaram a ser chamarizes para imigrantes.

Cartas enviadas por imigrantes vênetos do interior de São Paulo a parentes e amigos na Itália, durante o período de 1876 a 1902, e publicadas por Franzina (1979), dão indicações a respeito das possibilidades de trabalho urbano para aqueles que não possuíam nenhuma qualificação profissional. Valentino Piovesan, escrevendo de São Carlos do Pinhal em 1889, explicitou para um seu conterrâneo as possibilidades de trabalho nessa cidade. Disse ele: "que enquanto os artistas saem bem quando vem só, de Treviso, conheci taberneiros, camareiros, barbeiros, lenhadores, mas é preciso ir antes para o café" (idem, p.187).

Vênetos que chegaram a partir de 1887 depararam-se com um ambiente social diferente daquele que seus patrícios sulistas haviam encontrado uma década e meia antes, porque para estes, com recursos minguados, só puderam iniciar-se em atividades inerentes ao meio urbano, uma vez que Jaú era então um vilarejo que dava seus primeiros passos para o desenvolvimento. De forma geral, em meados da década de 1880, muitos italianos procedentes do sul da Itália já estavam integrados à cidade e cresciam com ela, logrando vantagens sociais e econômicas.

Quando a ferrovia chegou à cidade em 1887, permitiu uma arrancada no desenvolvimento econômico e possibilitou, com destaque para representantes da elite local, um maior contato com os cânones da modernização e, na medida do possível, transporem para sua cidade as novidades em voga. Embora, nesse momento, as ações com o objetivo de fazer de Jaú uma cidade moderna tenham sido acanhadas, não deixaram de criar novas oportunidades de trabalho, em especial para aqueles imigrantes com experiência na construção civil e em serviços afins.

Aos novos imigrantes que então chegavam, a cidade apresentava-se como um mundo muito diverso de seu *paese* de origem, pois além das diferenças inerentes à cultura da sociedade hospedeira, eles começavam, por meio de seus patrícios procedentes de outras regiões italianas, a tomar contato mais de perto com outras práticas culturais, principalmente do sul da península.

A convivência entre vênetos e sulistas não foi tranqüila. Logo perceberam que muitos desses seus conterrâneos, por eles vistos como vagabundos, atrasados etc., não só haviam conquistado *status* econômico e distinção social, mantendo um certo convívio com famílias da aristocracia, ou mesmo delas fazendo parte por uniões matrimoniais. Por outro lado, os sulistas vencedores, em posição privilegiada, achavam-se no direito de se impor a seus conterrâneos nortistas que então chegavam. Diante disso, logo muitos vênetos foram se apercebendo que, em geral, se encontravam numa situação de inferioridade em relação a seus patrícios sulistas.

O estranhamento de um vêneto em relação a um sulista aparece de forma emblemática em um trecho de carta enviada em 1889 por Giuseppe Manzoni, de São José do Rio Pardo, a um seu amigo que permanecera no Vêneto, a respeito do comportamento de seus conterrâneos sulistas: "Temos... muitos italianos napolitanos estabelecidos em São Paulo com negócios, tabernas; e estes italianos querem mandar em tudo: são brutos, animalescos, *risiarchi* (expressão que indica: heréticos, anticlericais, maçons), e sem religião" (idem, p.175).

A tônica principal era o ressentimento. Ver os sulistas vencedores punha em dúvida a idéia em voga, entre os italianos do Norte, de que os sulistas eram vagabundos, improdutivos e incultos. Assim, pela posição privilegiada dos napolitanos, querendo mandar em tudo, Manzoni certamente via a superioridade vêneta contestada.

A ponderação feita pelo autor da carta em avaliar os napolitanos como heréticos evidencia que um dos parâmetros de valorização para o vêneto estava mantido, ou seja, a moral pregada pelo catolicismo. A força da manutenção dessa identidade assentava-se não só na prática religiosa, mas também em um discurso que propagandeava a importância de manter viva a chama da religião. Para isso era preciso ficar alerta e reafirmar em todas as oportunidades esses valores. Assim, quando Manzoni chamou os napolitanos de brutos, animalescos, heréticos, anticlericais e maçons, sua crítica não deixou de ser um reforço a sua identidade vêneta.

A solidariedade esfacelada

Nos primeiros anos do século XX, os relacionamentos entre os imigrantes italianos em Jaú começavam a tomar novas formas. A solidariedade mútua, uma prática até então comum entre eles, começou a ser relegada a um segundo plano. As distintas formas de comportamentos e de pensar, advindas do regionalismo italiano, foram se aprofundando com as diferenciações socioeconômicas em curso, o que, de certa forma, radicalizou as indisposições latentes entre eles, mais entre calabreses e italianos do Norte, comprometendo diretamente a utopia da unidade da comunidade italiana.

As formas de comportamentos em situação de confronto apontam para os distanciamentos então vigentes entre os imigrantes italianos. Autos de um processo do Tribunal do Júri de Jaú, aberto em 1900 para apurar um conflito entre italianos, sinalizam essa direção. [15] São as diferentes versões a respeito do que aconteceu, dadas pelo réu, pela vítima e por testemunhas, que fornecem pistas nesse sentido.

---

15   Jaú (Município). Museu Municipal. *Processo do Tribunal do Júri de Jaú*, caixa n.55, réu João Mazzinatore, 1900.

IMPASSES NO NOVO MUNDO 117

Na abertura dos autos do processo, o detalhamento do conflito aparece nos seguintes termos:

...que na madrugada do dia 10 do corrente... o denunciado pretendeu a força entrar no estabelecimento comercial (um Café) denominado "Treze Dias". O proprietário disse que não era possível abrir a porta... O denunciado em fúria contra o proprietário, viu-se obrigado a lançar mão da tranca arremessando-a contra ele. Não tendo acertado a tranca no denunciado este segurou a mesma e vibrou-a contra o dono do estabelecimento,... e tendo este desviado, foi a dita tranca atingir a pessoa de Afonso Belli [16].

Já a versão de Belli, como testemunha, afirmou ter ouvido "um barulho na porta do mesmo 'Café',... e levantando-se para ver o que era... viu na rua um italiano de nome João Mazzinatore dirigindo palavras obscenas e, entre elas, 'filho da puta',... dirigidas a Ardiccio Azzi"... Disse "que não tem inimizade com o referido João Mazzinatore e que ontem foi a primeira vez que o viu".

Outra testemunha, de nome Emílio de Moraes Filho, assegurou que: "quando chegaram na esquina do jardim perto do 'Café' de propriedade de Lázaro Azzi & Filhos, terminou a seresta e ele depoente, junto com Arquimedes Bertace, foram para casa; que no trajeto que fizeram com a serenata, não houve barulho algum, correndo tudo em paz e em boa ordem".

O depoimento de Luiz Zagareze acrescenta : "que foram para o 'Café'... e chegando João Mazzinatore pedindo para entrar, Ardiccio respondeu que não tinha café e que era hora de dormir, João retirou-se sem ele depoente ver para onde, ele depoente e Bettini... foram para casa e até essa hora nenhum barulho houve". Ardiccio Azzi apresentou sua versão: "que estava ele em seu estabelecimento... quando às 2 horas da manhã a ele, depoente, o réu pediu café, ao que ele respondeu que não eram horas de dar café; que o réu o insultou... que ele, depoente, quis fechar a porta".

---

16 Idem, ibid.

Por último aparece a versão do réu João Mazzinatore:

...que voltando de um circo de cavalinho, encontrou-se com uma serenata da qual fazia parte Ardiccio Azzi e tendo sido aceito para fazer parte da mesma com ela percorreu várias ruas da cidade. De volta todos entraram na casa de Azzi, não tendo café, porém permitindo que ele entrasse apesar de oferecer-se para pagar o que fosse preciso só que Ardiccio disse que o dinheiro dele, respondente, não valia. Retirou-se, e ao chegar em frente à casa do Major Emílio Gomes viu que dois indivíduos vinham em seu encalço um com uma tranca e outro com uma faca. Ao aproximar-se de si, lançaram a tranca sobre as pernas e abaixando-se para apanhá-la recebeu uma facada pelo que teve de defender-se lançando mão da dita tranca. Que os agressores foram Afonso Belli e Ardiccio Azzi[17].

O veredicto do juiz no final dos autos desse processo foi a absolvição do réu, apoiado basicamente no resultado do exame de "corpo de delito". E Mazzinatore, indiciado como réu, no final do julgamento veio a tornar-se vítima.

A identificação das pessoas envolvidas no conflito permite não só avaliar os lugares que ocupavam na sociedade local, mas sobretudo perceber a extensão do fosso socioeconômico e cultural vigente entre membros da comunidade italiana.

Azzi era um dos proprietários do "Café" onde se deu o conflito, portanto um pequeno comerciante; Bettini e Zagaresse eram carpinteiros, e Belli trabalhava como encadernador. Dois anos depois, Belli era um dos articulistas do jornal *Il Lavoratore* e também agenciava "trabalhos para as oficinas tipográficas do *Correio do Jahu*[18], e assim era um imigrante que detinha um certo prestígio e poder. Emílio de Moares Filho, o único não-italiano no grupo, era filho de um grande fazendeiro de café e influente político na cidade. Mazzinatore, além de analfabeto, era carroceiro, trabalho humilde e desprestigiado. Os envolvidos, com exceção de Mazzinatore, dedicavam-se a trabalhos que, embora não lhes propiciassem grandes rendimentos econômicos,

---

17 Idem, ibid.
18 *Correio do Jahu*, anno 7, n.552, 2/1/1902, p.2.

eram respeitados e até conceituados. O mais velho do grupo Belli contava então com 40 anos, Zagarezze com 38, Bettini com 34, Azzi e Mazzinatore com 20 anos.

O que se pode inferir a respeito do ocorrido é que, enquanto o grupo de seresteiros cantava pelo espaço público da cidade, a companhia de Mazzinatore não foi um incômodo. Mas, quando os seresteiros entraram no "Café" de propriedade de Azzi, sua presença passou a ser vista como *non grata*, sendo ele então rejeitado e humilhado, tendo afirmado em seu relato que Ardiccio não só fez pouco de seu dinheiro, mas, além disso, expulsou-o de dentro de seu negócio, mesmo quando "se ofereceu para pagar o que fosse preciso". Caso tenha havido algo mais que gerasse a desaprovação de Ardiccio, as informações apresentadas nos depoimentos nada revelam. Tudo faz crer que foi a desqualificação social do réu a principal motivação da rejeição que sofreu.

Diferentemente dos outros conflitos ocorridos em período anterior, quando representantes da comunidade italiana procuravam de certa forma proteger seus compatriotas quando estes estavam na condição de réus, em nenhum momento Mazzinatore recebeu tal apoio. Sua absolvição foi obtida pela interferência de um advogado contratado para defendê-lo. No entanto, pelas condições econômicas do réu, ou seja, trabalhando como carroceiro, dificilmente dispunha de recursos para pagar os honorários de um advogado. Nos autos do processo não aparece nenhuma indicação de quem bancou esse pagamento. Uma possibilidade seria a de que seus familiares, amigos ou patrão o teriam feito.

A pergunta que fica é se a presença de um membro da aristocracia agrária nesse conflito, no caso Emílio de Moraes Filho, não teria causado constrangimento a Azzi e a seus amigos por acolherem um trabalhador pobre, analfabeto, ou também a possibilidade de essa rejeição ter partido desse membro da aristocracia, e diante do poder deste, não ousaram contrariá-lo.

De qualquer forma, as informações constantes nos autos desse processo põem em destaque que, a partir da primeira década do século XX, a solidariedade tácita entre os imigrantes não mais era prática consensual no interior da comunidade italiana. A etnicidade por si só se tornara insuficiente para sustentar a união entre imigrantes. A integração dos italianos à sociedade hospedeira, via ascensão social e econômica, levou muitos deles a distanciarem-se, alargando assim, cada vez mais, as fissuras no interior da comunidade imigrante. Entretanto, imigrantes vencedores insistentemente buscavam espaços na imprensa local para propalar a idéia da existência de uma "colônia" italiana coesa, cujo elo estava sustentado nas representações elaboradas pelo distante Estado-Nação italiano.

Tanto nas informações constantes dos jornais locais, como nos autos dos processos abertos para julgar conflitos envolvendo imigrantes italianos, ficou patente que as disputas entre italianos acirraram-se na cidade de Jaú a partir do início da primeira década do século XX. É preciso ter em conta que o aumento do fluxo de imigrantes no espaço urbano e as diferenças regionais instigaram os desentendimentos e desencadearam um maior número de conflitos entre eles. De fato, os imigrantes do norte e do centro da Itália, principalmente vênetos, piemonteses e toscanos, quando se envolviam em conflitos com calabreses, faziam questão de demonstrar que se distinguiam deles.

Ugolotti (1897, p.15), o já citado intelectual italiano que visitou o Brasil no final da década de 1890, percebeu claramente, não só esse preconceito, como também sua origem, pois, em um de seus comentários a respeito, asseverou: ... "a muitos, para não dizer a maioria dos brasileiros, a Calábria é ainda vista como um pavoroso ninho de assaltantes", e, a seguir, complementou que foram os próprios imigrantes italianos que passaram essa imagem aos brasileiros. Em sua opinião, a responsabilidade da propagação desse preconceito deveu-se a um segmento específico dos imigrantes: "italianos da... baixa imigração que falam cada um, exclusivamente, o dialeto da própria região, não se entendendo entre si e se considerando quase como estrangeiros em relação uns aos outros" (idem, p.137).

Ugolotti, como outros intelectuais italianos, que já haviam incorporado a idéia da Itália unificada, difundida principalmente pela cultura letrada e expressa pelo italiano oficial, não quis ou não conseguiu considerar a permanência das culturas regionais reproduzidas no dia-a-dia desses imigrantes. Portanto os desentendimentos entre

IMPASSES NO NOVO MUNDO 121

imigrantes não estavam na incompreensão decorrente das diferenças dialetais, mas de suas práticas cotidianas assentadas em lastros culturais dessemelhantes. Ugolotti também não levou em consideração que a maioria dos imigrantes italianos, por não ser alfabetizada, não tinha acesso à cultura letrada que o novo Estado italiano procurava difundir: para eles, o referimento à Itália dava-se de forma indireta, quer dizer, pelos vínculos culturais da região de origem, uma vez que o Estado italiano se apresentava distante de suas experiências cotidianas.

No que se refere a Jaú, mesmo com a presença de um número significativo de sulistas que havia galgado um *status* econômico e social, foi corrente, por parte da sociedade hospedeira, identificar principalmente os calabreses de forma desabonadora.

Os tratamentos dados a eles permitem avaliar o grau dessa discriminação. Nos procedimentos oficiais constantes dos autos dos processos criminais, ou quando nos jornais aparecia alguma notícia a respeito de imigrantes italianos, as distinções de caráter preconceituoso em relação ao calabrês não vinham à tona de forma direta. Todavia, nas falas reproduzidas no corpo documental, o atributo "calabrês" aparecia com muita freqüência, demarcando a depreciação.

No entanto, é difícil avaliar até que ponto a prática da utilização desse atributo, no sentido de desqualificar, esteve vinculada a uma propagação do preconceito corrente no norte da Itália em relação ao sulista, ou se o comportamento desses imigrantes, assentado no caráter da própria cultura calabresa, mais inquieta e arrelienta, foi interpretado como turbulento e não condizente com as formas consideradas mais civilizadas da cultura burguesa italiana. De qualquer forma, foi representativo o número de processos criminais nos quais os calabreses foram indiciados por provocarem situações de tensão que desencadearam conflitos. Um exemplo elucidativo, foi o que aconteceu em 1901 no município vizinho de Bariri, quando do assassinato de um grande cafeicultor. Embora o fato tenha ocorrido no meio rural e fora do município de Jaú, esse crime abalou toda a sociedade jauense, uma vez que o proprietário da fazenda, Francisco Augusto de Almeida Prado, era membro de uma das mais prestigiadas famílias da cidade, e também pelo fato de o julgamento ter se realizado em Jaú, comarca da qual Bariri fazia parte. A divulgação desse crime não se restringiu apenas aos jornais locais, foi ainda amplamente feita pela imprensa da capital. Verena Stolcke abordando a questão da violência que se instalou nas relações de trabalho nas fazendas de café do interior de São Paulo, faz menção a esse crime como "um dos casos mais famosos de violência individual" daquela época (Stolcke, 1986, p.72).

O conflito ocorreu quando imigrantes italianos, por razões de trabalho, desentenderam-se com o patrão, Francisco Augusto de Almeida Prado. No calor das discussões, depois de o patrão ter sacado um revólver e atirado, sem ferir ninguém, um grupo de calabreses avançou sobre ele, agredindo-o mortalmente a enxadadas e fugindo em seguida, sem que, pelo menos até a conclusão do processo-crime, se tivesse obtido notícias sobre o paradeiro deles. Embora os demais imigrantes insistissem que só os calabreses fossem os responsáveis pela morte do fazendeiro, acabaram presos e julgados. Ao que tudo indica, nesse caso a justiça procurou alterar os fatos. Como certifica Mariza Corrêa (op. cit., p.40), o poder da justiça ao transformar os atos em autos e os fatos em versões faz que o concreto perca sua importância e os debates passem a dar-se apenas entre atores jurídicos. A detenção desses imigrantes causou uma grande polêmica em meio à população local – uns os apoiavam e outros os condenavam. A opinião do jornal local vinha ao encontro da vontade de segmentos da aristocracia agrária, que ansiava pela punição de alguém, ou seja, imputaram o crime aos imigrantes que estavam trabalhando no local onde o crime se deu, argumentando "que agiram, todos os denunciados vinculados por uma mesma unidade de intenções criminosas". Contudo, o promotor público posicionou-se contra essa condenação, denunciando que os autos desse processo consistiam em "uma urdidura de aranhas de fios inconsistentes". A argumentação dos advogados dos imigrantes, Moura Lacerda e João Gogliano, foi que "os verdadeiros criminosos haviam fugido, mas era necessário castigar alguém"[19]. Ao terminar o julgamento, esses imigrantes foram condenados, entretanto os referi-

---

19 Jaú (Município). Museu Municipal. *Processo do Tribunal do Júri de Jaú*, caixa n.2, réus Ângelo Conde e outros, 1901.

dos advogados apelaram para o Egrégio Tribunal de São Paulo, cuja sentença final declarou apenas os calabreses culpados.

Todavia, o que fica patente nas declarações dos imigrantes indiciados é a insistência em procurarem distinguir-se dos calabreses, sempre fazendo questão de nomeá-los com o atributo de calabrês. Por exemplo, Cesari Peggio deu a entender que os calabreses formavam entre os trabalhadores um grupo separado, dizendo: "que quando voltava do rio com Conde Ângelo e Francisco Marinelli, estavam os colonos calabreses formando um grupo junto à vítima". Nazareno Matiaci e Rigo Tagliano mostraram o comportamento irritadiço dos calabreses ao assinalarem: "que o administrador pediu para ele e Vicente Cardenalli para andar mais depressa... e que os calabreses Antonio e Felipe Stazoni, Antonio Bárbaro e Francisco Traficante exasperaram-se".

Alguns dos imigrantes que foram presos eram originários do mesmo *paese*, denominado Castelo S. Severno, perto de Macerata, província da Marca (Itália central). Eram eles: Vicenzo Berretieri, Vicente Cardenalli, Francisco Marinelli, Nazareno Mattiacci, Cesari Peggio, Alexandre Rossetti; João Tachi, Rego Tagliani, Nicola Guize e Domenico Guize. Eram calabreses: Vicenzo Parretiere, Antonio Stazone, Fellippo Mazzoni, José Stazone e Francesco Bárbaro.

Outro exemplo, em que um calabrês entrou em confronto com imigrantes do Norte da Itália, no caso vênetos, ocorreu em 27 de maio de 1906. Foi quando o calabrês "Domingos Lázaro, por causa de uma dívida, discutiu e agrediu Antonio Patriani, desfechando-lhe dois tiros de espingarda, um dos quais o feriu mortalmente. Vendo o pai ferido, o filho "investiu contra Domingos Lázaro, espancando-o, produzindo ferimento que, dias depois acarretou sua morte"[20]. O depoimento de Pedro Fuzetti mostrou que o réu era conhecido na cidade pelo atributo de calabrês, pois ao afirmar que este era um homem mau, ele o denominou de Domingos Calabrês. A desqualificação do réu dada por Fuzetti foi complementada pelo filho da vítima quando este afirmou ser ele um homem traiçoeiro. Quase todas as testemunhas que depuseram nos autos desse processo, em sua maioria italianos, referiram-se a Domingos

---

20 Idem, caixa n.70, réu Antonio Patriani Filho, 1906.

como "o calabrês". Aqui igualmente se constata a preocupação desses imigrantes em procurar marcar a diferença em relação aos calabreses, mostrando-os sob uma ótica negativa. Todavia, é importante que se diga que essa caracterização negativa em relação ao calabrês não atingia aqueles com poder econômico e distinção social, e que haviam adquirido respeitabilidade perante a sociedade local.

A partir do início da primeira década do século XX, as informações constantes nos autos dos processos do Tribunal do Júri deixam transparecer uma nítida diferenciação social entre os imigrantes, e ainda revelam que a maioria dos indiciados pertencia a *status* social inferior. As razões de fundo dos conflitos ocorridos entre eles estavam quase sempre relacionadas a brigas corriqueiras, como cobrança de dívidas e aluguéis atrasados, pequenos furtos, embriaguez, desentendimento entre mulheres. Em geral, eram bate-bocas com palavras injuriosas, disputadas a tapas, pedradas e chineladas, ou em alguns casos, com o uso de canivetes e facas. Os envolvidos eram em sua maioria imigrantes pobres, que buscavam sobreviver por meio de trabalhos considerados marginais, tais como de pequeno comércio instalado nas áreas mais afastadas do centro da cidade, comércio ambulante, e profissões sem prestígio como de barbeiro, sapateiro, jornaleiro, carroceiro etc. Vivendo precariamente com parcos recursos, as tensões latentes afloravam a toda hora. Por outro lado, quando ocorriam conflitos entre imigrantes que já haviam conquistado, por seu poder econômico, maior respeitabilidade, de forma geral, tinham origem nas disputas pelo controle de poder no interior da própria comunidade italiana, principalmente da Sociedade Stella d'Italia, ou na obtenção de espaços nos jogos da política local.

É preciso entender, que o aumento de indiciamento de imigrantes italianos pela justiça não só se deu em decorrência de sua grande presença numérica e das precárias condições de vida que geravam constantes tensões, mas ainda pelo preconceito latente que gerava em meio à sociedade local desconfianças e até perseguições. De forma geral, os imigrantes estrangeiros, especificamente os mais pobres, eram vistos como perturbadores da ordem, sobretudo a partir do final da primeira década do século XX, quando a elite política passou

IMPASSES NO NOVO MUNDO 125

a ter como meta a instauração da cidade burguesa, ou seja o espaço público limpo e um conjunto arquitetônico de acordo com um padrão estético europeu. A ordem pública almejada visava a resguardar a sociabilidade burguesa. Como veremos no próximo capítulo, a partir de 1909, quando foi implementado um novo código de postura para pôr em ação a remodelação da cidade, começou aparecer com muita freqüência no jornal *Commercio do Jahu*, nas notas policiais, menção a italianos indiciados por envolvimento em conflitos que haviam provocado ferimentos leves. Como exemplo, a seguinte notificação: "Ontem havia prestado fiança, a fim de defender-se em liberdade, perante o júri desta comarca o réu Estellio João Batista Portieri, acusado de crime de ferimentos leves"[21]. O que chama atenção nessas notas é o fato de que, embora os conflitos com indiciamento na justiça fossem comuns entre a população mais pobre, o referido jornal praticamente só noticiava aquele em que italianos estivessem envolvidos. Quando um brasileiro aparecia nesse tipo de noticiário, era porque havia praticado um crime de morte.

Portanto as práticas cotidianas dos imigrantes italianos, em meio à realidade vivenciada, dificultaram a viabilidade e articulação de uma comunidade imigrante integrada uma vez que as condições e o meio em que passaram a viver não possibilitaram que eles erigissem e mantivessem "uma fronteira entre eles e os outros a partir de um número limitado de traços culturais" (Poutignat & Streiff-Fenart, 1998, p.152-3). Por outro lado, essa idéia de pertencimento à comunidade imigrante permaneceu sob o aspecto de representação, que, para ser mantida, era realimentada principalmente nas manifestações cívicas e sociais realizadas nos espaços públicos da cidade, quando eram expostos símbolos e alegorias que evocavam a Itália unida e, por extensão, provocavam uma comunhão de sentimentos que vivificavam a idéia de unidade da colônia. Contudo não era ao Estado italiano o grande beneficiado com esse adensamento de comunhão da comunidade imigrante, mas os interesses políticos de poucos italianos vencedores que dispunham de poder econômico e que já sabiam barganhar com

---

21 *Correio do Jahu*, anno 12, n.1.331, 29/5/1907, p.2.

os representantes da aristocracia agrária local. Por outro lado, mesmo que a convivência com o outro trazia insegurança, despertava estranhamento, preconceitos e medos, os italianos, a darem-se a conhecer, foram possibilitando aos poucos, via um processo lento não-linear, a doação e recepção de formas culturais, permitindo a redefinição da rede de relações e a conformação de uma nova sociedade.

4
OS PERCURSOS E MEANDROS DO PODER: AMBIGÜIDADES POSTAS À PROVA

Na década de 1890, quando os espaços sociais de coexistência entre imigrantes e a sociedade jauense tornaram-se mais definidos, permitiu-se aos italianos que circulassem com maior desenvoltura em meio aos diferenciados segmentos sociais da cidade. Diante disso, passaram a dispor de condições para elaborarem e divulgarem a idéia de pertencimento a sua comunidade étnica. Alguns membros da comunidade italiana, ao se fazer notar e, ao mesmo tempo, ser aceito pela sociedade hospedeira, puderam vislumbrar a possibilidade de ter acesso às formas de poder que estavam sob o controle de integrantes da aristocracia agrária. De maneira geral, essa possibilidade circunscrevia-se praticamente aos imigrantes do sul da Itália, uma vez que eram eles que haviam obtido, até então, maior ascensão social.

Contudo a articulação engendrada por esses imigrantes para alcançar espaços de poder deu-se de forma lenta. Foi com a institucionalização, em 1/4/1894,[1] de uma sociedade que os representasse, no caso a Sociedade Beneficente Italiana Stella d'Italia, que italianos, que já se tinham destacado na cidade via ascensão econômica, conseguiram abrir espaços de poder. Eram eles, em sua maioria, oriundos do sul da Itália, estabelecidos na cidade há pelo menos mais de uma década. Entre os

---

1 *Correio do Jahu*, anno 11, n.1.160, 1/4/1906, p.2.

nomeados como fundadores dessa sociedade estavam: o médico Julio Speranza e os comerciantes: Valério Deodato Marinelli, Vitor Cesarino, Alfredo Volpi, Domingos Peciolli, José Ferrari, Paschoal Senise, Braz Miraglia e Luiz Peroni.[2] A oficialização de sua fundação deu-se em 20 de setembro de 1894,[3] data comemorativa da unificação italiana. A partir daí, imigrantes a ela associados passaram a dispor de atendimento assistencial beneficente e um fundamental ponto de referência para o reforço da identidade italiana.

Essa forma de associação não foi uma organização específica dos imigrantes de Jaú, pois é sabido que esse tipo de sociedade beneficente proliferou pela maioria das cidades onde a concentração de imigrantes foi bastante expressiva. Seu objetivo era oferecer um vasto rol de modalidades de auxílio a seus associados (De Luca, 1990, p.24). Embora não saibamos exatamente quais foram as formas de auxílio que a Stella d'Italia prestava a seus membros, visto que toda a sua documentação desapareceu, alguns indicativos a esse respeito aparecem nos autos dos processos do Tribunal do Júri de Jaú, como o auxílio aos associados na forma de pagamento de serviços prestados por médicos e advogados.

Com certeza, essa sociedade conseguiu uma grande visibilidade, não tanto pelos auxílios prestados, mas pelo importante papel que assumiu ao centralizar e dinamizar eventos de caráter cultural, objetivando em última instância a manutenção da identidade italiana e, por extensão, da unidade da colônia. Como será visto mais à frente, os associados que dispunham de maior poder econômico apoiaram-se no poder emanado dessa sociedade para articular ações políticas que visavam à aproximação com representantes de poder político local. É válido dizer que parte da importância dessa sociedade respaldava-se nos braços do Estado Nacional italiano, nomeadamente em seus agentes consulares, que marcavam presença nos eventos por ela organizados. Esses eventos tinham como principal alvo reforçar a identificação com o Estado-Nação italiano, por meio de uma politização da etnicidade, ou

---

2   *Commercio do Jahu*, anno 7, n.773. 1/1/1915, p.1.
3   Idem, anno 6, n.628, 26/2/1914, p.3.

como afirma Poutignat, utilizando um sistema simbólico que pretendia revigorar a produção e a reprodução de significações compartilhadas (Poutignat & Streiff-Fenart, op. cit., p.38). Nesse sentido, foi emblemática a escolha do dia de sua oficialização, 20 de setembro, data em que se comemorava a unificação italiana. Dessa forma, além de atender aos interesses de seus associados, essa sociedade fazia-se impor, tendo como pano de fundo a representação do Estado italiano.

Embora a Sociedade Stella d'Italia, como todas as sociedades desse gênero, não congregasse toda a comunidade imigrante, informações constantes da documentação deixam entrever que seus dirigentes faziam um grande esforço para que ela assim fosse vista, isto é, um ponto de referência de toda a comunidade italiana de Jaú.[4] Todavia, além das práticas culturais profundamente marcadas pelo regionalismo italiano e das diferenciações socioeconômicas, as disputas que ali ocorriam, tendo em vista estabelecer vínculos com os segmentos da classe dominante, foram criando móveis fronteiras entre a pretendida demarcação do espaço de ação da comunidade italiana e os espaços de poder que a aproximavam da elite social jauense. Essa situação, muitas vezes, levou associados da Stella d'Italia a assumirem posições dúbias, ficando na defesa dos interesses da comunidade imigrante ou voltando-lhes as costas para obter benesses oferecidas pela aristocracia agrária local em troca de apoios políticos.

Por outro lado, todo o esforço dos imigrantes que procuravam manter e divulgar práticas sociais e culturais que tinham como referencial a Itália encontrava dificuldade em inscrevê-la em um destino histórico compartilhado, visto que a sobrevivência da própria comunidade imigrante estava na dependência de como se adequava às normatizações instituídas pela sociedade local.

Esse fato ficou bastante evidente quando muitos imigrantes italianos buscaram a cidadania brasileira, tendo em vista a obtenção,

---

4   *Correio do Jahu*, (números esparsos relativos aos anos de 1895, 1897, 1902, 1904, 1906 e 1908) porta-voz da elite local, e os jornais italianos: *Cristoforo Colombo*, um número do ano de 1899; *La Civetta*, um número relativo ao ano de 1901; *Il Lavoratore*, um número relativo ao ano de 1903 e, do mesmo ano, um número do *L'Araldo*.

por vias institucionais, de meios para ter acesso ao poder instituído e poder reivindicar questões de seus interesses. Enveredavam assim no campo da política, cujos princípios básicos, mesmo com a obtenção da cidadania brasileira, não visavam a interesses de comunidades que queriam se apresentar como estrangeiras.

Mas não foram só os imigrantes que procuraram uma aproximação com políticos locais, o inverso também se deu. A classe política do município, dividida em duas facções numa acirrada disputa no início do período republicano, descobriu a importância de contar com o eleitor de origem italiana, e assim não mediu esforços para atraí-los a suas áreas de influência. Antônio Celso Ferreira (2002, p.291), analisando as caricaturas de Votolino, que tratava de temas específicos da vida de imigrantes na Paulicéia, discute como elas "atacavam, dentre outros aspectos, a confusão mental na comunidade italiana, em decorrência das tentativas dos políticos, por todos os meios, de conquistar seu eleitorado".

Com relação à sociedade Stella d'Italia, podemos afirmar que, desde o início de suas atividades, seus sócios fizeram dela um espaço de articulações políticas. Tanto que apenas um ano após sua fundação, ou mais precisamente, em outubro de 1895, apareceu no jornal *Correio do Jahu* uma nota, apresentando membros dessa sociedade e fazendo crítica a uma notícia publicada em outro jornal local denominado *O Município*,[5] a respeito de discussões de ordem política, estabelecidas por seus associados. Contudo não foi possível saber se tais discussões se deram no interior do espaço físico da sociedade. Essa possibilidade não pode ser afastada, pois ela era um ponto de encontro de seus associados. Essa nota apareceu nos seguintes termos:

> Os abaixo assinados protestam contra a notícia publicada pelo jornal "O Município", por não ser exato o que ele disse a respeito dos partidos organizados pela colônia italiana por ocasião da festa de 20 de setembro. O correspondente, mal-informado, talvez *espichou-se* um poucadinho

---

5   Não sabemos a posição política desse jornal, uma vez que não foi encontrado nenhum de seus números para consulta.

IMPASSES NO NOVO MUNDO 131

demais em dar nome daquele, que tem provado em muitas ocasiões de não ter tempo a perder em questões: e ainda mais com quem... Portanto seja mais correto Sr. jauense em dar notícias avulsas. Jaú, 7/10/1895. Assinado: Illeniram Oinemra pmc.[6]

Descobrir quem estava por trás dessa estranha assinatura é uma boa pista para entender o que acontecia. Observando a grafia desse pseudônimo, verificamos que ela nada mais é que os anagramas dos sobrenomes de dois italianos: Marinelli e Armênio, ou seja, Valério Marinelli e Próspero Armênio. Ao que parece, não houve muita preocupação por parte deles em camuflar a autoria da nota, porque era muito fácil identificar seus autores, pessoas bastante conhecidas na cidade. Valério Marinelli era um rico comerciante e fazendeiro no vizinho município de Bariri. Próspero Armênio era proprietário de uma firma que fazia serviço comercial, descontos de letras, transações e compras de imóveis, cobranças amigáveis e judiciais, e ainda se encarregava de mandar vir para os fazendeiros do "município e circunvizinhos... famílias e parentes de colonos da Itália, com passagens gratuitas". Em 1902, Armênio assumiu o cargo de terceiro suplente de delegado, cargo até então exclusivo de representantes da elite da sociedade hospedeira, e que preenchia uma função-chave no controle dos interesses da classe dominante. Ocupava também o posto de tenente no corpo da Guarda Nacional (Oliveira, 1996, p.217). Não obstante essa instituição já tivesse perdido sua função militar, um título de um seu integrante ainda propiciava prestígio, pois as patentes só eram distribuídas a correligionários dos coronéis, chefes políticos locais. Os serviços prestados por Próspero Armênio eram certamente preciosos à classe dominante, o que lhe garantia circular com desenvoltura no circuito do poder e obter benesses e prestígio.

Todavia, se os dois italianos que assinaram a nota em questão não necessitavam esconder-se atrás de anagramas no intuito de dizer o que pensavam, cercaram-se de cuidados para deixar claro que tal

---

6 *Correio do Jahu*, anno 1, n.1, 10/10/1895, p.2. Este número do jornal está anexado ao Processo de Inventário de Vicente Marinelli, Museu Municipal de Jaú.

apreciação não era dirigida ao jornal, mas ao incógnito "jauense". A despeito de não ter sido possível verificar o teor da notícia veiculada pelo *O Município*, alguns pontos podem ser levantados sobre o que estava ocorrendo. Primeiro, é certo que articulações políticas estavam sendo encaminhadas pelos membros da comunidade imigrante, posto que os responsáveis pela nota não negaram a veracidade do fato, apenas refutaram a forma de como o "Sr. Jauense", segundo eles, mal-informado, noticiou as propostas estabelecidas em tal reunião. Diante do acontecido, é admissível até que essa reunião tenha se consubstanciado em alguma articulação anarquista.

Importante destacar aqui o fato de a imprensa local sempre ter mantido um completo silêncio a respeito de ações anarquistas e comunistas, levadas a cabo no município principalmente pelos imigrantes europeus. Quando ocorriam greves ou manifestações políticas como passeatas e conferências articuladas por anarquistas, socialistas ou comunistas, a imprensa local até as noticiava, porém não fazia qualquer ilação a respeito das ideologias que estavam por trás de tais manifestações. Sabemos que comunistas e anarquistas foram muito atuantes na cidade, principalmente depois da fundação do Centro Operário,[7] visto que atos públicos e mesmo greves articuladas por ele foram noticiados com muita freqüência pelos jornais locais, sem fazer inferências a respeito das posições políticas de seus associados. Por outro lado, os imigrantes que atuavam em nome dessas ideologias nunca esconderam suas opções políticas. Os comunistas deram maior visibilidade a suas práticas políticas a partir do início do século XX, com a publicação de um jornal, em língua italiana, denominado *Il Lavoratore*.[8] Este jornal autonomeava-se "órgão do Circolo Socialista Carlo Marx", e seus redatores mantiveram um estreito contato com o mais importante jornal socialista de São Paulo, o *Avanti*.

---

7   Não sabemos a data da fundação desse centro; contudo, anúncios de suas atividades aparecem no jornal *Commercio do Jahu*, no final da primeira década do século XX, e é certo que ele foi muito atuante.
8   *Il Lavoratore*, anno 1, n.4, 28/5/1903.

IMPASSES NO NOVO MUNDO 133

Entretanto, era a sociedade Stella d'Italia que centralizava a maior parte das ações de ordem social, cultural e política. O encaminhamento de tais ações nem sempre era consensual, suscitando muitos desentendimentos que logo passavam a ser publicamente conhecidos. O desvendamento das razões que alimentaram essas discórdias era um meio de tornar manifestas não só as diferenças sociais, econômicas, políticas e culturais existentes no âmbito da comunidade italiana, mas ainda verificar os caminhos que alguns de seus associados escolheram para achegar àqueles que controlavam o poder político local, ou seja, a aristocracia agrária jauense.

As informações contidas nos autos de um processo do Tribunal do Júri de Jaú, aberto em 1898 para apurar os responsáveis por um conflito entre imigrantes, dão pistas para averiguar algumas das razões que motivavam tensões entre os membros da Sociedade Stella d'Italia e seus significados. Vale adiantar que as falas reproduzidas nos autos desse processo apresentam-se confusas e até contraditórias, mas, mesmo assim, juntando fragmentos, é possível acompanhar o contexto e o desenrolar dos acontecimentos.

Tratou-se de um conflito ocorrido no dia 25 de outubro de 1898, na casa de negócios, e também barbearia, de José Ruffolo. Nesse dia, lá estavam Felipe Faggetti, Nicolau Borelli, Rafael Aola, Domingos Frangipane, Luiz Gentil, Antonio Romano e o próprio José Ruffolo, todos bebendo cerveja, comendo bolachas e conversando a respeito da sociedade italiana. De acordo com vários relatos, por volta das nove e meia da noite chegou o sapateiro Antonio Cusci, que começou a abrir umas latas de bolachas e encher seus bolsos com grande quantidade delas. Nessa ocasião, o dono da casa disse a "Antonio Cusci que não fizesse aquilo", e este respondeu que deveria pôr o que ele estava comendo na conta de José Ruffolo. O dono da casa argumentou que isso era coisa que não se fazia. Nessa ocasião, segundo Borelli, "como amigo de Cusci, disse-lhe que aquilo era um papel muito feio", e em seguida saiu "do lugar onde é o negócio e dirigiu-se ao salão de barbeiro" (anexo à casa de negócio referida). Antonio Cusci o seguiu e "com uma bengala deu-lhe uma pancada". Na versão que apareceu no "Termo de Denúncia", há a afirmativa de que "no desenrolar dos acontecimentos,

Borelli havia dito a Cusci que o estabelecimento comercial deste era feio e que isto foi quanto bastou para que o denunciado, enfurecido, levantasse a bengala, vibrando-a na cabeça de Nicolau Borelli".[9] Dessas informações, é possível inferir que a sociedade italiana nomeada por eles só poderia ter sido a Stella d'Italia, já que, até então, era a única existente em Jaú. Informações que aparecem a *posteriori* nos autos desse processo, mencionam que membros dessa sociedade reforçam esse argumento, indicando que, pelo menos três dos imigrantes ali presentes, Borelli, Cusci e Frangipani, faziam parte de seu quadro social.

Os desdobramentos dos acontecimentos no incidente provocado por Cusci ainda permitem ajuizar melhor o porquê das tensões que emergiram entre deles, bem como seus lugares sociais em meio à comunidade e os padrões sociais e morais que conduziam as ações desses imigrantes. Fica perceptível que, quando dos depoimentos, os envolvidos cercaram-se de cuidados, procurando mostrar que se ocorreu uma grave infração no meio deles, foi pelo fato de o réu indiciado ter demonstrado um comportamento não condizente com os demais componentes do grupo, o que causou um desconforto em relação à atitude de Cusci. Igualmente demonstram o constrangimento geral que tomou conta dos convivas, quando Borelli chamou à atenção de Cusci de forma mordaz. Porém, por outro lado, deram a entender que o comportamento que Cusci provocou deveu-se a sua não-observância de regras de polidez. Luiz Gentil, em seu depoimento, argumentou que a intenção da repreensão de Borelli foi mostrar que a atitude de Cusci era "feia".

Para melhor compreender as razões dos cuidados que esses imigrantes tomaram ao expor o acontecido, é preciso considerar que os julgamentos em Tribunais do Júri no Brasil, até o início do século XX, ocorriam em momentos de grande afluência de público ao local, pois tal ato era encarado como um espetáculo. Dessa forma, os declarantes estavam cientes de que ali, independentemente da sentença final, po-

---

9   Jaú (Município). Museu Municipal. *Processo do Tribunal do Júri de Jaú*, caixa n.17, réu Antônio Cusci, 1898.

diam ser julgados pela opinião pública e, portanto, como porta-vozes da comunidade imigrante, precisavam apresentar-se como homens polidos e afinados com formas de comportamentos sociais então considerados civilizados. Porém, como a maioria dos imigrantes provinha do meio rural europeu, cujos costumes e valores estavam distantes daqueles da aristocracia e burguesia, que ao longo do século XVIII e XIX já haviam passado pelo processo civilizador (Elias, 1993), fazia-se necessário, no dia-a-dia, cumprir o aprendizado de novas regras de comportamentos. Nessa perspectiva, a repreensão de Borelli a Cusci pode ser tomada como um caso exemplar de autocontrole dos membros da comunidade imigrante para impor condutas consideradas civilizadas, que eles estavam assimilando.

Outro aspecto a respeito das práticas sociais no interior da sociedade Stella d'Italia ainda pode ser avaliado por meio da fala da testemunha Antonio Romano. Ele declarou que Borelli, no calor do conflito, havia dito a Cusci "que ele não era digno de estar na sociedade (Stella d'Italia)" e também que "ele (Borelli) estava melhor na sociedade que o denunciado, que era gente vilã e gente ordinária". É certo que em meio às discussões, a escolha de tais palavras visou a humilhar Cusci. Mas é essencial elucidar que nenhuma das testemunhas fez menção de terem sido proferidos impropérios quando das discussões, algo difícil de imaginar na animação do bate-boca. Borelli, para desmoralizar Cusci, buscou palavras que demonstravam que as atitudes de seu compatriota eram próprias de pessoas que faziam parte do baixo escalão da sociedade. "Ordinário", era termo freqüentemente usado para designar a desclassificação social, e vilão, como foi visto no primeiro capítulo, originava-se de uma construção ideológica elaborada pela aristocracia agrária italiana que tentava desqualificar moralmente o camponês. No entanto, Romano afirmou que "conhecia o denunciado há mais de dois anos... e que o mesmo era homem pacífico, trabalhador e honesto, sendo como tal conhecido na cidade", dando assim elementos para que a Justiça não viesse a condenar um seu conterrâneo. Portanto as avaliações de Borelli e Romano mostram duas concepções de valorização do imigrante; o primeiro atentava para a observância de regras de civilidade que redundavam em diferenciação social, e o segundo tratava de padrões morais, como honestidade e reconhecimento do trabalho.

Essas diferenças advinham do próprio lugar social que cada um deles ocupava, ou que desejava ocupar em meio à comunidade imigrante e à sociedade local. Quando Borelli disse que "estava melhor na sociedade que o denunciado, que era gente vilã e ordinária", seguramente tinha em vista demonstrar que dispunha de reconhecimento dentro da sociedade Stella d'Italia e, por extensão, também fora dela. É importante destacar que Nicolao Borelli estava com sessenta anos, tinha um filho de nome Domingos, empreiteiro de obras que obtivera prestígio na cidade, enquanto Cusci, com 38 anos, trabalhava como sapateiro.

Na realidade, a postura assumida por Borelli foi demonstrar que, no quadro da mencionada sociedade, ocupava um lugar social diferente do de Cusci, devendo policiar as atitudes e comportamentos de seus compatriotas, enquadrando-os nas regras sociais que ele achava condizentes com os padrões civilizados. Suas declarações à Justiça evidenciam que ele tinha em mente dar visibilidade a uma imagem civilizada da sociedade e, por extensão, à comunidade imigrante.

Já foi visto anteriormente que quase todos os imigrantes que haviam ascendido economicamente na década de 1890 foram os primeiros a chegar a Jaú e procediam do sul da Itália. O que vemos aqui é que eles controlavam a referida sociedade italiana. No conflito em que Cusci foi dado como réu, três dos envolvidos, Frangipanne, Cusci e Romano, que se declararam membros da sociedade Stella d'Italia, eram de origem calabresa. O fundador daquela sociedade, o médico Júlio Speranza, bem como o mais atuante de seus membros, Alfredo Volpi, eram da região de Salerno, na Campânia; portanto, igualmente do Sul da Itália.

Uma avaliação das formas pelas quais os membros da sociedade Stella d'Italia promoviam os eventos de cunho cultural sugere seus lugares não só no corpo social da comunidade italiana, mas igualmente na sociedade local. A primeira comemoração de que se tem notícia, promovida por aquela sociedade foi a solenidade programada para o "XX de Setembro" do ano de 1887, para festejar o aniversário da unificação italiana. Uma nota publicada no jornal local narrou os principais passos dessa comemoração:

que, a honrada colônia italiana desta cidade festejou com todo ardor e entusiasmo esta data memorável, nos fatos da história daquele grande povo. Houve sessão solene na Sociedade Stella d'Italia e depois procissão cívica, tendo cumprimentado no percurso as autoridades e pessoas qualificadas da nossa sociedade. Nesta redação falou o proprietário J. Viegas, agradecendo a manifestação.[10]

Várias inferências podem ser feitas a partir do conteúdo dessa nota, a começar pela percepção que o articulista teve em relação à organização do evento. Em primeiro lugar, a forma pela qual foi redigido o texto não estabelece uma distinção sobre se foram só os sócios da Stella d'Italia que desfilaram ou se, de forma geral, representantes da comunidade imigrante também participaram do desfile. É possível que nesse momento os associados da Stella d'Italia já haviam conseguido projetar uma imagem pública, pela qual eles passaram a ser vistos como porta-vozes de toda a comunidade italiana em Jaú. Assim, a ação de desfilar, ou seja, apresentar-se à contemplação pública em um ato cívico representativo de toda a comunidade imigrante, materializava um momento privilegiado para o fortalecimento daquela sociedade. É necessário informar que o adjetivo "honrado", usado pelo articulista para referir-se à colônia italiana, dava-se somente em nível de discurso, uma vez que, de fato, a maioria dos trabalhadores italianos vivia numa situação de marginalidade, vista como perturbadora da ordem social. Portanto não podia ser recoberta com a imagem de honrada.

O conteúdo dessa nota ainda explicita, de forma inequívoca, as relações de poder então vigentes, não só no interior da referida sociedade, mas igualmente entre seus sócios e pessoas de destaque da sociedade. Observando os passos da comemoração, constatamos que foram privilegiados dois momentos: a sessão solene na sede daquela sociedade e a procissão cívica. A primeira foi um congraçamento dos associados em torno de um ideal cívico vinculado ao Estado italiano, e a segunda teve um significado mais profundo, uma vez que foi um meio de expressar uma forma de poder. O fato de representantes de

---

10 *Correio do Jahu*, anno 2, n.79, 23/9/ 1997, p.2.

uma comunidade estrangeira usarem o espaço público da cidade – exercendo um ato cívico com a finalidade de reforçar sua nacionalidade e com o aval do poder constituído – demonstra a legitimidade e o poder que segmentos da comunidade italiana já haviam adquirido em meio à sociedade acolhedora. Também o fato de os imigrantes, durante o percurso desse ato cívico, cumprimentarem as autoridades e pessoas qualificadas da sociedade, pode ser interpretado sob duas perspectivas: como uma subserviência dos imigrantes à elite dominante e como uma forma de a comunidade italiana garantir o reconhecimento público. A publicação do evento comemorativo no jornal local, que lhe deu maior visibilidade, não deixou de ser uma demonstração da eficácia da estratégia desses imigrantes.

Nessa perspectiva, podemos ver a sociedade Stella d'Italia atuando em duas frentes: a beneficente, atendendo às carências de seus associados, e a de vetor de propagação da idéia de uma identidade comum, incluindo aí todos os italianos estabelecidos na cidade. Contudo eram as alianças políticas que se davam em seu interior que revertiam em ganho de espaços sociais para alguns de seus associados. Dessa forma, a sociedade não deixou de consubstanciar-se também em trampolim para aqueles que almejavam obter alguma forma de poder.

É preciso ressaltar que o poder alcançado por muitos imigrantes italianos associados à Stella d'Italia não dependeu somente das alianças que se davam em seu interior. Muitos deles já saíram da Itália conhecendo as novas regras do capitalismo e dispondo de contatos importantes, e assim puderam aproveitar melhor as novas oportunidades que estavam surgindo, principalmente a partir de 1890, quando o café dinamizou a economia do município. Esses imigrantes passaram a liderar setores emergentes da nova economia, estabelecendo outras determinações nos relacionamentos com representantes da área econômica da região de Jaú. Muitos deles assumiram a função de representantes de empresas de destaque nacional e internacional, como agências bancárias e companhias marítimas de navegação, que lhes renderam não só novas fontes de lucros, mas igualmente maior prestígio na cidade. Foi o caso de Vitor Cesarino que, como já visto, era comerciante em sua cidade natal, e ao estabelecer-se em Jaú, em

1885, abriu um dos maiores armazéns de secos e molhados da cidade, com vendas no atacado e varejo para toda a região. É bem possível que Cesarino, antes mesmo de chegar a Jaú, tivesse tido acesso a pessoas bem posicionadas no setor financeiro da Itália ou do Brasil, uma vez que logo depois de radicar-se na cidade, assumiu o cargo de agente em Jaú do Banco Francês Italiano. Esta foi a primeira agência bancária a atuar na cidade.[11] O mesmo se deu com os proprietários da firma "Irmãos Perrone", que igualmente passaram a atuar no atacado e varejo, e assumiram a função de correspondentes, em Jaú, do Banco Italiano del Brasile. Como representantes de agências de navegação também estavam os italianos: Domingos Peccioli, da Società di Navegazione Generale Italiana Fiori & Rubatino, e da Società Liguri Brasiliana, a firma Irmãos Attanasio, do Brasilianiche Banck fur Deutschland, e Caetano Orecchio do Banco Commerciale Italiano di San Paolo (Oliveira, op. cit., p.215). É importante que se diga que todos esses imigrantes já eram homens bem-sucedidos em algum tipo de atividade comercial.

A experiência, os ganhos acumulados e os contatos com o mundo do capital abriram caminho para que alguns deles integrassem o rol dos acionistas de um banco local, o Melhoramentos do Jahu, organizado por ricos fazendeiros do município no ano de 1897. Entre os maiores acionistas, estavam quatro italianos: o médico Júlio Speranza e os comerciantes Angelo Nardini, Pedro Nardini e Miguel Peccioli.[12] A confiança que representantes da aristocracia agrária depositavam nesses imigrantes fica demonstrada quando três deles foram indicados para compor o conselho fiscal desse banco. Apenas Pedro Nardini ficou fora desse conselho. O médico Júlio Speranza foi o único entre eles que não fazia parte do rol de comerciantes. Os demais citados, à exceção de Vitor Cesarino que, como visto, saiu da Itália com dinheiro suficiente para abrir uma grande casa comercial na cidade, haviam se instalado na cidade nas décadas de 1870 e 1880 como proprietários de peque-

---

11   Depoimento de Rachel Cesarino de Moraes Navarro, neta de Vitor Cesarino, dado a Flávia Arlanch Martins de Oliveira em 22/1/1992.
12   *Correio do Jahu*, anno 2, n.127, 7/11/ 1897, p.2.

nos estabelecimentos comerciais e, portanto, o capital que tinham no final da década de 1890 advinha de uma acumulação ao longo de três décadas de permanência no município. A maioria dos comerciantes estabelecidos em Jaú nesse período procedia do Sul da Itália, e no rol de acionistas do banco, só o médico Júlio Speranza era sulista, ou mais precisamente, de Salerno. Ele havia feito um percurso diferente dos demais, ou seja, instalou-se em Jaú em 1881 já casado com a filha de um grande proprietário rural da cidade de Itu.

A aceitação desses imigrantes no quadro de acionistas e no conselho fiscal do referido banco enuncia o peso econômico da comunidade italiana em Jaú. É sabido que os imigrantes tiveram na poupança uma prática constante, pois, com os pecúlios levantados, acalentavam o sonho de um dia comprar propriedades no Brasil ou em seu local de origem, ou ainda remeterem parte de seus ganhos a familiares que haviam permanecido na Itália. Portanto a presença de imigrantes italianos no conselho fiscal do banco não deixou de ser uma forma de angariar confiabilidade de seus patrícios para que dela fizessem uso. Uma nota publicada em 1899 em jornal da comunidade italiana denominado *Cristoforo Colombo* corroborou essa afirmativa. Nela, o editor conclamava a importância desse banco, estimulando os imigrantes a utilizá-lo para fazer suas operações financeiras. Dizia que: *"Il Banco dei Miglioramenti de Jahu è um del più forti e de più garantiti dello interior dello Stato di S. Paolo. Lo raccomandiamo come ittimo alla numerosa colonia italiana per qualunque genere di operazione."*[13]

A acumulação de riqueza por parte de alguns imigrantes e a conseqüente aproximação da elite econômica local, não só nos negócios, mas também por ligações familiares por meio de casamentos, levavam-nos a perseguir formas de comportamento e valores inerentes a essa elite, buscando uma maior identidade com ela. Por exemplo, era corrente naquela época, entre os proprietários de terras, usar-se o atributo de lavrador, tendo em vista estabelecer uma diferenciação em relação aos não-proprietários. Assim, o uso desse atributo configurava *status*. A palavra lavrador no vocabulário oitocentista significava genericamen-

---

13 *Cristoforo Colombo*, anno 1, n.1, 25/12/1899, p.3.

te "fazendeiro" (Slenes, 1997, p.299). Diante disso, era usual entre os imigrantes que haviam adquirido terras, em ocasiões nas quais necessitavam indicar suas profissões, como em declarações oficiais, se apresentarem como lavradores, mesmo quando a maior parte de seus ganhos advinha de outras atividades que exerciam, e suas terras não passavam de pequenas propriedades pouco lucrativas. Foi o caso de Valério Deodato Marinelli, antigo comerciante na cidade, quando adquiriu terras no município de Bariri, na década de 1890, passou a utilizar o atributo de lavrador para definir sua ocupação.[14]

Outros ofícios e profissões igualmente garantiram *status* a alguns imigrantes. Entre eles, estava o ofício de alfaiate, preponderantemente exercido por sulistas. A mais importante alfaiataria de Jaú, no início do século XX, chamava-se "Alfaiataria Romana", cujos proprietários eram os calabreses Antônio Romano e Domingos Frangipane. Outra renomada alfaiataria foi a do toscano José Magnani, que tinha entre seus empregados o calabrês de Catanzarro, Cesar Monterosso que, depois de algum tempo, abriu sua própria alfaiataria. Uma alfaiataria bem montada, com profissionais habilitados, era muito lucrativa visto que, naquela época, ternos e paletós eram usados cotidianamente pelas pessoas mais bem posicionadas, e roupas prontas praticamente inexistiam no mercado. Os bons alfaiates de origem italiana, com domínio de talhes considerados modernos, passaram a desfrutar de muito prestígio. Afinal, eram eles os divulgadores dos novos estilos em voga na Europa.

É preciso esclarecer que foram poucos os imigrantes que, na década de 1890, já haviam alcançado situação econômica melhor, e entre eles, raros os que conseguiram penetrar no fechado circuito da aristocracia local. Com relação aos imigrantes de origem vêneta, grande parte deles, como observamos, limitou-se a trabalhos considerados marginais, como carroceiros, vendedores ambulantes e serventes da construção civil, continuando assim a viver praticamente nos limites da miséria. Foi visto que muitos vênetos que se declaravam negociantes não passavam de pobres comerciantes instalados precariamente nas

---

14 Jaú (Município). Museu Municipal. Processo de Inventário de Valério Deodato Marinelli, aberto em 1899 (T.1.7.2.26).

áreas mais afastadas do centro da cidade, com rendimentos que mal davam para sobreviver; ou eram ambulantes que percorriam as ruas vendendo principalmente frutas e verduras. Os vênetos ainda não haviam conquistado, pelo menos até o início da primeira década do século XX, um lugar de destaque entre os grandes comerciantes de origem italiana. Uma das exceções foi Luiz Buffo.

Figura 1 Alfaiataria Romano, no início do século XX

A política de aproximação

Essas diferenças entre os imigrantes foram acentuadas ao longo da primeira década do século, gerando ainda mais distanciamentos e atritos entre eles, com muita freqüência vindo a público, o que comprometia a imagem de uma comunidade coesa, tão sonhada por alguns imigrantes. A Sociedade Stella d'Italia era o principal espelho refletor dessas desavenças. Alguns de seus sócios, notadamente os que ocupavam cargos diretivos, diziam-se porta-vozes de toda a comunidade italiana da cidade, mas, na prática, em muitas ocasiões, faziam uso do espaço dessa sociedade para obter benesses ou para defender os interesses dos segmentos mais abastados da comunidade italiana, aos quais estavam ligados, provocando o acirramento das disputas. Diante disso, passaram a ser alvo das mais contundentes críticas, tanto por parte de membros da referida sociedade, como dos próprios italianos.

Importante destacar o fato de que, não obstante parte dos imigrantes estivesse conquistando poder econômico e, de certa forma, aproximando-se da elite local, exceto Próspero Armênio, que ocupou o cargo de terceiro delegado, os demais não conseguiram ser designados para cargos políticos na administração da cidade. Todavia, malgrado nos bastidores, principalmente a partir de 1901, quando a cisão do Partido Republicano Paulista acirrou também as disputas políticas, imigrantes italianos tiveram relevante papel em termos de apoio político a facções da oligarquia local. Embora essas questões não apareçam de forma tão evidente nas notas políticas publicadas nos jornais locais, o cruzamento das informações dá a conhecer as alianças e o jogo de forças postos em ação por alguns dos representantes da comunidade italiana.

Jornais editados em língua pátria no final da década de 1890 e nos primeiros anos do século XX, por segmentos da colônia italiana, externaram seus posicionamentos políticos.[15] Ainda que, de forma geral, esses jornais tivessem curta duração, nos poucos números a que tivemos acesso ficou manifesto o poder que alguns imigrantes haviam conquistado no âmbito da sociedade acolhedora. Estes jornais eram porta-vozes das mais diversas posições da comunidade italiana, num arco que englobava desde posturas religiosas como a do *Cristoforo Colombo*, ou políticas como do *Il Lavoratore*. Este último, em seu cabeçalho anunciava ser um "órgão do Circolo Socialista Carlo Marx". Esses jornais não só informavam os acontecimentos pertinentes ao cotidiano da comunidade italiana de Jaú: aniversários, casamentos, óbitos e eventos de cunho cultural, como assuntos que interessavam

---

15 *Cristoforo Colombo, La Civetta, Il Lavoratore e L'Araldo*. Estes jornais fazem parte do acervo do Arquivo do Estado de Pernambuco (Recife). Depois que os localizamos, lançamos mão do serviço da biblioteca da Unesp/Marília, que conseguiu cópias em disquetes.

a imigrantes mais bem informados, referentes a acontecimentos ocorridos na Itália e no Brasil, ou mesmo crônicas de fundo moral. A maneira pela qual tratavam determinados temas permite não só divisar quais segmentos da comunidade imigrante eles representavam, como as ligações que seus editores mantinham com facções políticas da oligarquia jauense.

Um artigo de fundo que apareceu no jornal *La Civetta*[16] em 1901 é exemplar nesse sentido. Trata-se de um artigo em que seu editor dá apoio a uma nota de desagravo publicada no *Correio do Jahu*, jornal sob controle de uma das facções da oligarquia local. Era uma resposta a um artigo do imigrante Salvador Laino, publicado em outro jornal da comunidade italiana denominado *Il Cittadino*. Não foi possível localizar os números desses jornais para verificar o teor dessas notas; contudo, as informações constantes no *La Civetta*, permitem vislumbrar a trama que envolveu italianos e pessoas de destaque na cidade. O texto dizia o seguinte:

> O colega do "Correio do Jahu" de ontem, ocupando-se de um virulento artigo, de um colaborador do diretor do *Il Cittadino*, faz notar com manifesta e mordaz insistência que ele é um 'órgão da coletividade italiana' e com razões ineslutáveis abate moralmente... dois senhores faltando pouco... para comprometer de verdade a nossa comunidade. Começa por negar ao "Cittadino" o direito do uso de um título de que consideravelmente abusa e o qual de nenhuma forma pode pretender; pois nós também da Civetta, mais modestos, respeitamos a idéia de uma parte ao menos dos italianos que vivem em Jaú. Não discutimos os méritos e as atitudes pessoais do diretor (nesse caso testa-de-ferro) do "Cittadino"; não adentremos em meio a outros argumentos que valorizarão ainda mais a nossa razão, mas nos explicaremos com poucas e francas palavras. Nenhuma deliberação de votação ou de moral autorizou a publicação de uma folha encarregada de respeitar os sentimentos da colônia... Mas hoje que a sua incompatível conduta se faz conhecer a gravidade da torpeza do caso,... que compromete a dignidade de todos os italianos,... nos sentimos no dever de deixar um contundente protesto contra os vitupérios publicados no "Cittadino" e

---

16 *La Civetta*, anno 1, n.6, 28/6/1901.

egrégios colegiados do "Correio" que A INTEIRA COLÔNIA ITALIANA se associa e aplaude a idéia expressa pelo jornal. Porque não se deve ocorrer mais vergonhosos incidentes como o atual, com força de nosso direito, intimamos o "Cittadino" de não mais arrogar-se o título de *órgão da coletividade italiana*. A Redação.[17]

Desdobramentos dessas altercações entre imigrantes envolveram o advogado Guilherme Telles de Menezes que, para elucidar sua posição, publicou igualmente uma nota no jornal *Correio do Jahu*, reproduzida no *La Civetta*, jornal que representava a facção dos imigrantes que se opunham aos vinculados ao diretor do *Il Cittadino*. Tal nota apareceu nos seguintes termos:

Ilustre Sr. Redator do Correio do Jahu
Saudações
Peço-vos o obséquio de dardes acolhimento em vosso conceituado jornal a presente missiva. Lendo o "Cittadino" de 23 do corrente e deparando com o artigo do sr. Salvador Laino, senti calafrios de indignação ante injustíssimos impropérios arremessados por aquele sr. contra meu ilustríssimo colega e particular amigo dr. Francisco de Borja Macedo Couto, digno preclaro promotor público dessa comarca. A indignação que de mim se apoderou ao ler semelhante artigo impõe-me o dever de patentear que os impropérios do sr. Salvador Laino nem de leve atingem o caráter proverbialmente puro do dr. Macedo Couto. E ter sido advogado do sr. Salvador Laino no processo crime que lhe moveu a justiça pública desta comarca por julgá-lo implicado no delito capitulado no artigo 156 do Código Penal, não me torna de modo algum solidário com aquele sr. nas ofensas atiradas contra o dr. Macedo Couto... Sem mais, subscrevo-me.
Guilherme Telles.[18]

Guilherme Telles então advogava em Jaú, porém logo depois entrou no exercício de juiz de Direito da comarca, e o imigrante Salvador Laino assumiu no ano seguinte o cargo de conselheiro da Sociedade

---
17 *La Civetta*, anno 1, n. 106, 28/6/1901, p.1.
18 Idem, ibid.

Stella d'Italia. Embora não tenha sido possível averiguar o teor do artigo escrito no *Il Cittadino*, do qual Volpi era editor, a carta aberta assinada por Guilherme Telles leva a concluir que a origem de todas essas altercações decorreu de uma ação judicial na qual Laino havia sido apontado como réu.

Um ponto importante no que se refere à resposta que apareceu no *La Civetta* assinala o desvendamento do que estava ocorrendo no interior da comunidade imigrante e em suas conexões com o poder local. Trata-se da alegação de seu editor de não pretender discutir "os méritos e as atitudes pessoais do diretor" (nesse caso, testa-de-ferro) do *Il Cittadino*. Era diretor do *Il Cittadino* Alfredo Volpi que, também no ano seguinte, em julho de 1902, assumiria a presidência da Sociedade Stella d'Italia. Portanto uma pessoa com grande trânsito em meio à comunidade italiana.

Confrontando o rol de sócios que assumiram o controle da administração daquela sociedade em 1902 com um levantamento feito por nós quanto a sua ocupação profissional, é possível averiguar sua origem social e o poder que sustentavam na referida sociedade. Alfredo Volpi, presidente eleito, um pequeno comerciante; Ansano Guiselli, vice-presidente, ferreiro; Felipe Diaferia, secretário, professor; Guilhermo Cersosimo, segundo secretário, alfaiate; Giuseppe Altiere, tesoureiro, não foi possível obter informação da atividade; Francisco Gentile, porta-bandeira, pequeno comerciante; Caetano Alegro, porta-bandeira, sapateiro; Próspero Armênio, censor, como já foi mencionado, um agente de negócios com grande influência na sociedade local; Francisco Misasi, censor, também não foi possível obter informação da atividade; conselheiros: Afonso Picarelli, fotógrafo; Rafaelle Cusci, marceneiro; Caetano Orechio, joalheiro e relojoeiro e ainda agente de casa bancária; Givanni De Callis, relojoeiro; Giuseppe Ferrari, hoteleiro, Rocco Campiglia, relojoeiro; Carlos Faeir, comerciante e Felippo Boragina, tintureiro.

Também não foi possível encontrar as profissões de Salvador Laino, Michelli Tenuta, Evangelista Nardi e Vicenzo Luigi. Dessa forma, o que observamos é a preponderância nessa diretoria de comerciantes com destaque na cidade ou daqueles que viviam da prática de ofícios

IMPASSES NO NOVO MUNDO 147

rentáveis e, entre eles, estava Próspero Armênio, imigrante que havia conseguido fazer alianças no circuito do poder.

Com essas informações, começamos a desvendar os meandros que alguns imigrantes percorreram para embrenhar-se na política local. Mapeando os caminhos sinuosos das disputas políticas do Império e depois da República, e seus reflexos na política jauense, é possível avaliar as posições que imigrantes italianos com prestígio foram conquistando na esfera do poder.

Durante o período imperial, o poder político em Jaú esteve ora em mãos daqueles que militavam no Partido Liberal, ora no Conservador, partidos conduzidos igualmente por duas facções da oligarquia local. Do lado dos liberais, estavam os representantes de famílias de origem paulista e mineira, que haviam aportado na região de Jaú antes mesmo da fundação oficial do povoado em 1853, muitos deles fugitivos da Revolução Liberal de 1842. Do lado dos conservadores, estavam os representantes de famílias tradicionalmente paulistas, oriundas das regiões de Itu, Porto Feliz e Piracicaba, lideradas pela família Almeida Prado, que chegou em Jaú depois da fundação do núcleo urbano. Com a República, foi o bloco oligárquico ligado originalmente ao Partido Liberal que assumiu o controle do poder, alijando o grupo ligado à família Almeida Prado. Porém, a partir de 1896, quando começou a haver um desgaste no Partido Republicano Paulista (Casalecchi, 1987, p.93), as disputas que se davam nos níveis federal e estadual também repercutiram em Jaú. Em 1901, quando Prudente de Moraes em oposição a Campos Sales lançou a fundação do Partido Republicano Dissidente, recebendo um apreciável número de adesões, em Jaú abriu-se a oportunidade para que o bloco oligárquico ligado à família Almeida Prado buscasse novamente o controle do poder (Oliveira, op. cit., p.89). Foi quando alguns imigrantes foram atraídos para o palco das disputas, e assim, ainda que nos bastidores, tiveram a oportunidade de estabelecer alianças com facções políticas locais. Este fato acirrou ainda mais as disputas no interior da comunidade italiana.

Nesse contexto, as posições tomadas pelo imigrante Próspero Armênio são exemplares. A obtenção do título de tenente da Guarda Nacional e o cargo de suplente de delegado não deixaram de ser concessões dadas a ele por setores políticos dominantes, graças a trocas de favores. O trânsito de Armênio em meio às duas comunidades, se por um lado diluía as fronteiras entre elas, por outro criava oposições. Com uma *Agenzia d'Affari*, Armênio encaminhava imigrantes para as grandes fazendas de café, não só como colonos, mas também como empregados de turmas[19]. Dessa forma, acomodava seus patrícios no mercado de trabalho. Certamente, seus conterrâneos percebiam o duplo papel desempenhado por Armênio. Pelo poder que dispunha, podia distribuir benesses entre alguns de seus compatriotas e alçá-los para áreas de influência dos políticos aos quais estava ligado. Nesse sentido, é bem possível ter sido a Volpi a insinuação feita no *La Civetta* de ser testa-de-ferro de Próspero Armênio, pois como será visto mais à frente, havia uma ligação entre eles.

O confronto aqui exposto mostra de forma inequívoca que a fragmentação dos laços comunitários seguia um curso inevitável, uma vez que ganhos econômicos e as benesses advindas de alianças políticas falavam mais alto do que as práticas de solidariedade. O citado desagravo de G. Telles a Laino, reproduzido no jornal *La Civetta*, é um indicativo da ligação desse jornal com o bloco oligárquico no poder. Por outro lado, o diretor do *Il Cittadino* Alfredo Volpi, estava mais próximo do bloco oligárquico da oposição, ao qual Armênio também se vinculara. Não resta dúvida que as posições tomadas por esses jornais tinham em vista alimentar o jogo de forças em curso entre os dois blocos da oligarquia no município, que então articulavam alianças entre segmentos de imigrantes, contando com apoios, pois nesse momento muitos dos imigrantes já eram eleitores.

No entanto, imigrantes mais poderosos como Armênio, para não se exporem tanto diante da sociedade hospedeira como prioritariamente em relação a seus compatriotas, usavam alguns de seus patrícios na condição de testas-de-ferro. Um artigo não assinado de um correspondente de São Paulo apareceu no jornal *La Civetta*, no mesmo número em que Guilherme Telles publicou seu desagravo a Laino, apontando o envolvimento de líderes da comunidade italiana nas

---

19 *La Civetta*, anno 1, n.6, 28/6/1901, p.3.

pendências existentes entre as facções políticas de Jaú. Eis o conteúdo de parte desse artigo:

> Entramos dentro dos meandros da política que governa esta feliz terra dos Andradas. O atual momento político é borrascoso, pleno de ameaças... É talvez este um período sem precedentes na vida política dessa República. A discórdia entrou no campo de Agramante, isto é, no seio da comissão central, generalizando a confusão geral. Causa efetiva: a designação do futuro presidente do estado. Foi a candidatura do dr. Bernardino de Campos que generalizou o mau humor da discórdia entre os chefes do partido... O dr. Bernardino de Campos não possui a simpatia dos atuais árbitros do partido republicano que hoje são o Rodrigues Alves e o presidente de Moraes.[20]

Bernardino de Campos, candidato da situação, tinha o apoio do grupo oligárquico que havia assumido o controle do PRP local desde a Proclamação da República. Por outro lado, Prudente de Moraes, que lançara, em setembro daquele ano em oposição a Bernardino de Campos, sua candidatura pelo Partido Republicano Dissidente (Casalecchi, op. cit., p.101), tinha o apoio dos antigos conservadores, liderados pela família Almeida Prado. Aproveitando o rearranjo político no âmbito estadual, um segmento de políticos de Jaú vinculados ao Partido Republicano Paulista, por meio de intrincadas manobras do setor oligárquico da oposição, começou a fazer articulações com os antigos conservadores monarquistas, que então estavam organizando o Partido Municipal (Oliveira, op. cit., p.92). Fica assim evidente que os imigrantes italianos que controlavam o jornal La Civetta estavam comprometidos com a facção política liderada pela família Almeida Prado, e não escondiam seus envolvimentos com as disputas políticas das oligarquias locais.

Dessa forma, essas disputas foram levadas ao interior da comunidade imigrante, alimentando ainda mais os impasses que ela já vivia. Os conflitos entre imigrantes italianos, muitas vezes questões que

20 La Civetta, anno 1, n.6, 28/6/1901, p.2.

aparentemente se mostravam como resultantes de desentendimentos pessoais, eram motivados por descontentamentos latentes, entrelaçados em questões de ordem política, econômica e cultural.

Um fato ocorrido na terça-feira de carnaval, no dia 11 de fevereiro de 1902, apresenta-se como um exemplo emblemático desses envolvimentos. Nesse dia, tensões acumuladas entre membros da banda de música "Giuseppe Verdi", formada exclusivamente por imigrantes italianos, eclodiram, provocando um tiroteio no qual saiu ferido o italiano Vicente Pezzodipane.[21]

Cruzando informações constantes dos autos do processo do Tribunal do Júri, aberto para averiguar as responsabilidades dos envolvidos no conflito, e notícias publicadas no *Correio do Jahu* sobre o mesmo acontecimento, é possível constatar que as motivações que levaram os integrantes da referida banda musical a entrar em confronto tiveram como pano de fundo questões de ordem política, econômica e cultural. O que pudemos perceber de imediato é que, quando do conflito, os componentes da banda apresentavam-se divididos em duas facções: de um lado, estavam aqueles que não queriam ingerências externas na comunidade imigrante e buscavam a todo custo manter a identidade italiana dessa banda, não medindo esforços para delimitar alguns espaços exclusivos de atuação dos imigrantes; e de outro, posicionavam-se aqueles que, por interesses e/ou por estarem mais integrados na sociedade local, não viam nenhum problema em receber apoios que viessem dessa sociedade.

O conflito eclodiu quando a facção que buscava manter a identidade italiana promoveu uma passeata que desceu a Rua Marechal Bittencourt, parando em frente ao Hotel Ferrari, onde estava sendo realizado um baile animado pela outra facção da banda. Várias testemunhas asseveraram que o culpado por tais tensões havia sido Alfredo Volpi, que não fazia parte da banda. Ernesto Ferrari, que estava presente argumentou:

---

21 Jaú (Município). Museu Municipal. *Processo do Tribunal do Júri de Jaú*, caixa n.2, réu Ernesto Ferrari e outros, 1902.

para fazer-se poderoso entre os músicos articulara tal passeata, inclusive convidando músicos da vizinha vila de Mineiros do Tietê, com o intuito de aumentar o número do grupo, e com o fim de fazer um protesto acintoso contra Antanio Calegari e Miguel Borelli e outros membros da banda Giuseppe Verdi que tocavam no Hotel. Quando os músicos na rua começaram a tocar uma polca, foram vaiados pelos que estavam dentro aumentando a tensão, a ponto de o proprietário do Hotel, José Ferrari, sair armado na rua disparando um tiro que atingiu Vicente Pezzodipane[22].

A vítima, embora também músico dessa banda, quando do conflito, não estava junto a nenhuma das duas facções, uma vez que afirmou em seu depoimento "que estava na casa de Inocêncio Marchezan, e dirigiu-se até o local do conflito para apaziguar seus companheiros".[23]

As questões de fundo que levaram ao conflito começaram a ser reveladas quando se investiga um outro acontecimento, publicado no jornal o *Correio do Jahu*, ocorrido quase concomitantemente ao até aqui discorrido. Tratou-se da dissolução de uma outra banda, a denominada "Carlos Gomes". Para tornar pública essa decisão, seus componentes, alegando motivos particulares, publicaram uma nota acompanhada por um abaixo-assinado, pela qual anunciavam sua dissolução em 7 de janeiro de 1902.[24] No rol dos 23 músicos que endossaram esse abaixo-assinado, 13 deles, inclusive seu diretor, Heitor Azzi, eram de origem italiana. Era, pois, a banda "Carlos Gomes" um espaço de congraçamento entre italianos e não-italianos.

Saber que posição ocupava o diretor da "Carlos Gomes" no quadro da sociedade local é um importante indicativo para entender as questões políticas que estiveram por trás do conflito em questão. Heitor Azzi, italiano da Toscana, quando chegou a Jaú era ainda menino. Depois de interessar-se por música, voltou à Itália, matriculou-se no conservatório na cidade de Lucca. Retornando ao Brasil, radicou-se em Itu, onde veio a casar-se com a filha de um grande proprietário rural e também músico, Antônio Ribeiro de Oliveira. Em 1886, já casado,

---

22 Idem.
23 Idem.
24 *Correio do Jahu*, anno 7, n.554, 9/1/1902, p.2.

dirigiu-se a Jaú com seu sogro, e, tempos depois, fundou a banda italiana Giacomo Puccini. O memorialista Alberto Barbosa, escrevendo em 1916, afirma que essa banda depois passou a chamar-se Giuseppe Verdi e que, mais tarde, se fundiu com a banda brasileira Carlos Gomes.²⁵ Portanto isso ocorreu depois dos fatos aqui narrados. Na década de 1890, Antônio Ribeiro de Oliveira envolveu-se na política local, sendo não só um importante membro do Partido Republicano, mas ainda, por esse partido, ocupou o cargo de intendente municipal. Dessa forma, o italiano Heitor Azzi entrou em cena em Jaú pela porta da frente, o que lhe permitiu circular com desenvoltura em meio à aristocracia da cidade. Portanto seu contato com os imigrantes lá estabelecidos deu-se de forma diferente daqueles que ali chegavam, dependendo do exclusivo apoio da comunidade imigrante.

Notícias e anúncios veiculados pela imprensa nesse período mostravam que essa banda era freqüentemente requisitada para tocar em cerimônias oficiais ou em festas promovidas pela aristocracia agrária, bem como tinha aval para tocar no coreto do jardim público do município. Suas apresentações no coreto da Praça da República (antiga do Teatro) tinham uma ampla divulgação pela imprensa, que tecia comentários elogiosos ao maestro, não só anunciando o evento, mas ainda, muitas vezes, nomeando as músicas que seriam apresentadas. Pelo *status* que essa banda alcançou e a decorrente aproximação com a elite, seus componentes de origem italiana, que em geral pertenciam a segmentos sociais menos privilegiados, certamente se mostravam orgulhosos de fazer parte dela.

Nas informações constantes do processo-crime em que Pezzodipane foi vítima, como também as que aparecem no jornal a respeito do mesmo acontecimento, não há nenhum comentário a respeito de uma vinculação entre os desentendimentos ocorridos com os componentes da banda Giuseppe Verdi e a dissolução da banda Carlos Gomes, tudo indicando que eles estiveram intimamente ligados. Tanto que logo depois da querela entre os músicos da Giuseppe Verdi, os integrantes da Carlos Gomes anunciaram no jornal local "que, em atenção aos

---

25 *Commercio do Jahu*, anno 9, n.976, 5/8/1916, p.1.

diversos pedidos que tiveram de amigos dedicados, aos quais são devedores de tantas finezas manifestadas no desagradável incidente de que foram vítimas, resolveram reorganizar a aludida banda".[26] Na mesma página em que saiu essa nota, os membros da banda Giuseppe Verdi também publicaram uma outra, nos seguintes termos:

> Al publico – I sottoscritti, constituendo la magioranzza della corporazione musicale "G. Verdi" dicchiaramo che – ad onta di alcuni ex-membri di essa, che, si ostinano a crederia sciolta – la stessa continuerà a prestare servizi di balli, feste, ecc., e sempre sotto la reggenza del maestro Cavalieri, e la direzione de sig. Antonio Calegari.

O fato de esta nota ter sido publicada em língua italiana, contrapondo-se ao da outra banda em português, é um indicativo das diferenças existentes entre elas. A preocupação da manutenção da identidade por parte de quem mandou publicar em língua italiana tal nota é inquestionável.

A veiculação pelo jornal fez que as disputas viessem a público. Todavia, quais eram as razões de tanta animosidade e jogos de forças entre elas? É certo que alguns membros da comunidade imigrante estavam preocupados em manter a pureza da cultura italiana, principalmente alguns dirigentes da Sociedade Stella d'Italia, como Alfredo Volpi. Decidido e arrojado, Volpi muitas vezes lançou mão de práticas consideradas agressivas para impor aquilo que acreditava ser bom para a comunidade italiana em Jaú. Por esse tipo de atitude, foi com muita freqüência durante criticado, não só por pessoas influentes da sociedade, mas também por seus patrícios, que o apontavam como uma pessoa arrelienta, provocativa e com comportamentos não condizentes com as boas regras sociais. Um seu compatriota, o professor Miguel Grassani, referia-se a ele como "caluniador e sobejamente conhecido do público, e principalmente da colônia italiana, da qual ele vergonhosamente se declara órgão".[27] Contudo, era muito respeitado

---

26 Correio do Jahu, anno 7. n.565, 16/2/1902, p.2.
27 Correio do Jahu, anno 7. n.617, 17/8/1902, p.1.

por uma parte significativa de membros da comunidade italiana, tanto que, na eleição da nova diretoria da Stella d'Italia em 1911, ele obteve o maior número de votos.[28] Volpi, sem ser músico, envolveu-se em questões pertinentes à categoria; no entanto, para algumas das testemunhas, seu intento foi defender a italianidade entre os membros da Giuseppe Verdi. Mas, pelas ligações que mantinha com facções da aristocracia agrária local, sua intervenção nas questões da referida banda de música não teria tido também um intento político?

Os acontecimentos que envolveram as duas bandas resultaram dos desdobramentos de decisões tomadas por alguns músicos da Giuseppe Verdi, ao terem passado para a banda Carlos Gomes. Contudo, ao que parece, a ira de Volpi e seus companheiros não teve origem somente nesse fato. É na compreensão dos problemas de ordem financeira por que a Giuseppe Verdi passava, e nas decisões tomadas para saná-los que é possível encontrar o caminho que desvende articulações que se davam no âmbito político. Algumas notas publicadas no jornal *Correio do Jahu* não deixam dúvidas quanto a isso. No dia 11 de maio, portanto dois meses após o confronto narrado, apareceu um anúncio no *Correio do Jahu* nos seguintes termos: "Sob a presidência do nosso diretor sr. Joaquim A. Viegas, reorganizou-se na quinta-feira a Corporação Musical Giuseppe Verdi... Ficou de mandar-se buscar um professor que receberá um ordenado mensal de 200$000 e nomeou-se como tesoureiro o sr. Antônio Calegari."[29] Fica aqui esclarecida a razão de fundo da divisão da banda em duas facções – uma que pretendia mantê-la sob o controle da comunidade imigrante, e outra, por razões de ordem financeira, que não viu problema em passar a direção da banda a alguém de fora da comunidade italiana. A nota acima mostra que tal controle passou às mãos de pessoa de poder e prestígio na sociedade, ou seja, o diretor do mais importante jornal do município, *Correio do Jahu*, que

---

28 Presidente, Augusto Anmzuini 68 votos; vice-presidente, José Musitano, 69 votos; secretário, Alfredo Volpi, 103 votos; vice-secretário, João Ursini, 68 votos; tesoureiro, João Usini, 68 votos. *Commercio do Jahu*, anno 3, n.297, 25/5/1991, p.2.
29 Idem, anno 7, n.589, 11/5/1902, p.2.

IMPASSES NO NOVO MUNDO 155

então representava a facção política no poder, os antigos liberais, e que então dava apoio à candidatura de Bernardino de Campos.

No dia seguinte à publicação da referida nota, 12 de maio, esse jornal dedicou um espaço importante anunciando a presença em Jaú de Vitaliano Rotelline, diretor do *Fanfulla*. E na mesma página apareceu uma pequena nota dando conhecimento de que a banda Giuseppe Verdi, reorganizada, "tocou pela primeira vez em público no Teatro na recepção a Rotelline".[30]

É certo que as articulações que visavam a resolver problemas de ordem financeira já estavam em andamento por ocasião do conflito em frente ao Hotel Ferrari. A possibilidade em ver a banda Giuseppe Verdi em melhores condições financeiras seguramente seduziu alguns dos músicos. E o oferecimento de um salário de duzentos mil réis a um professor para ser o maestro da banda não era nada desprezível naquela época.[31] Dessa forma, saiu vencedora a facção que, quando do conflito, tocava no interior do Hotel Ferrari, e o maestro Artur Cavalheiro, que então estava do lado de fora do hotel, perdeu seu posto para um professor que seria remunerado pelo cargo, e Callegari, que se encontrava no hotel, passou a ser o seu tesoureiro.

Não há informações a respeito da dissolução da Giuseppe Verdi, mas é certo que, em 1911, ela já não existia, pois em um trecho de um artigo publicado fazendo elogios à banda Carlos Gomes, o articulista afirma: "Hoje, a banda é considerada como uma das primeiras do estado de São Paulo... Depois da fusão com a "Giuseppe Verdi" o pessoal ficou elevado a mais de trinta figuras."[32]

As ligações entre esses acontecimentos e as articulações políticas que estavam em andamento não podem ser desprezadas. Nesse momento, como já apontamos, os representantes das duas facções da oligarquia local entraram numa intensa luta, visando a cavar brechas em meio aos rearranjos políticos do PRP para poder assumir o controle

---

30 *Correio do Jahu*, anno 7, n.598, 12/6/1902, p.2.
31 Uma casa pequena na periferia da cidade, nesse mesmo ano, era alugada por 8$000.
32 *Commercio do Jahu*, anno 3, n.356, 18/12/1911, p.1.

do poder político. Viegas, como diretor do principal jornal da cidade, não passou ileso a essas disputas, uma vez que, até o ano de 1902, ele se posicionara como porta-voz da oligarquia que lá controlava o PRP, mas passou para o lado dos dissidentes locais do PRP que se aproximaram dos políticos que haviam sido alijados do poder com a instalação da República (conservadores no Império). Portanto é muito provável a hipótese de Viegas, então em oposição ao PRP local, ter ajudado a reestruturar a banda "Giuseppe Verdi" para dela fazer uso, tendo em vista desgastar a facção política a que Azzi estava unido. É bom lembrar que o sogro de Azzi havia ocupado, pelo PRP, na década de 1890, o cargo de intendente municipal. No fundo, todas essas articulações tinham por objetivo os votos dos italianos eleitores.

As retaliações entre os imigrantes italianos enredados nas disputas pelo poder continuaram a aprofundar-se ao longo da primeira década do século XX. No começo de agosto de 1902, foi realizada a eleição da nova diretoria da Sociedade Stella d'Italia, e Alfredo Volpi, apesar das críticas que recebeu por parte de um segmento de imigrantes, foi eleito seu presidente. A composição da nova diretoria evidenciava uma certa mudança no jogo de forças que se dava em meio à comunidade italiana, uma vez que fazia parte dela nada menos do que Próspero Armênio, o mencionado tenente da Guarda Nacional. Outro fato que expõe o emaranhado das disputas na comunidade italiana é que a referida eleição se deu alguns dias antes de Antonio Calegari – membro da então reorganizada banda "Giuseppe Verdi", e que fez parte do grupo que estabeleceu alianças com Viegas, o diretor do *Correio do Jahu* – ter arrematado em hasta pública o prelo e os tipos do jornal *"Il Cittadino"*, então de propriedade de Francisco Librette, tendo como diretor Alfredo Volpi."[33] Não foi possível saber como Calegari conduziu esse jornal, uma vez que dispomos de apenas um número de quando Volpi ainda era seu diretor, contudo é certo que, em 1904, o controle do jornal estava em suas mãos, pois nesse ano ele o representou no congresso *"della società e altre istituizione italiane"* em São Paulo (Cenni, op. cit., p.252).

---

33 *Correio do Jahu*, anno 7, n.616, 14/8/1902, p.2.

No último número do *Il Cittadino*, sob o comando de Volpi, apareceu um artigo assinado por ele e dirigido ao imigrante Miguel Grassani, professor na cidade, que causou a este uma grande indignação. Grassani respondeu com uma contundente nota no jornal *Correio do Jahu*, na qual afirmava que havia sido "covardemente insultado por um tartufo que se declara redator de um papelucho com o nome de *Il Cittadino*... sobejamente conhecido do público, e principalmente da colônia italiana, da qual ele vergonhosamente se declara órgão"...[34] Embora Volpi por suas atitudes recebesse críticas que o desmerecessem, continuava a ser o líder de um segmento de italianos, formado principalmente por sulistas.

Com o crescimento e conquista de espaços de poder por imigrantes procedentes de outras regiões italianas, principalmente do norte, o confronto no interior da Sociedade Stella d'Italia veio à tona. Aqueles que haviam se oposto a Volpi e seus liderados eram, de forma geral, imigrantes do norte da Itália, mais ligados à cultura letrada, e que passaram a disputar o controle daquela sociedade, mas não dispunham de força suficiente para derrotar totalmente o grupo dominante. Saindo perdedores na eleição de agosto de 1902, começaram a articular bases para formar uma nova sociedade que fosse representativa de toda a comunidade imigrante. Para tanto, em outubro daquele mesmo ano compuseram a seção jauense da Sociedade Dante Alighieri. É sabido que os princípios que norteavam essa sociedade eram diferentes daqueles de mútuo socorro, como no caso da Sociedade Stella d'Italia. Seu próprio estatuto rezava que ela deveria "tutelar e difundir a língua e a cultura italiana fora do reino".[35] Em 1889, quando da fundação da Sociedade Dante Alighieri na Itália, ela centrava como seu principal objetivo a divulgação da língua e cultura italianas nas províncias mais resistentes à unificação (Ugolotti, op. cit., p.136). Ao lançar seus braços para o além-mar, em países onde o número de imigrantes italianos era bastante representativo, sua proposta continuou a ser a mesma, ou

---

34 *Correio do Jahu*, anno 7, n.617, 17/8/1902, p.2.
35 Statuto della Società Nazionale Dante Alighieri, Roma, Via Aracoeli, n.3, Tip. Nazionale Bertero di G. Guadagnini E. C., Roma Via Úmbria, 27, 1919.

seja, o estabelecimento de vínculos entre a comunidade imigrante e o Estado nacional italiano. Dessa forma, suas ações visavam a fazer que os imigrantes deixassem de lado suas diferenças regionais e incorporassem a idéia de pertencimento à nação italiana. A intelectualidade italiana muito se esforçou na divulgação da idéia de unidade do Estado italiano, publicando livros dirigidos aos imigrantes ou deslocando seus intelectuais até países receptores de italianos, para proferir palestras e conferências, tendo como fim estabelecer contatos mais íntimos com os imigrados, a fim de detectar problemas que interferissem na unidade das comunidades italianas.

Um desses intelectuais, Filippo Ugolotti, que esteve no Brasil na década de 1890 para visitar as regiões cafeeiras, levantou questões de fundo que impediam a coesão dos imigrantes, destacando entre outros o regionalismo dominante e as diferenças sociais, econômicas e culturais existentes entre eles. Em sintonia com a proposta da elite dominante italiana, sugeriu como forma de superar tais diferenças uma ação que se daria de cima para baixo, unindo os imigrantes em torno do ideal de italianidade. Sem conhecimento da realidade dos imigrantes, não percebeu a luta surda que se travava em meio aos segmentos imigrantes vencedores em suas articulações com as lideranças políticas locais. Sem avaliar as bases das dissensões e seus meandros, viu as altercações como provocadas por "agentes perniciosos à imagem da colônia". Sugeriu que era preciso: "reunir a parte sã, inteligente e culta dos melhores colonos", e que os instruíssem para que eles "mantivessem em cordial contato com os filhos do país", e procurassem praticar uma "vida mais fraterna com estima e boa harmonia, tão necessária entre as pessoas". Argumentava que havia na Itália a Sociedade Dante Alighieri, que tinha como fim manter viva a língua italiana, e questionava o fato de essa sociedade "não divulgar a sua patriótica propaganda também nesse novo mundo" (Idem, p.26 e 136).

Foi visto que em Jaú a Sociedade Stella d'Italia teve uma ação marcante em termos de divulgação da cultura italiana. Portanto, ao que tudo indica, as articulações – efetivadas por parte de alguns italianos para a fundação da sociedade Dante Alighieri – tinham em vista ocupar espaços e libertarem-se da submissão à antiga sociedade, que se

IMPASSES NO NOVO MUNDO 159

apresentava como porta-voz de toda comunidade imigrante. A Dante dispunha de um considerável álibi para atrair imigrantes originários das diferentes províncias italianas, pois, na medida em que seu principal objetivo era divulgar a cultura letrada em favor do Estado Italiano unificado, passava ao largo das culturas regionais.

A escolha do quadro para compor sua primeira diretoria mostrava seu caráter elitista, uma vez que dele constavam: o representante consular Giuseppe De Mori, os médicos Julio Speranza e Antonio Gioia, o advogado Giovanni Audiberti, o professor Miguel Grassani, secretário de escola, e também os comerciantes Domenico Laprega, Agostino Papera e Luigi Buffo. Não foi possível levantar as profissões de Alessandro d'Aboria, Giovanni Cardo e Vicenzo De Marim. Mas, não resta dúvida que a maior parte deles não só representava a cultura letrada italiana, como também era de pessoas de destaque, não só entre a comunidade imigrante, mas também no âmbito da sociedade local. Foi possível resgatar a origem apenas de alguns; um era do sul, o médico Julio Speranza, nascido na Campânia; Giuseppe de Mori e Luigi Buffo eram vênetos e Giovanni Audiberti procedia do Piemonte. Importante lembrar que Julio Speranza fora um dos fundadores da Sociedade Stella d'Italia.

A fundação dessa nova sociedade em Jaú no ano de 1902 não vingou. A diretoria constituída para dar andamento a suas atividades, logo se dissolveu sem encaminhar nada de concreto. É provável que, embora seus articuladores fossem representantes da elite imigrante, eles não tivessem condições de efetivar as atividades que pelos estatutos aquela sociedade tinha de efetivar, ou seja: "instituir e subsidiar escolas, encorajar com prêmios a freqüência e o aproveitamento escolar, cooperar com a fundação de bibliotecas populares, difundir livros e publicações e promover conferências".[36] Também, ao que tudo indica, a intenção de seus fundadores não era tanto atender o principal escopo dessa sociedade, mas usá-la para fazer oposição àqueles que se diziam representar a colônia, no caso, os membros da Sociedade Stella d'Italia. De qualquer forma, não conseguiram atingir o fim proposto. A Dante Alighieri em Jaú só foi organizada novamente em 1922, e dessa vez com sucesso.

36 Statuto della Società Nazionale Dante Alighieri, op. cit.

Como veremos mais à frente, as disputas no interior da comunidade imigrante em Jaú não só continuaram ao longo da primeira década do século XX, como também se aprofundaram. Todavia, ao mesmo tempo, alguns de seus representantes firmavam a conquista de espaços na sociedade. Tanto que, com freqüência maior, o jornal o *Correio do Jahu* publicava artigos, reverenciando a colônia italiana e tecendo elogios com vistas a dar mais respeitabilidade à pátria de origem desses imigrantes e ao significativo papel da cultura de que eram portadores. Quando a comunidade imigrante recebia visitas de agentes consulares, ou de conferencistas de renome na Itália, ou promovia eventos culturais com apresentação de cantores líricos, operetas e peças teatrais, a imprensa expressava um certo orgulho pela presença de pessoas importantes na cidade, e ainda mais, por ver a sociedade local ser agraciada por eventos que traziam à baila a cultura européia. Noticiavam-se em detalhes os preparativos que a comunidade italiana estava encaminhando para recepcionar os ilustres visitantes, divulgando as comissões nomeadas especificamente para organizar tais eventos e, em geral, compostas pelos mais expressivos representantes da comunidade italiana.

A cidadania e a política

Ao mesmo tempo, o envolvimento desses imigrantes na política local foi se tornando cada vez mais presente. Faltava-lhe o acesso a uma ação política efetiva, e na condição de eleitores, almejavam galgar cargos políticos; contudo, para serem eleitores precisavam abrir mão de sua condição de italianos e optar pela cidadania brasileira. Esta foi uma das grandes questões enfrentadas pelos imigrantes italianos que queriam manter sua identidade com a pátria-mãe. Por outro lado, o governo italiano, diante das grandes proporções que assumiu a imigração, aspirava a ter controle sobre os imigrados no exterior, e a primeira exigência era a manutenção da cidadania italiana.

Desse modo, a partir do início do século XX, essa questão passou a ser o dilema de muitos imigrantes. As autoridades italianas, cientes de que no Brasil os imigrantes necessitavam ter seus porta-vozes no poder, passaram a travar um intenso debate a respeito, fazendo que seus agentes consulares e intelectuais ajudassem a encaminhar a questão. Em Jaú, esse problema foi apresentado aos imigrantes em maio de 1902, quando o diretor do jornal *O Fanfulla*, Vitaliano Rotelline esteve na cidade para discutir a conveniência de optarem ou não pela cidadania brasileira. Tal visita despertou o interesse não só dos imigrantes, mas também da elite política já que, como foi adiantado, duas facções da oligarquia disputavam apoios políticos e, por extensão, os votos dos imigrantes.

Diante disso, a chegada de Rotelline foi um acontecimento amplamente divulgado pela imprensa. Para recepcioná-lo, representantes da colônia mobilizaram-se. A diretoria da Sociedade Stella d'Italia nomeou uma comissão para organizar os festejos, assim composta: presidente Alexandre D'Albora, secretário, F. Diaferia; e colaboradores, Próspero Armênio, Claudio Massinetti, Alfredo Volpi, Francisco Misasi, Agostinho Papera, Antonio Cusci, Braz Miraglia e Vitor Cesarino. As informações disponíveis a respeito deles fornecem pistas para avaliar o lugar que ocupavam e a influência que desfrutavam na sociedade local. Volpi, além de atuante membro da Sociedade Stella d'Italia, fora professor de língua e editor do jornal, *Il Citadino*. Próspero Armênio conquistara um espaço privilegiado na aristocracia e Braz Miraglia e Vitor Cesarino eram grandes comerciantes no atacado e varejo. Esses imigrantes, como membros da colônia, dispunham de respeitabilidade no âmbito da sociedade. Nesse rol de nove imigrantes que compunham a referida comissão, quatro eram procedentes do sul da península. Esta informação assinala o poder dos sulistas no controle das principais atividades que realizavam em nome da "colônia", mesmo depois da entrada em massa de vênetos.

A questão abordada por Rotellini centrou-se na "conveniência de que todos os seus compatriotas requeressem a inclusão nos alistamentos eleitorais e comparecessem as eleições"[37], almejando participar da vida pública brasileira. No dia seguinte à realização da conferência, o *Correio do Jahu* expôs resumidamente que o conferencista "falou

---

37 *Correio do Jahu*, anno 6, n.589, 11/5/1902, p.2.

longamente sobre a propaganda da colônia italiana no Brasil, e da necessidade de se fazer ela representar tanto nos poderes municipais como no Congresso".[38]

As preocupações de Rotelline quanto a essa questão foram detalhadamente discutidas em um livro por ele publicado em 1902, no qual apresenta relatos de uma série de consultas feitas por meio de cartas e ofícios, enviados por ele e por deputados, senadores e autoridades eclesiásticas italianas a juristas e ao governo italiano, levantando pontos conflituosos entre a legislação brasileira e a italiana. A principal fonte da controvérsia estava no fato de que, com a inscrição do imigrante italiano como eleitor, a lei brasileira fazia que ele automaticamente passasse a ser cidadão brasileiro.[39] Rotelline propunha que o imigrante pudesse votar sem perder a cidadania italiana, argumentando que o direito do imigrante de poder votar se apresentava também como uma questão moral, pois os cidadãos italianos, ao participarem do processo eleitoral, poderiam tutelar seus próprios interesses no Brasil.[40] Certamente, essas discussões continuaram a ser debatidas entre os imigrantes em Jaú, contudo ela não mais foi veiculada pela imprensa local.

A divulgação

Por outro lado, os jornais, especificamente aqueles editados pela comunidade italiana, apresentaram outras questões de cunho político. O *L'Araldo* dirigido por um imigrante de nome Emilio Reverberi, trazia em suas páginas, em abril de 1903, assuntos diversos referentes a acontecimentos ocorridos principalmente na Itália. Entre as pequenas notas concernentes a questões locais, chamam atenção duas delas: uma noticiando uma reunião do "Circolo Carlo Marx", ocorrida no domingo anterior, na qual se deliberou a formação de uma comissão para receber o "companheiro" Ambrys, e outra que tratou da organização dos festejos

---

38 Idem, n.598, 12/6/1902, p.2.
39 Idem, p.4.
40 Idem, p.6.

de Primeiro de Maio.[41] O *Il Lavoratore* que se declarava um órgão do "Circolo Socialista Carlo Marx", publicou, em maio de 1903, artigos e notas a respeito de questões pertinentes às propostas marxistas. Uma dessas notas informava que Alcesio de Ambrys, que havia sido recebido em Jaú pelos integrantes do "Circolo Socialista Carlo Marx", "havia se retirado de São Paulo para não se submeter à pena de quatro meses de cárcere a que estava condenado por insurgir-se contra o famigerado capitão Nicolino Matarazzo, o chefe da *camorra* de São Paulo".[42]

O rol dos anunciantes e a forma pela qual eram veiculados os serviços ou venda de produtos nesses jornais, ora na língua italiana, ora na portuguesa, são fortes indicativos para avaliar a penetração desses periódicos, bem como as diferentes posturas de segmentos da comunidade italiana que eles representavam. Seguramente a veiculação nas duas línguas estava no fato de que muitos imigrantes, principalmente seus filhos nascidos no Brasil, já dominarem o português. Assim, dos dezessete anúncios constantes das páginas do *La Civetta*, dez foram veiculados em português, e, entre estes, havia um de um anunciante que não era de origem italiana. Tratava-se do médico Dr. Pedro Macedo, comunicando a seus clientes que estava atendendo também na vizinha cidade de Bica de Pedra (atualmente Itapuí). Em língua italiana, havia os anúncios da "Agência de Trabalho" de Próspero Armênio, de uma "Casa de Câmbio", de uma "Fabbrica de Liquorio" e de uma "Fabbrica di Macarroni". A comunicação em língua italiana nos dois primeiros anúncios é bastante compreensível, pois as mensagens veiculadas tanto no caso da "Agência de Trabalho" como no da "Casa de Câmbio", visavam a informar imigrantes, que chegavam sem falar o português, para o trabalho nas fazendas de café, e a "Casa de Câmbio" também facilitava as remessas de dinheiro que os imigrantes faziam freqüentemente para a Itália. Quanto aos outros dois, o da "Fabbrica de Liquorio" e o da "Fabbrica di Macarroni", embora os produtos anunciados não se restringissem à comunidade italiana, era ela que absorvia grande parte desse tipo de mercadoria.

---

41 *L'Araldo*, anno 1, n.2, 21/4/1903, p.2.
42 *Il Lavoratore*, anno 1, n.4, 28/5/1903, p.2.

Os demais anunciantes eram: um fotógrafo e os proprietários de uma marcenaria e de uma oficina mecânica, e pelo tipo de serviços que ofereciam, atendiam a toda a sociedade local, principalmente às necessidades da aristocracia agrária, que então buscava se adequar, em sua forma de viver, a padrões europeus. Assim, marceneiros habilidosos prestavam seus serviços para o acabamento das casas dos aristocratas, que, com o capital acumulado pela comercialização do café, passaram a construir suas casas na cidade, seguindo os estilos da arquitetura moderna européia. Quanto às oficinas mecânicas, que então fabricavam e faziam a manutenção de carroças e troles, também tinham entre seus principais clientes os fazendeiros de café. E quanto ao fotógrafo, oferecia um serviço que fazia parte das novidades que alimentava o *glamour* das elites. Portanto, em termos de lógica de mercado, a maioria dos anunciantes não tinha por que se voltar a uma clientela restrita a italianos, mas por ser um jornal lido principalmente por italianos, nas divulgações de assuntos que interessavam sobretudo à comunidade italiana, mantinha-se a fidelidade à língua pátria. Por outro lado, essa prática também fortalecia os elos da identidade com a nação-mãe. Isto se torna bastante manifesto no anúncio feito por João Bardelli, o proprietário da "Fabbrica di Macarroni" que, além de especificar que vendia macarrão, lingüiça, salame, queijo e vinho, acrescentou um adendo informando que seu estabelecimento era um "local adequado para encontro de gente alegre". É sabido que os italianos procuravam sempre passar a imagem de gente que tinha prazer em viver, visível por sua musicalidade e danças.

Já no jornal *L'Araldo*, dos 22 anúncios, apenas dois apareceram em língua italiana: o da "*Agenzia Bancaria*" de Luigi Buffo, noticiando a venda de passagens para "*Società di Navegazione ITALIA*", e o da "*Liguria di Libri*", divulgando a venda de livros em língua italiana, portanto ambos atendendo a um mercado praticamente exclusivo da comunidade imigrante. Numa coluna ornada por uma cercadura, constavam anúncios de profissionais liberais representantes da elite local, todavia entre eles aparecia o de um de italiano, o do maestro Heitor Azzi que, como visto, estava ligado por casamento à elite dominante. É importante que se diga, que Azzi era oriundo da Toscana e Buffo, do Vêneto. Fora dessa coluna também aparecia o anúncio da costureira Liberata Cerillo. A ausência de sulistas entre os anunciantes indicava que, muito provavelmente, esse jornal representava um segmento da comunidade imigrante em oposição aos sulistas. O representativo rol de anunciantes da elite punha à mostra as articulações existentes entre setores da comunidade imigrante e da elite local.

Acompanhando a leitura dos jornais, notamos que as disputas entre os membros da comunidade italiana novamente vieram à tona em 1906, quando da eleição da nova diretoria da Stella d'Italia. Alegando descumprimento do estatuto, alguns sócios promoveram uma discussão em assembléia, na qual decidiram anular aquela eleição e marcar outra. Após a nova eleição, o jornal o *Correio do Jahu* publicou o rol dos eleitos e teceu um comentário a respeito do que havia acontecido:

> A Sociedade Stella d'Italia, por motivos que ignoramos, foi modificada a primeira eleição, que procedeu em dezembro último, dando-se entre os sócios desinteligência ou separações que vieram enfraquecer esse sodalício. Anteontem, realizou-se nova eleição que foi disputadíssima, tendo-se apaixonado muito alguns sócios. Venceu a chapa dos que tinham sido eleitos em dezembro, com algumas alterações. Ficou assim composta: Presidente, José Toffoli; vice, Roque Campiglia; secretário, José Perroni; vice secretário, Francisco Piragine; Tesoureiro, Antonio Tenuta; Conselheiros: Carlos Faier, Donato Capone, Vitor Baraldi, Luiz Buffo, José Mori, Luiz Tenuta, Canella Valter, Gulherme Cersosimo, Francisco Casella, Artur Cavalhieri, Antonio Romano e Francisco Le Vocci; suplentes: Antonio Letto e Vicente Tonia; Censores, Evangelista Dinardi e Francisco Giosa; porta-bandeira, Fernando Pedro Paulo e José Ferrari.[43].

Observando o rol dos eleitos, nota-se que parte dos sócios mais antigos que há muito conduziam essa sociedade, em sua maioria de origem calabresa, perdeu seu posto. O presidente José Tofolli viera de Treviso, na província do Vêneta; o vice-presidente Roque Campiglia era sulista procedente de Salerno, na Campânia; o vice-secretário Francisco Piragine, da Calábria; os conselheiros: Carlos Faier de Abruzzi,

---

43 *Correio do Jahu*, anno 11, n.1.127, 17/1/1906, p.2.

do centro da Itália; Donato Capone de Campânia, do sul Itália; e ainda do sul os calabreses Francisco Casella, Antonio Romano e Francisco Le Voci; Vitor Baraldi de Ferrara era do norte da Itália, e também do norte, Luiz Buffo, do Vêneto; o porta-bandeira José Ferrari também era vêneto. Portanto a eleição pôs um vêneto no comando da diretoria, e assim o segmento da comunidade italiana mais representado em Jaú passou a ter um controle efetivo sobre a Sociedade Stella d'Italia. Importante destacar que o vêneto Luiz Buffo, procedente de Verona e que chegou a Jaú em 1896, seguiu o percurso da maioria vêneta e passou um período trabalhando como administrador em fazenda de café do município e, posteriormente, fixou-se no meio urbano abrindo uma casa de comércio, que logo depois veio a tornar-se uma das mais importantes da cidade.[44]

Há fortes indícios de que a disputa pelo poder no interior da Sociedade Stella d'Italia deveu-se a interferências de segmentos da oligarquia, que buscando meios para obter apoios políticos da comunidade imigrante, uma vez que muitos dos italianos que controlavam aquela sociedade desde seu início, estiveram vinculados à facção da elite local que exercia o controle do Partido Republicano Paulista (Casalecchi, op. cit., p.128). Tanto que a destituição da diretoria, eleita em janeiro de 1906, coincidiu com o início das disputas entre as duas facções políticas da oligarquia, que buscavam a todo custo impor a indicação de seus respectivos candidatos para o cargo de deputado estadual. Venceu a facção que desde o início da República estava alijada do poder, a dos antigos membros do Partido Conservador. Dessa forma, os antigos liberais do Império, que até então ali haviam controlado o Partido Republicano Paulista, viram-se alijados do controle do poder. Por conseguinte, diante das já mencionadas ligações estabelecidas entre as lideranças que falavam em nome da colônia italiana e os segmentos da oligarquia, somadas à coincidência de troca de lideranças na política local e da direção da Sociedade Stella d'Italia, fica difícil não se pensar em respingos na luta política em disputas sobre o comando dessa sociedade.

---

44 Com muita freqüência, seu nome aparecia nos jornais locais, sempre o tratando como um importante comerciante.

Além da coincidência das datas, há dois fortes indícios de vínculos estabelecidos entre o bloco oligárquico que então assumiu o poder e a nova liderança da sociedade Stella d'Italia. O primeiro foi o fato de sua nova diretoria anunciar que estava procurando adquirir "um terreno central, para fazer seu edifício social",[45] o que se concretizou logo depois. É bem possível que, em troca de apoios políticos, a diretoria dessa sociedade tenha recebido uma ajuda financeira do novo grupo político no poder. Outro indício foi o espaço que os componentes da nova diretoria obtiveram no jornal *Commercio do Jahu* fundado logo depois, em 1908, para ser o porta-voz do novo bloco oligárquico que havia se consolidado no controle do poder, com a eleição de Constantino Gonçalves Fraga para prefeito municipal (Oliveira, 1999, p.97). Já em seus primeiros números, esse jornal veiculou campanhas que tinham como escopo arrecadar fundos para a construção da nova sede da Sociedade Stella d'Italia.

Desse modo, embora os imigrantes não tivessem participação direta na política, alguns se imiscuíram nas disputas de poder, conduzindo para o interior da comunidade italiana as pendências da política local, provocando desgastes que acentuavam as fissuras já existentes. Por exemplo, Frederico Tancredi foi um italiano que passou a dispor de uma coluna no *Commercio do Jahu* logo depois de sua fundação. Em seus artigos, não só explicitava sua adesão ao candidato a deputado Vicente de Almeida Prado, como ainda afirmava estar falando em nome da colônia italiana. Com esse apoio explícito, Tancredi passou a dispor de liberdade para exaltar a pátria dos italianos na língua de Dante Alighieri e, com isso, certamente seduziu muitos italianos ao verem com bons olhos os novos políticos que haviam assumido o poder na cidade. Num trecho de um longo artigo, ele dizia:

ALL'ILLUSTRE DEPUTADO jauense Dr Vicenzo de Paula Almeida Prado. Oggi, più che mai, la numerosa colônia italiana di Jaú esprime, a mezzo mio, a V.S.Ilma le sue sincere congratulazione per la vittoria ottenita e fa voti affinchè la sua intelligenza, la sua bontà e le sue doti singolari

---

45   *Correio do Jahu*, anno 11, n.1.147, 2/3/1906, p.2.

possone essere ol sollievo, l'aiuto la prottezione della cita e dei citadini. Io com tutto rispeito presento a V.S. i miei omaggi, i miei augguri per la sua esplendida carriera di giovanne publico... Frederico Tancredi.[46]

Também italianos começaram aparecer com muita freqüência nas notas sociais que divulgavam casamentos, aniversários, bem como as viagens que aqueles com maior poder econômico faziam para sua terra natal. Os eventos organizados pela colônia, como apresentação de peças teatrais e conferências, igualmente passaram a receber uma ampla divulgação. Contudo, mais importante foi o fato de que, pela primeira vez, os imigrantes italianos obtiveram, num jornal que era porta-voz da aristocracia, uma coluna sob sua tutela denominada *Sezione Italiana*, na qual passaram a publicar artigos e crônicas na língua pátria.[47]

Menos de um mês depois de ter saído o primeiro número desse jornal, foi aberto um significativo espaço para tratar dos festejos organizados pela colônia para comemorar a data da unificação italiana, ou seja, o vinte de setembro. Tal evento foi anunciado nos seguintes termos: "Os festejos que a briosa e nobre colônia italiana desta cidade promoveu, foi uma prova eloqüente do prestígio e acatamento de que gozam os seus distintos promotores entre nós..."[48] Os adjetivos aí empregados revelam o exato sentido que estava sendo dado à palavra colônia: *nobre*, um qualificativo que visava a dar uma distinção à colônia e, portanto, um prestígio social no âmbito da comunidade jauense. *Briosa*, ou seja, corajosa e lutadora colônia, valorizava aqueles representantes que venciam pela disciplina e trabalho. Por conseguinte, pelo menos em termos de discurso, tanto os italianos vencedores, como os trabalhadores receberam por parte do jornal uma representação positiva. Possivelmente essa forma de tratamento fazia parte de uma estratégia para ganhar apoios políticos na comunidade de imigrantes, uma vez que, em 1909, dentre o total de duzentos e

---

46 *Correio do Jahu*, anno 12, n.1308, 3/4/1907, p.2.
47 *Commercio do Jahu*, anno 2, n.213, 3/9/1910, p.2.
48 Idem, anno 1, n.14, 22/9/1908, p.2.

quatro eleitores inscritos no município na primeira seção eleitoral, dezenove eram italianos,[49] e de duzentos e quarenta e oito da segunda, vinte e dois eram italianos.[50] Em 1910, quando da visita do cônsul italiano dr. Arthur Maffei à comunidade italiana de Jaú, foi inusitado o espaço que o jornal local deu à divulgação desse evento. Dedicou a primeira página inteira para noticiar todos os passos dessa visita.[51] No entanto, atentando para a programação da recepção ao cônsul, verifica-se uma apropriação pelos representantes do poder por essa visita. Não resta dúvida que essa apropriação teve o aval do segmento da colônia que organizou tal recepção, uma vez que a coordenação desses eventos estava sempre a cargo de membros da Sociedade Stella d'Italia, e esta ficava em mãos de segmentos da colônia que tinham estreitos vínculos com o bloco oligárquico no poder.

A historiografia já mostrou que as visitas de representantes do governo italiano visavam a observar as condições de vida dos imigrantes, principalmente daqueles que trabalhavam no café. Portanto fazia parte das obrigações de Maffei visitar uma propriedade de café em Jaú. A fazenda escolhida pelos organizadores da recepção ao cônsul foi a de Constantino Fraga, então prefeito municipal. Todos os passos dados por Maffei durante sua permanência em Jaú foram minuciosamente relatados pelo jornal, iniciando pela recepção da comunidade italiana quando ele desembarcou na estação ferroviária. Todavia foram os eventos ocorridos no dia seguinte que receberam a maior atenção da imprensa. Esta elegeu como ponto alto da visita a ida do cônsul à fazenda do prefeito municipal. Iniciou a notícia relatando a saída da comitiva do hotel:

> onde se achava hospedado o ilustre representante do governo italiano, principiava a reunião dos convidados, que pelas esquinas esperavam a hora da partida, enquanto pelas calçadas, os trolys rodavam estrepito-

---

49 Idem, n.64, 20/3/1909, p.3.
50 Idem, n.67, 31/3/1909 p.4.
51 Idem, anno 2, n.219, 25/9/1910, p.1.

samente... pelas ruas Amaral Gurgel, Edgard Ferraz e Major Prado... Quando o dr. Arthur Maffei tomou o carro acompanhado do agente consular desta cidade e de Afonso Fraga (irmão do prefeito), e deu sinal de partida, passavam alguns minutos das 12 horas. Quando a comitiva chegou na fazenda, lá estavam o prefeito e algumas autoridades da cidade e um numeroso grupo de colonos que levantavam entusiásticos vivas ao dr. Arthur Maffei, à Itália, ao governo da Itália, ao Brasil e ao dr. Constantino Fraga... A confortável casa de morada foi logo invadida pela chusma de convidados, ao passo que o dr. Arthur Maffei, gentil e delicado, depois da troca de cumprimentos com o dr. Constantino Fraga e os presentes, dirigiu-se a seus patrícios que o rodearam pressurosos... Em seguida foi servido um "lunch" numa mesa em forma de T... e sobre ela estavam as bandeiras italiana e brasileira, como significassem a amistosa confraternização dos dois povos que simbolizam...

Em seguida, o articulista detalhou os lugares que cada um dos convivas ocupou à mesa, o que foi servido, os discursos proferidos, a ida do cônsul à colônia da fazenda, onde visitou casa por casa e conversou com os imigrantes, e, por fim, o regresso no final da tarde. À noite foi servido um jantar organizado pela colônia italiana. Novamente, o articulista detalhou o andamento da recepção, desde quem estava presente (representantes da comunidade imigrante, bem como muitas autoridades da cidade), o cardápio do que foi servido, a presença da orquestra Carlos Gomes animando o encontro. "No encerramento [às] 8 e 35 minutos deixará à cidade do Jahu o dr. Arthur Maffei de regresso para São Carlos. O *Commercio do Jahu* tem a honra de agradecer-lhe a cativante visita e faz votos de boa viagem e feliz permanência na vizinha cidade."

Portanto a grande divulgação dada à visita do referido cônsul levou a comunidade italiana a sentir-se prestigiada, e o prefeito e seus correligionários conquistaram maior simpatia por parte dos italianos em Jaú; porém, mais que tudo, foram os laços políticos estabelecidos entre segmentos da comunidade imigrante e do poder local que saíram fortalecidos com a recepção ao dr. Maffei. Este, por sua vez, acostumado a lidar com essas questões, certamente soube bem avaliar o que estava por trás da recepção que lhe foi dada.

Preconceitos e resistência ao imigrante italiano

Embora em certas ocasiões, por interesses políticos, setores da elite local procurassem uma aproximação com imigrantes italianos, isso não significou vê-los ou tratá-los como iguais, uma vez que o preconceito e a desconfiança impunham barreiras para mantê-los a distância de seu ambiente social. Isso pode observado na forma pela qual a elite usou o jornal para expressar sua opinião a respeito do imigrante. Em algumas ocasiões, o tratamento dado à colônia italiana era respeitoso, mas em outras manifestavam um certo desdém. Foi o caso de um jauense, escondendo-se atrás do pseudônimo de João Só, que publicou versos com feição irônica, tendo como propósito ridicularizar imigrantes italianos e portugueses. Tratava-se de um hipotético diálogo entre um italiano, um português e um brasileiro, elaborado de forma bastante ingênua, mas satirizando com deboche os hábitos alimentares dos mesmos. Dizia ele:

Italiano
Quando eu vim de minha terra,
Eu comia macarroni!
Mas na terra do Brasil,
Carne seca com feijoni.
Português
Quando bin lá de minha terra
Eu comia vatatinha!
Cá na terra do Vrasil,
Carne seca com farinha.
Brasileiro
As desgraças do Brasil
Eram duas, hoje são três:
Formiga cabeçuda,
Italiano e português.[52]

---

52 *Correio do Jahu*, anno 4, n.573, 20/4/1902, p.2.

A reação de alguns membros da comunidade italiana local foi imediata, visto que, no número seguinte, o jornal retratou-se nos seguintes termos:

...Longe estávamos de procurar insultar a laboriosa colônia italiana desse município, a quem devemos muitas considerações... Nunca e nunca procuramos feri-la, pois reconhecemos nela um auxiliar importante não só da lavoura e do comércio, como para o engrandecimento do Jaú. As pilhérias do nosso colaborador de modo nenhum visava ofender, e assim o entendeu a operosa colônia portuguesa, que tomou o escrito com ar de brincadeira. A colônia italiana teve duas pessoas que andaram de porta em porta fazendo propaganda contra o nosso jornal que felizmente goza de boa reputação no meio da briosa colônia.[53]

O preconceito contido nos versos expressava nada menos que o imaginário que comumente os brasileiros que viviam nas regiões receptoras de imigrantes italianos criavam, baseando-se na miserabilidade da maioria dos italianos que chegavam ao Brasil. Ugolotti, o já citado intelectual italiano que publicara em São Paulo o livro intitulado *Italia e Italiani in Brazile*, dirigido à comunidade italiana no Brasil com o objetivo de reverter a imagem negativa que o brasileiro tinha em relação ao imigrante italiano, argumentava que "os brasileiros permaneciam vendo a Itália de um século atrás – aquela Itália fictícia, falsa, exagerada... os italianos, um povo de miseráveis camponeses, que comem macarrão tangendo a terra" (Ugolotti., op. cit., p.15). Contudo, o argumento de Ugolotti assentava-se numa visão da classe dominante italiana e em sua intelectualidade. A idéia de miserabilidade difundida entre os brasileiros não deixava de ter fundamento – as condições de pobreza que obrigaram os imigrantes deixarem a Itália eram amplamente discutidas e divulgadas. A miséria vivenciada pelo imigrante, tanto na Itália como no Brasil, estava distante das experiências de vida de Ugolotti, membro da elite econômica de seu país. Em seu livro, ele construiu um discurso dirigido

---

53 Idem, n.574, 24/4/1902, p.2.

a toda a comunidade imigrante no Brasil; todavia, pelo expressivo número de italianos analfabetos e pela dificuldade de acesso a livros, seus escritos certamente só foram lidos por imigrantes letrados, principalmente os residentes em centros urbanos, e não por aqueles que viviam na marginalidade.

Com relação aos versos publicados no jornal em Jaú, o autor não se deu conta de que, embora fosse uma idéia corrente, o preconceito em relação ao imigrante, ao transcrevê-lo e divulgá-lo pela imprensa, assumiu um outro teor, ou seja, adquiriu o poder de verdade, perdendo o tom de pilhéria descomprometida, vigente nas relações cotidianas. Imigrantes com poder e voz para uma ação de protesto exigiram a retratação.

Quanto à colônia portuguesa, por ser numericamente preponderante na cidade, principalmente levando-se em conta os descendentes de primeira geração e a proximidade em termos culturais com a sociedade local, dada mormente pela língua, faziam que os portugueses se vissem e fossem vistos como integrantes dessa sociedade, o que certamente contribuiu para que a colônia portuguesa não tenha se manifestado.

Embora o jornal tivesse aberto um espaço em suas páginas aos imigrantes italianos, foi apenas o segmento mais diferenciado da colônia que contou com essa distinção, pois a massa de trabalhadores não só era desprezada, como ainda tratada com um acentuado preconceito. Para confirmar, é só dar uma corrida de olhos nas notas publicadas no jornal, para constatar que o número de italianos listados nas notas policiais era muito superior ao das outras nacionalidades, inclusive de brasileiros. Amiúde essas notas apontavam italianos que haviam se envolvido em situações conflituosas ou que, de alguma forma, haviam infringido normas estabelecidas. Tomava-se o cuidado de não nomeá-los como membros da colônia, contudo seus nomes apareciam atrelados ao atributo italiano, definindo desse modo sua identidade étnica. Assim, tornava-se notória a idéia de serem os italianos os principais responsáveis pela quebra de regras que visavam a estabelecer a ordem pública.

Alguns exemplos explicitam bem o teor dessas notas policiais: "Presos no domingo passado por estarem embriagados foram recolhidos à cadeia pública Benedito Moreira e José Bazili";[54] "Está sendo processado... o indivíduo de nome Antonio Rosseti, autor de crime de ferimentos, praticados na pessoa de Antonio Valvasori, no bairro de João da Velha."[55] E mais:

FACADAS – Com o fim de jogar escopa reuniram-se hontem a noite, na casa de bebidas do senhor Alfredo Volpe, à rua Amaral Gurgel, os sapateiros Vicente Luzzi e José Contador e o engraxate Francisco Buzzo e Alfredo Vamis. Já pela madrugada, travou-se forte discussão entre Vicente Luzzi e Francisco Buzzo, por motivo de negarem-se ambos a pagar uma garrafa de vinho... Francisco Buzzo logo que conseguiu desvencilhar-se dos braços de Vicente Luzzi, saltou para uma sala contígua, aquela onde jogavam, e de faca em punho desafiou os companheiros... Todos com ferimentos leves. Com isso não se suponha que ficara tudo como dantes; não: o dr. delegado abriu inquérito, tendo já ouvido algumas testemunhas.[56] Em liberdade – Foi posto ontem em liberdade o indivíduo Thomaz Arobono, que por motivo de desordens tinha sido recolhido na cadeia local.[57] Espancamento – Na noite de domingo último os indivíduos Vigílo Valério Ferreira e Benedito Luiz, por motivos frívolos espancaram barbaramente a Giuseppe Terribile, maquinista do sr. Capitão Ricardo Auler, e que se achava em completo estado de embriaguez. Os espancadores foram presos e G. Terribile foi recolhido à Santa Casa de Misericórdia desta cidade onde se acha em tratamento.[58] Selvageria – Há homens de instinto perverso, de coração empedernido... que não trepidam em praticar o mal, mesmo que seja fútil o motivo por que o pratica. No dia 5 do corrente no prédio n. 29 da Rua Marechal Bittencourt, Garoffalo Giacomo, marceneiro, revelou-se um desses indivíduos perversos, um verdadeiro canibal. Pelo simples motivo do menino Francisco Ornellas fazer uma inofensiva travessura no estabelecimento comercial de Garoffalo, bastou para ele armado de um grosso cacete, lhe desfechasse certeiro golpe, que produziu grave ferimento na cabeça do infeliz menino.[59] Nota falsa – O

---

54 *Commercio do Jahu*, anno 1, n.47, 9/1/1909, p.2.
55 Idem, n.50, 29/1/1909, p.2.
56 Idem, n.93, 25/3/1909, p.2.
57 Idem, anno 2, n.132, 24/11/1909, p.2.
58 Idem, n.198, 20/7/1910, p.2.
59 Idem, anno 4, n.319, 9/8/1911, p.2.

sr. delegado está perseguindo no inquérito que abriu contra Antonio Pilo e sua mulher Celeste Pilo, por passarem nota falsa.[60] Tentativa de Morte – De há muito que Vitorio Zampieri, italiano, morador na rua Quintino Bocaiúva, suspeitava a infidelidade de sua esposa, não tendo até agora deixado perceberem-se as suas suspeitas. Anteontem às onze horas da noite Vitório, bastante atormentado pelo ciúme, na ocasião em que sua mulher dormia, desfechou-lhe à queima-roupa um tiro de garrucha ferindo-a gravemente. Preso o criminoso confessou a sua culpa e que era intenção matar a sua consorte.[61] Grande Tiroteio – Francisco Piragine contratou um capanga "Beiardo", para atacar José Rodrigues, 23 anos (20 do corrente às 6 horas da tarde mais ou menos entre as ruas 7 de Setembro e Amaral Gurgel) sendo que este achava-se desarmado, mas em pequeno lapso de tempo voltou ao local empunhando um revólver carregado que emprestara na vizinhança. Em seguida o tiroteio... uma bala atinge Jorge na perna esquerda... Tanto o agressor como Francisco Piragine vendo seu inimigo ferido puseram-se em fuga.... a vítima foi transportada para o estabelecimento do sr Alfredo Volpe, abrigo mais próximo do local. Delegado abriu inquérito.[62] Ferimento – Eugênio Antico tem por hábito embriagar-se. Nessas ocasiões, inflige maus-tratos a sua esposa Maria Antico. Ambos residem em companhia de um filho menor, em um cortiço da travessa Campos Salles. Anteontem à noite, Eugênio bebeu os seus goles costumados e logo entrou em rixas com sua mulher, esta respondia a seu marido. Assim estiveram algum tempo quando Eugênio exasperando-se contra as retrucações da esposa, empenha uma cadeira e atira-a sobre Maria ferindo-a no rosto.[63]

Não resta dúvida que esses imigrantes se envolveram em práticas ilícitas; contudo, é o caráter tendencioso dado pela imprensa que desperta atenção, já que, como veremos mais à frente, ela criava uma imagem de que eram somente os italianos que sistematicamente rompiam com as regras sociais estabelecidas. Todavia, acompanhando o noticiário policial ao longo do período, percebe-se que houve mudanças

---

60   Idem, n.330, 19/09/1911, p.2.
61   Idem, n.343, 1/11/1911, p.2.
62   Idem, anno 5, n.546, 15/1/1913, p.2.
63   Idem, anno 6, n.609, 15/1/1914, p.2.

na forma de tratamento dada ao imigrante infrator. Em determinados momentos, esse tipo de notícia apareceu com bastante freqüência; em outros, de formas sutis; e em outro ainda, os imigrantes praticamente estavam ausentes do noticiário.

Assim, ao longo do ano de 1909, no *Commercio do Jahu*, as notas comunicando as práticas de conflitos que resultavam em ferimentos leves, pequenos furtos e casos de embriaguez se restringiram quase que exclusivamente a italianos. A menção a brasileiros nessas notas policiais só apareceu quando o crime praticado por eles era o de morte. Por conseguinte, não resta dúvida que o jornal então havia assumido uma atitude tendenciosa em relação aos italianos. Tanto que muitos imigrantes nomeados nessas notas policiais, sentindo-se injustiçados, solicitaram ao jornal a retificação de tais notícias. Por elas, é possível perceber que muitas das informações presentes em tais notas alteravam freqüentemente o teor dos acontecimentos, dando-lhes um caráter mais grave do que realmente ocorrera. Nesse sentido, é possível arrolar vários exemplos:

> Pediu-nos o senhor Hermínio Cezani, que retifiquemos a notícia que há dias publicamos em nossa folha: este senhor não está sendo processado por crime de furto, mas sim pelo de ferimento leves;[64] O sr. Luiz Bernini, veio a nossa redação e pediu para que retificássemos a notícia que demos em nosso número passado a respeito do conflito havido em seu estabelecimento. O conflito deu-se logo após o baile, e quando já os convidados se achavam na rua em frente a sua casa. Fica assim pois retificado;[65] Carta – Recebemos do sr. Domingos Bonetti preso na cadeia desta cidade, a seguinte carta: "Sr. redator do 'Commercio do Jahu'. Saudações. Tendo o 'Jornal do Jahu' em seu último número noticiado a minha prisão, como criminoso de morte, quando o meu crime é de ferimentos leves, peço a s.s. obséquio de retificar aquela notícia, dada, talvez por má-fé. Com a publicação destas linhas, muito grato ficarei".[66]

---

64 Idem, anno 1, n.63, 17/3/1909, p.2.
65 Idem, n.77, 8/5/1909, p.2.
66 Idem, n.78, 12/5/1910, p.2.

Também no ano de 1914, no mesmo jornal apareceram duas notificações que, de certa forma, apontam para uma prática de perseguição a italianos. Eis as notas: "Foi multado em 25$000 o sr. Donato Capone por infringir a lei 224 de 10/02/1913, que regulariza o trânsito de veículos. Em igual quantia foi multado o sr. Rocco Campiglia por depositar lixo em vias públicas."[67] Nesse caso, não é o teor das ocorrências em si que indica perseguição, mas o fato de o jornal publicar esses tipos de infração como se fossem só italianos que os praticassem, uma vez que não há nem nos números do jornal que antecedem ou precedem essas notas, outras no mesmo teor. No primeiro caso, que trata da multa de trânsito, é possível que Capone tenha sido o único motorista a receber esse tipo de penalização, visto que eram poucas as pessoas que em Jaú eram proprietárias de automóveis. Mas, no segundo episódio, o de depositar lixo em vias públicas, é muito duvidoso que só Campiglia o fizesse. No caso de ter havido outros multados e o jornal não ter publicado, fica evidente a intencionalidade dessa imprensa em chamar atenção para as contravenções praticadas por italianos. Caso contrário, se só mesmo Campiglia tenha sido multado, fica então demonstrada uma perseguição por parte da própria edilidade, uma vez que essa prática se dava corriqueiramente no cotidiano da cidade.

Outra forma utilizada pelo jornal para desclassificar o italiano era publicar notas relativas a matrimônios em que um dos cônjuges era de origem italiana e o outro, da raça negra. Foi o caso do "casamento de Rosaria Torrincella, italiana, com 16 anos de idade, com Manoel Silvestre, preto de 23 anos".[68] A divulgação da realização de um casamento em que um dos cônjuges era de origem italiana mostra bem o caráter ardiloso de tal nota, uma vez que nela não se visou a brindar os noivos, dando a conhecer à sociedade tal bodas, como era usual em relação a pessoas de destaque na cidade, mas desqualificar a união, pondo em destaque a origem étnica dos noivos. Como a desclassificação do negro dominava nas relações sociais locais em face do

---

67 Idem, anno 6, n.634, 24/3/1914, p.2.
68 Idem, n.618, 5/2/1914, p.2.

recente passado escravista, qualquer branco que viesse a se casar com um representante dessa raça era fadado também à desclassificação. No entanto, casamentos entre italianos e negros foram muito menos representativos do que entre brasileiros brancos, todavia a imprensa local, pelo menos até o momento pesquisado, só enfatizou casamentos interétnicos quando um dos cônjuges era de origem italiana.

Outro ponto que a leitura do *Commercio do Jahu* desperta atenção foi o fato de que, ao mesmo tempo em que aumentou o número de notificações que mostravam o imigrante italiano sendo indiciado por crimes, abriu-se um grande espaço no qual os imigrantes vencedores eram tratados com muita deferência, principalmente com a divulgação de eventos sociais por eles organizados. No ano de 1911, esse jornal pôs à disposição dos imigrantes um espaço para que publicassem, em sua língua materna, crônicas de interesse da colônia. De forma geral, elas tratavam de assuntos que alimentavam o sentimento patriótico em relação à Itália.

A ambigüidade com que a imprensa local tratou os italianos, ora valorizando-os, ora desclassificando-os, nada mais era que o reflexo das relações estabelecidas entre a sociedade local e a comunidade italiana. A rejeição advinha do fato de uma comunidade estrangeira, portadora de uma cultura diferente, ter-se tornado, ao longo do período em foco, cada vez mais expressiva em termos numéricos, mas também no sentido de ocupar espaços sociais importantes que a punha em destaque. Ademais a imprensa, pelo poder que representava, tinha um peso muito grande como agente complicador no estabelecimento da identidade dos imigrantes. Afinal, como era absorvido pelos imigrantes o fato de serem tratados por ela, por um lado como nobres, distintos, briosos e, por outro, como marginais?

A historiografia já demonstrou que a questão da imigração encetada pelo Estado brasileiro não visou somente à substituição dos braços escravos necessários à grande lavoura. Na época em foco, já era sabido "que o escopo de se estabelecer uma imigração européia em larga escala era ordem muito mais elevada: além de organizar a mão-de-obra devia-se buscar elementos que contribuiriam para a formação da nacionalidade brasileira" (Hutter, op. cit., p.100), ou seja, branquear o mais breve possível o conjunto da população para que, de acordo com os cânones do cientificismo europeu então em voga, se pudesse "de fato fazer do Brasil uma nação". Dessa forma, a elaboração de uma identidade para o imigrante italiano no Brasil se deu dentro de um processo extremamente contraditório, uma vez que ele pretendia manter o vínculo com sua cultura de origem, por outro, acabava sofrendo uma forte pressão para vir a tornar-se brasileiro.

Nas práticas cotidianas, como foi demonstrado, a questão da integração do imigrante italiano à sociedade hospedeira foi muito mais complexa do que os discursos propalados por representantes dos Estados brasileiros e italiano que desejavam cooptá-los para as esferas de uma identidade patriótica. Foram as tomadas de decisões diante das necessidades mais prementes no contato entre italianos e a sociedade hospedeira que encaminharam o estabelecimento de novas identidades, uma vez que este é o ponto de encontro pelo qual se define aquilo que uma pessoa quer ser e que o mundo em que ela vive permita que seja, possibilitando a integração na sociedade receptora e, ao mesmo tempo, modificando-a.

5
PADRÕES ALIMENTARES EM MUDANÇA

Sabemos que, nos encontros entre culturas, não só as diferenças de hábitos e costumes mostram-se mais evidentes, mas também põem em andamento, numa trajetória não-linear, um processo de interação entre elas. Como hábitos alimentares nada mais são do que uma expressão da cultura, nos encontros de cozinhas étnicas, os sabores e odores, ao mexerem com as sensibilidades, provocam em um primeiro momento um estranhamento, porém logo passam a conquistar os paladares.

Todavia, sabores e odores, além de constituírem manifestação de formas culturais, consubstanciam estímulos sensoriais que agem como fatores de evocação da memória, estimulando a imaginação e desencadeando sentimentos profundos que se materializam em importantes elos entre o passado e o presente. A capacidade de percebê-los e valorizá-los depende de padrões culturais, podendo, assim, estes se converterem em sinalizadores da manutenção, construção e reconstrução de identidades.

Contudo, quando se pretende tratar a questão da alimentação de um determinado grupo étnico, é preciso estar atento a algumas questões. Nesse sentido, vale a advertência do historiador Peppino Ottoleva (op. cit.). Diz ele que, quando se pretende analisar a alimentação de um determinado grupo étnico, muitos cuidados devem ser tomados, principalmente quando se tiver em mente aquilo a que freqüentemente se dá a denominação de tradição e costume alimentar ou cozinha tradicional. Ele chama atenção para o fato de haver uma "tendência em atribuir características tradicionais e antiguidade imemorável a todos os costumes alimentares que acompanham a nossa experiência desde a infância", mas quase sempre isso não corresponde à ordem dos acontecimentos.

Portanto, para compreender a prática da cozinha italiana entre os italianos estabelecidos na cidade de Jaú, e como isso influenciou os hábitos alimentares da sociedade receptora, é preciso ter em conta sua própria historicidade, uma vez que muitos pratos que no final do século XIX e início do XX em especial a serem divulgados como pertencentes a uma tradicional gastronomia italiana, na verdade, nada mais eram que criações recentes. Foi no século XIX, principalmente na época da chamada grande imigração, que teve início um processo de modificação dos costumes alimentares na Itália. Pratos diferenciados começaram a aparecer, porém eram saboreados estritamente pela elite peninsular.

A massa da população, composta em sua maioria por camponeses, vivendo com parcos recursos, ainda mantinha um padrão alimentar muito restrito e pobre. Com o aprofundamento da pobreza no momento que antecedeu a grande imigração, o milho passou a ser a base da alimentação de grande parte do povo italiano. Pobre em nutrientes, seu exclusivo consumo provocou a disseminação da pelagra, uma doença antes circunscrita a alguns lugares. Como já mencionado no primeiro capítulo, essa doença ocorria diante da falta de vitamina decorrente do restrito consumo de derivados do milho. A introdução de novos ingredientes foi lentamente transformando os hábitos alimentares dos italianos. É sabido, por exemplo, que o tomate, ingrediente básico de muitos pratos italianos, começou a ser divulgado na península somente no final do século XVIII, e a prática de fazer o macarrão associado ao molho de tomate ocorreu por volta de 1830. Foi nessa mesma época que se deu a difusão da *pizza*. Essa grande modificação no padrão alimentar teve início na cidade de Nápoles, quando esta passou por um vertiginoso crescimento e a produção de verduras e legumes, em seus arredores, era insuficiente para atender à nova demanda. A farinha de trigo, por ser um produto não perecível em curto prazo, podendo assim ser estocada, passou a ser o ingrediente principal da cozinha napolitana.

Isso, na verdade, constituiu-se numa revolução na alimentação, que aos poucos foi se expandindo por toda a Itália, de início nos arredores de Nápoles e depois, de forma muito lenta, nas regiões meridionais, primeiro nas cidades e depois muito gradualmente nas áreas rurais, só vindo a conquistar o restante da península mais tarde. Assim, a chamada *cozinha italiana* só começou a configurar-se como tal no curso do século XIX, com a geração que precedeu aquela que veio a ter uma experiência imigratória (idem, p.36). No final do século XIX, o macarrão já fazia parte dos hábitos alimentares dos napolitanos mais pobres, pois Macola (op. cit., p.69.), falando a respeito de seus costumes disse "que eles eram sóbrios e se contentavam com pouco macarrão e cebola".

Quando os imigrantes começaram a deixar a Itália, a maioria deles praticamente não tinha conhecimento do que logo depois passou ser denominada *cozinha italiana*, que nada mais era que uma referência genérica às várias cozinhas regionais. Segundo Peppino Ottoleva (op. cit., p.45), foi justamente a imigração que provocou efeitos revolucionários nos hábitos alimentares italianos, na medida em que pôs "em crise a rigidez da demarcação entre regimes culinários das diversas classes sociais".

Isso posto, é possível encaminhar uma análise da adaptação do regime alimentar do italiano em meio à sociedade jauense. No entanto, diante da lentidão da divulgação de novos hábitos alimentares, é preciso ficar bastante atentos para não cairmos na armadilha de querer encontrar um vínculo direto entre os hábitos alimentares dos imigrantes ali radicados com o que se passou a denominar *cozinha italiana*, ou de os modelos alimentares específicos de regiões italianas. Além disso, é preciso ter em mente os ajustes que os imigrantes compulsoriamente tiveram de fazer em face da restrita oferta de gêneros alimentícios costumeiramente por eles utilizados, e do maior acesso a outros por eles até então desconhecidos.

Foi visto que a massa da população italiana que imigrou para o Brasil era composta em sua maioria por camponeses que sobreviviam com parcos recursos, e que dispunham de um padrão alimentar muito pobre. Como afirma Deliso Vila (1992, p.12):

Sobre a mesa de um camponês setentrional a carne aparecia não mais que uma vez por mês, e aqueles que viviam nas regiões meridionais, sua ocorrência não se dava mais do que uma vez ao ano. Pelo menor custo e porque saciava mais, camponeses do norte se alimentavam exclusivamente de milho, enquanto os do sul, restringiam sua alimentação praticamente ao pão negro de cevada, cozido duas ou três vezes por semana.

Pouco se conhece a respeito do padrão alimentar dos imigrantes italianos estabelecidos em São Paulo no período inicial da imigração, sobretudo daqueles que foram se fixar nas fazendas de café. Lucio Avagliano (op. cit., p.190), historiador italiano que fez um balanço das variedades alimentares consumidas pelos imigrantes nas colônias de café do estado de São Paulo, entre o final do século XIX e o início do XX, apontou alguns dos alimentos por eles utilizados, no entanto não levou em conta o processo de adaptação e as modificações em curso nesse período, que se deram de forma muito rápida. O autor esclarece que os colonos italianos consumiam principalmente derivados de milho, e as famílias provenientes da Itália setentrional e central utilizavam-no na forma de fubá para fazer polenta, e os da Itália meridional misturavam-no à farinha de trigo para confeccionar broas. Dispunham de feijão, arroz, da batata e de muitas verduras frescas. A carne de porco e o toucinho eram consumidos em pequena quantidade, e raramente tinham acesso à carne bovina. "Ovos e frango também faziam parte da alimentação dos colonos das fazendas de café". O autor disse que

> devido às condições inadequadas para plantar a uva, era impossível o vinho ser consumido pelos colonos... Como na mãe pátria eles tinham o hábito de beber o vinho, e necessitavam tomar bebida alcoólica, se deram ao uso da "aquavita" de cana-de-açúcar, chamada pinga, que é de péssima qualidade. O abuso que nossos colonos fazem dessa bebida é espantoso. (idem, p.190)

Quanto aos imigrantes que viviam na cidade, Avagliano não fez nenhuma alusão. Zuleika Alvim (op. cit., p.228), também investigando o cotidiano dos imigrantes no campo, informa que, "se nas dietas dos italianos do norte predominava a polenta, no sul contava-se basicamente com o pão de farinhas de cevada ou centeio acompanhado de verduras e cebolas cruas". Também tratando de forma genérica essa questão, Alencastro & Renaux (1997, p.303) mencionam que "de maneira geral, a influência dos modos de vida e dos hábitos alimentares e culturais europeus será propagada pelos núcleos coloniais, e não pelos trabalhadores estrangeiros diretamente incorporados ao eito das fazendas". De qualquer forma, a grande maioria dos imigrantes italianos, ao se fixar no interior paulista, principalmente aqueles que foram conduzidos para as fazendas de café, deparou-se com a restrita oferta de gêneros alimentícios costumeiramente encontrados em suas terras de origem, como a farinha de trigo, a cevada, o centeio. Já o fubá, base da dieta camponesa, principalmente no norte e centro da Itália, era encontrado com maior facilidade, já que era muito utilizado em algumas regiões do Brasil para fazer o angu, e assim ele continuou a ser a base da alimentação da maioria dos imigrantes italianos.

O consumo da polenta desses imigrantes foi tão expressivo, que logo ele passou a ser visto pela sociedade hospedeira como um indicativo de identidade dos italianos, mas configurando uma identificação negativa. O chiste "italiano polenteiro", cunhado na época, retratava uma das formas de como os representantes da sociedade hospedeira procuravam estigmatizar esse imigrante.

Entretanto, no âmbito dos costumes alimentares dos italianos, um deles enunciava de forma bastante positiva sua identidade, ou seja, o vinho. Seu consumo pela sociedade peninsular tinha uma longa história que se perdia no tempo e se embrenhava no mito, sendo ainda reforçada por seu uso na simbologia do rito do catolicismo, uma religião arraigada entre os italianos, principalmente pelos vênetos que, como já foi mostrado, tinham na prática do catolicismo um marcante ponto de referimento de sua identidade. Quanto ao consumo dessa bebida pelos camponeses oriundos do sul da península, também tinha um lastro histórico, porquanto a historiografia italiana mostra que o vinho se consubstanciou em um essencial componente alimentar, quando do aprofundamento da miséria, a partir do final do século XVIII; todavia, era um consumo que não beirava o alcoolismo, pois este era desconhecido antes do início da imigração. O vinho era visto pela sociedade mediterrânea, desde tempos imemoráveis, como tendo uma propriedade nutritiva importante (Avagliano, op. cit., p.42 e 47-8). Seu consumo era um hábito que estimulava a socialização, pois muitas vezes ele motivava encontros familiares e de amigos.

Não obstante, no período da grande imigração, para o camponês italiano, embora o vinho não fosse valorizado como componente alimentar – em razão da pobreza que assolava as regiões agrícolas do interior da Itália –, seu consumo passou a ser um privilégio das classes mais abastadas. Sereni (op. cit., p.358), referindo-se a esse período, mostrou camponeses reclamando do estado de miséria em que viviam, e enfatizando que não tinham sequer condições de ter acesso ao vinho. Alardeavam que cultivavam a videira, mas não bebiam o vinho.

Entre os imigrantes que se estabeleceram no interior paulista, alguns tiveram condições de retomar o costume que havia sido interrompido pela miséria que assolou a Itália desde a segunda metade do século XIX, principalmente entre aqueles que tiveram a oportunidade de morar na cidade. Degustá-lo, particularmente em companhia de seus compatriotas, era uma forma de reforçar a identidade com a mãe-pátria. Assim, era com muito orgulho que eles apregoavam o hábito de ingerir essa bebida, enaltecendo a qualidade do vinho procedente das videiras italianas.

Entretanto, o fato de a grande maioria dos imigrantes italianos não ter condições de adquiri-lo, isso não enfraquecia a identificação que eles procuravam estabelecer com essa bebida. É exemplar o depoimento de Maria Cassaro de Oliveira, nascida na cidade de Brotas, estado de São Paulo, em 1906, ao falar a respeito de seu avô materno Pedro Andreuzza, natural do Vêneto, e que chegou ao Brasil em 1893. Depois de ele residir por quase duas décadas em Brotas, "enviuvando, decidiu deixar os filhos, todos já casados, e retornar a sua terra de origem".[1] Evidentemente que essa decisão não foi impensada, e vários fatores devem ter sido ponderados, mas, antes da partida, ele fez questão de divulgar entre seus familiares e amigos que o motivo que o levava a abandonar o Brasil era a má qualidade do vinho aqui produzido.

---

1 Depoimento de Maria Cassaro de Oliveira, nascida em 29/6/1906, coletado por Flávia Arlanch Martins de Oliveira em 8/7/1989.

Essa idéia de uma identidade italiana vinculada à qualidade do vinho era mais uma representação propalada pelos imigrantes do que propriamente uma prática de consumo, uma vez que eram poucos os que dispunham de condições para ter acesso a essa bebida. Nicola Durante, filho de italiano e nascido na cidade de Jaú em 1908, reportando-se a essa questão disse que se lembrava de que, em sua infância, eram somente os italianos já enriquecidos que podiam saborear vinho e complementou dizendo que sua família, por ser pobre, não tinha condições de adquiri-lo.[2] É preciso explicar que, no universo dos imigrantes pobres a que Nicola se referiu, não estavam incluídos os operários ou os que dominavam um ofício, pois esses, como veremos adiante, pelo menos esporadicamente, podiam apreciá-lo.

Coincidência ou não, a primeira referência encontrada na documentação sobre costumes alimentares de imigrantes italianos radicados em Jaú data de 1885, e indica o consumo de vinho. Trata-se do depoimento de Jacob Vicente Finamore, nos autos de um Processo do Tribunal do Júri no qual ele afirmava ter vendido vinho ao acusado (brasileiro) Francisco Justino de Souza.[3] Finamore, já mencionado em outro capítulo, era um comerciante italiano proprietário de um estabelecimento comercial no Largo do Teatro. O que essa informação põe em evidência é o fato de encontrar-se vinho à disposição da freguesia em um lugarejo distante mais de trezentos quilômetros da capital, e onde a ferrovia ainda não havia lançado seus trilhos. É bem possível que a presença significativa de imigrantes italianos na cidade, inclusive do próprio comerciante, viabilizava a comercialização dessa bebida, pois é sabido que o vinho não fazia parte dos costumes da massa da população pobre brasileira, que tinha na aguardente de cana sua bebida preferida.

Um brasileiro passando por um bar para tomar um copo de vinho, como no caso de Justino, punha à mostra como, pouco mais de dez

---

2   Depoimento de Nicola Durante, nascido em Jaú em 1908, coletado por Flávia Arlanch Martins de Oliveira em 16/11/1997.
3   Jaú (Município). Museu Municipal. *Processo do Tribunal do Júri de Jaú*, caixa n.15, réus Francisco Justino de Souza e João Rodrigues,1885.

anos depois da chegada dos primeiros imigrantes italianos em Jaú, o hábito do consumo dessa bebida tornara-se corriqueiro nos bares da cidade. Embora o colonizador português também tivesse o costume de saborear vinho, foi a chegada em massa de imigrantes italianos que permitiu um fluxo contínuo de sua comercialização.

A inclusão de hábitos de consumo de bebidas tinha duas vias, pois se o vinho foi aos poucos se incorporando aos hábitos da sociedade hospedeira, a bebida mais popular brasileira, a pinga, igualmente passou a fazer parte dos costumes dos imigrantes.

Trabalhos já realizados a esse respeito apontam que a prática do consumo da pinga entre os imigrantes teve início logo a sua chegada. As cartas enviadas pelos imigrantes a seus conhecidos no Vêneto, reproduzidas por Emílio Franzina (op. cit., p.77), mostram que faziam referências ao consumo da pinga junto aos imigrantes italianos. Um vêneto de sobrenome Munari, escrevendo de Porto Alegre, em 21 de outubro de 1877, disse que "os imigrantes italianos sofrem o calor excessivo do clima, por falta absoluta do pão e do vinho, aqui devem, quando podem, substituir uma espécie de *aquavite* extraída da cana-de-açúcar fermentada, de um sabor desagradabilíssimo". Na versão de Munari, o consumo da pinga só se dava porque não havia a possibilidade de se adquirir vinho. Já Valentino Piovesan, escrevendo de São Carlos do Pinhal, em 21 de abril de 1890, a um seu compatriota que havia permanecido no Vêneto, ao fazer uma avaliação a respeito do custo de vida do lugar onde morava, arrolou gêneros alimentícios e bebida que podiam ser adquiridos ao longo de um mês. A bebida em questão era a *aquavita*,[4] isto é, a aguardente de cana, e quanto ao vinho não fez nenhuma alusão, o que confirma que a maioria dos imigrantes italianos não tinha condições econômicas de adquiri-lo.

Sobre a aquisição da pinga por imigrantes italianos em Jaú, encontramos a primeira referência só no ano de 1892, ou mais precisamente, nos autos do Processo de Inventário de Philippe Pavanello, ao qual foram anexados os débitos de compras que ele havia feito em duas vendas da

---

4   Idem, p.186.

cidade.⁵ A compra dessa aguardente aparece tanto sob a forma de garrafas como em doses consumidas nos balcões das referidas vendas.

Informações constantes dos autos dos Processos do Tribunal do Júri de Jaú, a partir do ano de 1906, não só apontam para uma maior freqüência do consumo de pinga entre os imigrantes italianos, como ainda dão indicações do alcoolismo sendo disseminado entre eles em face do consumo excessivo de aguardente. Foi o caso do italiano José Andreotti, preso por ter "espancado sua mulher que não quis dar-lhe pinga para beber".⁶ Também, nesse ano, o calabrês Domingos Lazaro, que ao chegar à casa de Antonio Patriani para acertar um débito que tinha com ele, "após sua entrada, pediu um pouco de pinga para matar o bicho e uma xícara de café".⁷ Com muita freqüência, os jornais locais nomeavam italianos presos por andarem pelas ruas da cidade embriagados. A aguardente de cana, por ter um preço mais acessível, logo passou a ser adotada pelos italianos.

Possivelmente, esses imigrantes até despendessem mais do que podiam para comprar vinho, uma vez que ao degustá-lo, principalmente em companhia de seus compatriotas, não só fortaleciam a sociabilidade, mas ainda estimulavam as sensações desencadeadas pelo odor e sabor dessa bebida que incitava a memória, criando um momento mágico pelo qual se estabelecia um forte elo entre o presente e o passado vivido no *paese* de origem.

Quanto ao consumo do vinho, a documentação consultada também deixa entrever que imigrantes italianos que viviam no meio urbano, e dispondo de uma melhor condição de vida, com muita freqüência reuniam-se em bares, importantes espaços de socialização entre os homens naquela época, e ali faziam do vinho o companheiro das conversas. Muitas vezes, o consumo passava dos limites do congraçamento, levando-os a um estado de embriaguez. Nessas ocasiões, os desentendimentos entre eles ocorriam com bastante freqüência,

---

5   Jaú (Município). Museu Municipal. Processo de Inventário de Phelippe Pavanello, 1.7.2.297, 1892
6   Jaú (Município). Museu Municipal. *Processo do Tribunal do Júri de Jaú*, 1906, caixa n.14, réu José Andreotti.
7   Idem, caixa n.70, réu Antonio Patriani Filho.

provocando até mesmo conflitos marcados por agressões físicas. Foi o que aconteceu com o italiano José Lutti, morador na cidade de Jaú, em uma noite do ano de 1887, quando depois de tomar sozinho duas garrafas de vinho na casa de pasto de Valério Marinelli, entrou em discussão com outros convivas, também embriagados, desencadeando um conflito no qual um deles foi ferido a canivete.[8] Em 1909, um grupo de italianos que, num bar da cidade, jogavam baralho tomando vinho, por volta das três horas da madrugada começou uma discussão, partindo para agressões físicas.[9] Em outra ocasião, numa reunião de amigos no botequim do italiano João Dalpino, quatro patrícios depois de consumirem entre oito horas da noite e uma da madrugada, quinze garrafas de vinho, desentenderam-se a ponto de se atracarem fisicamente, e um deles, não resistindo aos graves ferimentos, veio a falecer.[10] A freqüência com que encontramos em ocasiões de conflitos imigrantes italianos tomando vinho ou embriagados por excesso de vinho foi muito grande.

É importante dizer que era muito mais fácil e barato adquirir cerveja que o vinho, pois este dependia praticamente da importação, enquanto a cerveja podia ser produzida artesanalmente, mesmo em cidades pequenas como Jaú. Tanto que, apenas uma década depois da chegada dos primeiros imigrantes italianos na cidade, começaram a aparecer pequenas cervejarias artesanais que atendiam ao mercado local. Em 1887, já se produzia cerveja na localidade, uma vez que o italiano José Lutti, ao depor nos autos de um Processo do Tribunal do Júri de Jaú, declarou que sua profissão era a de cervejeiro.[11] Pelo que pudemos constatar, essa produção era artesanal, muito restrita e sem continuidade. Não encontramos para esse período referências à existência de cervejaria na cidade. Somente em 1914 é que encontramos uma, com produção atendendo ao mercado local, pertencente ao italiano Giacomo Dalmiglio. Logo depois foi vendida a italianos de

---

8   Idem, caixa n.30, réu José Lutti,1887.
9   Idem, caixa n.17, réus Vicente Luzzi, José Contador e Francisco Lico,1909.
10 Idem, caixa n.27, réu José Cavassani,1917.
11 Idem, caixa n.30, réu José Lutti, 1887.

origem vêneta, os irmãos Franzolin, que, com uma carroça, faziam a distribuição pelas vendas e bares da cidade.¹² Em 1917, ela continuava com essa irmandade, pois em um depoimento nos autos de um Processo do Tribunal do Júri de Jaú, uma das testemunhas afirmou

que no dia onze corrente (agosto de 1917) chegou em sua casa comercial à rua Pontuduva, nesta cidade, o sr. Augusto Franzolin guiando a carroça de cerveja; que o depoente estava acostumado a receber a cerveja que sempre foi entregue por João Franzolin, irmão de Augusto...¹³

A dita cervejaria que estava localizada na Rua Riachuelo.

Um costume bastante comum entre os imigrantes italianos era realizarem encontros fortuitos em casa de um patrício, tendo como motivo tomar um copo de vinho. A familiaridade desses encontros transparece na declaração da testemunha Eugênio Ciello, nos autos do Processo do Tribunal do Júri de Jaú, aberto para averiguar uma desavença que gerou um conflito em casa de Luiz Bogolin. Disse ele que "às nove horas da noite ele depoente, Brancarelli e outras pessoas, foram beber vinho na casa de um vizinho".¹⁴ Essa declaração deixa entrever a informalidade com que esses imigrantes articulavam a reunião de amigos e conhecidos, pois o informante não disse que foram a uma reunião de amigos e lá tomaram vinho, mas que lá foram para tomar vinho, ou seja, foi o vinho que motivou o congraçamento entre eles. Também era freqüente se reunirem nas casas de amigos ou conhecidos para jogar baralho, mas sempre acompanhados pelo vinho. Em muitas dessas ocasiões, excediam-se na bebida, como aconteceu no dia 27 de agosto de 1911, quando Humberto Batocchi, Ernesto Giacomelli e Santo Albieri, jogando baralho e bebendo vinho na casa de Miguel Avonne desentenderam-se. No dizer de Humberto Batocchio, "durante o jogo beberam muito vinho, ficando todos embriagados".¹⁵

---

12 Commercio do Jahu, anno 6, n.603, 1/1/1914, p.2.
13 Jaú (Município). Museu Municipal. Processo do Tribunal do Júri de Jaú, tombamento 117.1.7.122.49, réu João Franzolin, 1917.
14 Idem, caixa n.25, réu Luiz Bogolin, 1907.
15 Idem, réu Humberto Batocchio, tombamento 056-1.7.117.158, 1911.

Quanto à alimentação, como já adiantamos, manter ou adotar novos hábitos alimentares dependia da disponibilidade de gêneros alimentícios. O que o imigrante italiano comprava nas vendas constituiu-se um útil demonstrativo de seu padrão alimentar. Dessa forma, o rol das compras efetivadas em 1892 de Philippe Pavanello, morador na cidade de Jaú,[16] é um meio eficaz para averiguar o padrão alimentar de um italiano que viveu no meio urbano. Nas compras realizadas em dois armazéns, não só constam as relações das mercadorias, mas igualmente seus respectivos valores em dinheiro. No "Armazém Leão", foram adquiridas as seguintes mercadorias: três garrafas de vinho italiano, 4.800 réis; uma réstia de alho, 2 mil réis; dois maços de fósforos, 500 réis ; dois quilogramas de queijo italiano, 4 mil réis; cinco cálices de conhaque, 2.500 réis; uma garrafa de aguardente, 800 réis: um cálice de reino, 380 réis; duas latas grandes de sardinha, 1.600 réis; duas garrafas de vinho, 2 mil réis; um maço de fósforos, 500 réis; um saco de açúcar redondo, 35 mil réis; diversos mata-bichos, 500 réis; duas garrafas de vinho, 2.400 réis; um maço de fósforos, 500 réis; dois alqueires de arroz, mil réis; uma lata grande de sardinha, 600 réis; duas barricas de farinha de trigo, 110 mil réis; uma caixa de cebolas, 340 réis; cinco quilos de fumo desfiado, 11 réis; duas réstias de alho (sem preço); pão, 480 réis.

No rol das compras efetuadas na "Casa de Comércio de Valério Deodato Marinelli" aparecem: três garrafas de vinho, 1.800 réis; cinco garrafões de vinho *chianti*, 2.500 réis; duas latas de doces, 6 mil réis; quatro garrafas de cerveja, 1.600 réis; duas caixas de querosene, 36 mil réis; três barricas de farinha, 162 mil réis; 180 gramas de toucinho, 900 réis; três maços de fósforos, 1.200 réis; saco de arroz, 13.500 réis; três garrafas de vinho, 3.600 réis. Com exceção dos itens fósforos, fumo e querosene, os demais são gêneros alimentícios, o que permite avaliar qual era a base alimentar dessa família.

Para apreciar essas informações, é preciso ter em conta algumas variáveis: tamanho da família de Pavanello, a faixa etária de seus com-

---

16 Jaú (Município). Museu Municipal. Processo de Inventário. Inventariado Phelippe Pavanello, inventariante Thereza Pavanello, anno 1892.

ponentes, e quando essas mercadorias foram adquiridas. Com relação à primeira questão, o próprio inventário dá a conhecer que a família era composta pelo casal Phelippe e Tereza, e os filhos; Nominata, casada, e José Ettore, solteiro. Não foi incluído no inventário a idade de Phelippe, mas certamente morreu idoso, pois sua filha estava com 63 anos, e o filho, com 60. No momento do inventário, o marido de Luiza também já havia morrido, deixando um único filho. Portanto o que se pode aventar é que a família nuclear de Phelippe era muito pequena: pai, mãe e um filho. A filha viúva, Nominata, poderia viver com os pais, mas não há nenhum indício que leve a essa constatação.

Como não aparecem registradas as datas em que essas compras foram realizadas, fica difícil saber quais foram os intervalos de tempo em que elas foram feitas. Tudo leva a crer que não se tratou de uma única compra, mas de várias, feitas em ocasiões diferentes, visto que nessa relação um mesmo gênero alimentício aparece nomeado mais de uma vez. Certamente, se se tratasse de uma única compra, o comerciante não teria anotado de forma desdobrada a mesma mercadoria. É sabido que, naquela época, praticamente não se fazia compra com pagamento à vista, costumando-se liquidar os débitos no fim do mês ou, para aqueles que dependiam das colheitas agrícolas, quando da comercialização de seus produtos. Portanto a aquisição das mercadorias por Pavanello pode ter-se dado ao longo de um mês, ou até em mais tempo.

O rol dos gêneros alimentícios adquiridos por Pavanello, pela especificidade e quantidade, dá a indicação de que o padrão alimentar de sua família não era similar ao dos brasileiros, visto que ele comprou uma expressiva quantidade de farinha de trigo, além de queijo, vinho e cerveja. Fósforos e querosene eram essenciais numa casa, pois não havia luz elétrica, e o fumo era para manter um vício. Entre os itens especificados, o vinho apareceu nomeado repetidas vezes. Tendo em mente que na casa de Pavanello moravam apenas três pessoas, ou no máximo quatro, se considerarmos a filha viúva, a significativa quantidade de vinho sugere que seu consumo fazia parte dos hábitos da família. Todavia na relação das compras efetuadas na casa de comércio de Valério Marinelli aparecem em seqüência cinco garrafões de vinho *chianti*, duas latas de doces, quatro garrafas de cerveja. Pela quantidade, e por não serem gêneros de primeira necessidade, presume-se que foram comprados de uma só vez, possivelmente para a realização de um congraçamento com pessoas fora do núcleo familiar. Importante que se diga que o vinho consumido não provinha das diferentes regiões de origem da maioria dos imigrantes estabelecidos em Jaú, onde predominava principalmente vênetos e calabreses, pois um dos vinhos mais acessível no mercado local era o *chianti*, procedente da Toscana, região não tão representada entre os imigrantes italianos de Jaú. Contudo não se pode negar que vinhos de outras regiões italianas também chegavam aos italianos de Jaú. O comerciante de origem vêneta, Luiz Buffo, anunciava em 1907 que havia chegado em sua casa comercial "o apreciado vinho verde de pura uva – Raboso. Importado diretamente de Treviso (Itália)".[17]

A pinga, ou aguardente de cana, item que aparece duas vezes, sugere que esta bebida já havia conquistado o paladar de membros dessa família. Porém seu consumo não se limitou ao que era levado para casa, já que entre os itens nomeados aparece um discriminado como "mata-bichos". É sabido que esta designação era dada à pinga vendida em pequenas doses nos balcões de bares e vendas. Muitas vezes, ir a um desses locais para tomar uma dose de pinga era apenas uma desculpa para encontrar amigos e conhecidos e passar o tempo trocando conversas. Lomonaco, viajante italiano que esteve no interior paulista em meados da década de 1880, observou que vendas e botequins eram locais muito freqüentados por brasileiros, especialmente pela classe baixa, que ali acorria para o "mata-bicho", segundo ele, uma expressão que equivalia a "beber um cálice" (Lomonaco, op. cit., p.386). Além da pinga, também foram consumidos no balcão do "Armazém Leão" cinco cálices de conhaque e um cálice de reino. Como foi visto, o hábito de ingerir pinga nesses locais significava incorporar também costumes inerentes à sociedade receptora, uma vez que essa prática era realizada com outros convivas e implicava uma intensa socialização. Bares e vendas eram praticamente os únicos lugares públicos de encontros entre pessoas, ou melhor, entre homens.

---
17   *Correio do Jahu*, anno 12, n.1311, 10/4/1907, p.2.

Lomonaco fez uma detalhada descrição de como eram esses lugares. Afirmou que, nas cidades que visitou,

os únicos lugares de entretenimento que podem ser encontrados, pelo menos de tempo em tempo, são as casas de comércio... de preferência as de licores e bebidas em geral (digo de preferência porque ali se vende toucinho fresco, vários gêneros alimentícios, frutas, alho, cebola e muitos outros gêneros) ali se encontra muita sujeira que obriga aqueles que não querem ter a vista e o olfato ofendidos, precisam manter distância... Os proprietários dessas casas comerciais são pessoas excelentes, e dignas de todo o respeito, mas... as suas noções não vão, na maioria das vezes, além... falar a respeito de beber e contar frívolas aventuras. No entanto, por falta de coisa melhor,... e como não é possível viver completamente isolado da sociedade civil, dessa forma é agradável procurar a sua companhia, ainda que satisfaça muito pouco a própria ansiedade de conversar. (Idem, p.316-7)

Ao que tudo indica, Pavanello, ou seu filho, ou ainda ambos, já haviam se habituado a uma prática de socialização que fazia parte da cultura brasileira.

O maior montante das compras feitas por Pavanello era de gêneros alimentícios, como cebola, alho, queijo italiano, lingüiça, sardinha, açúcar, farinha de trigo e arroz. Cebola e alho, condimentos básicos da cozinha italiana, eram encontrados com grande facilidade, porquanto também tinham a mesma importância na cozinha brasileira. Cabe explicar que o alho ocupava um lugar especial entre os condimentos costumeiramente utilizados pelos imigrantes, sendo até considerado pelos italianos do norte como tendo um poderoso poder de cura para determinadas doenças. O queijo, a lingüiça, o toucinho e a sardinha, embora fizessem parte do costume alimentar dos italianos, na época da grande imigração a maioria dos camponeses teve seu consumo vedado, já que não dispunha de meios para adquiri-los. Igualmente ao vinho, o queijo italiano comercializado em Jaú procedia de determinadas regiões da Itália e, portanto, foi em terras brasileiras que muitos italianos tomaram contato com diferentes queijos produzidos em sua pátria de origem. Assim, o parmesão procedente de Parma, na Emilia Romana, passou a ser consumido por vênetos, piemonteses, toscanos, calabreses etc. Essas informações vêm ao encontro da afirmação dada por Peppino Ottoleva de que a imigração não só mudou de forma revolucionária os hábitos alimentares, mas também rompeu a rigidez de demarcação entre regimes culinários de diferentes regiões italianas, e ainda entre as diversas classes sociais.

O arroz, um dos alimentos básicos da cozinha brasileira, já havia sido integrado aos hábitos alimentares da família de Pavanello, uma vez que na relação de compras efetuadas por ele, ao lado da grande quantidade de farinha de trigo – o mais importante componente alimentar da cozinha italiana –, estava também o arroz. Quanto ao consumo de arroz por imigrantes italianos, não resta dúvida que foi logo incorporado em suas refeições diárias, mas o hábito de consumi-lo não era uma novidade para muitos deles, uma vez que, embora de um tipo diferente do disponível no mercado brasileiro, o arroz plantado no vale do rio Pó, principalmente na Lombardia, era o ingrediente básico do risoto, prato típico da cozinha lombarda. Todavia sabemos que imigrantes vênetos aqui no Brasil também tinham o hábito de consumi-lo. Maria Cassaro de Oliveira afirmou que sua avó, que saiu do Vêneto na década de 1890, tinha o risoto como prato domingueiro, e que para confeccioná-lo como aprendera em sua terra natal, juntava durante toda semana a nata para fazer a manteiga, que não podia faltar na confecção desse prato. De qualquer forma, é certo que entre imigrantes italianos era significativo o consumo de arroz.

Muito provavelmente, foi na condição de imigrado que Pavanello, ao mesmo tempo que entrou em contato com os hábitos alimentares da cozinha brasileira, incorporou-lhe costumes das cozinhas regionais italianas, antes restritos somente à elite peninsular. Dessa forma, verifica-se que, mesmo numa pequena cidade do interior de São Paulo, o estreito contato entre imigrantes de origens diferentes possibilitou a efetivação de trocas de hábitos alimentares característicos de várias regiões italianas. Não foi possível encontrar informações que indicassem as condições de vida de Pavanello na Itália, mas caso tivessem sido boas, ele estava simplesmente mantendo seu padrão alimentar ao instalar-se na cidade de Jaú, caso contrário, a melhora havia sido substancial.

A ausência do feijão no rol das compras efetivadas por Pavanello não significa que, necessariamente, ele não entrava no cardápio de sua família. Embora não fosse um gênero alimentício que fizesse parte da cozinha italiana, há indicações de que logo que os imigrantes se instalaram no interior de São Paulo, incluíram-no em sua dieta alimentar, e isso não tanto pelo sabor, mas pelo fato de ser um gênero alimentício barato e facilmente encontrado. A resistência desses imigrantes ao consumo de feijão aparece freqüentemente na documentação consultada.

Entre as cartas reproduzidas por Emílio Franzina, há uma expedida em maio de 1883 por um imigrante que trabalhava numa fazenda de café em Belém de Descalvado, no interior de São Paulo, que o mostrava se lamuriando a respeito do que tinha diariamente disponível para comer. Dizia ele: "estava por conta de comer de manhã feijão, meio-dia feijão, e à tarde feijão", e complementou, "que não se comia outra coisa e que de resto tudo era caro" (Franzina, op. cit., p.128). Portanto foi sua condição econômica que o compeliu a restringir sua alimentação praticamente a feijão. Mas tal resistência não se generalizou entre todos os imigrantes italianos. Giovanni Polesi, de São Carlos do Pinhal, em fevereiro de 1889 postou uma carta para seu sogro no Vêneto, na qual, discorrendo a respeito das condições de vida de sua família, expôs o que tinha disponível para comer. Disse ele: "Agora te faço saber que neste ano fizemos uma boa colheita de cereais e feijão... e não necessitamos mais vendê-los... temos o que comer, um animal de leite, galinhas e aves e agora está tudo bem." (Idem, p.159). Portanto, se não o comercializavam, era porque o feijão já entrava na dieta alimentar da família. Polesi muito provavelmente era colono de fazenda de café, onde era permitido pelo patrão plantar para a subsistência.

Informações constantes na carta enviada por Valentino Piovesan para o senhor Eugênio que morava no Vêneto, em abril de 1889, ilustram melhor quais os gêneros alimentícios que entravam na mesa de um imigrante no correr de um mês. Explicava ele que seu gasto por mês era de 80 florins, ou 200 liras italianas, e que "com esse dinheiro podia comprar: 1 quintal de milho (60 quilos), 15 litros de arroz, 10 quilos de açúcar, 8 quilos de café, 12 quilos de toucinho, 15 quilos de carne, 1 litro de óleo, 2 litros de vinagre, 4 litros de aquavita" (idem, p.186).

Para melhor avaliar essas informações, é interessante compará-las com dados apresentados em 1919 por Hélio Negro & Edgard Leuenroth (s.d., p.16), quando fizeram uma discussão do que era possível para uma família – composta por marido, mulher e duas crianças – comprar em termos de gêneros alimentícios com um salário de 200$000. Para tanto, arrolaram: 12 quilos de arroz, 12 quilos de feijão, 18 quilos de batatas, 15 quilos de pão, 10 quilos de farinha de mandioca, 5 quilos de macarrão, 10 quilos de carne, 7 quilos de toucinho, 7 quilos de açúcar, 3 quilos de café, 15 litros de leite, verduras, cebola, alho, sal, pimenta, vinagre.

Embora esses dados sejam muito genéricos, é possível fazer algumas comparações com os dados apresentados por Piovesan. Em comum, as duas listas apresentam: arroz na primeira, 15 litros, e na segunda, 12 quilos; açúcar na primeira, 10 quilos, e na segunda 7 quilos; café na primeira, 8 quilos, e na segunda, 3 quilos; toucinho na primeira, 12 quilos e na segunda, 7 quilos; e carne na primeira, 15 quilos e na segunda, 10 quilos. Há algumas diferenças no tocante à quantidade, mas de forma geral elas se equivalem, ficando assim patente que a quantidade dos gêneros alimentícios consumidos pela família de Piovesan, ao longo de um mês, equivalia ao da média do operariado brasileiro. Contudo, essa relativa abundância não fazia parte da dieta alimentar da maioria dos imigrantes que viviam nas fazendas de café. Franzina, ao tecer um comentário a respeito do conteúdo da carta de Piovesan, considera que ela "serve como elemento de comparação para medir as variações de posições alcançadas pelos imigrantes no Brasil", ou seja, aqueles que viviam no limiar da pobreza e aqueles que alcançaram um melhor padrão de vida. Piovesan iria se enquadrar no segundo caso.

É possível fazer outras ponderações: mesmo não dispondo de informações a respeito do número de pessoas que compunham a família Piovesan, é indiscutível a significativa quantidade de arroz consumida. Caso essa compra fosse mensal, os 15 quilos equivaleriam a uma média de meio quilo por dia. Portanto, um patamar de consumo que leva a crer que esse cereal já entrara no cotidiano das refeições da família. Com relação à quantidade de milho, sessenta quilos, um volume quatro vezes superior ao do arroz, faz-nos pensar um pouco mais a respeito.

Embora a referência seja ao milho e não ao fubá, talvez esse milho fosse transformado em fubá para confeccionar a polenta, pois é sabido que era muito comum no interior de São Paulo a presença de moinhos nos arredores da cidade, cujos proprietários aceitavam como pagamento de seu serviço uma quantidade em milho. Por outro lado, também se pode aventar que esse milho foi adquirido para tratar galinhas ou porcos, então usualmente criados nos quintais. Quanto à quantidade de carne, 15 quilos, era uma média alta se comparada ao inexpressivo consumo da maioria dos imigrantes estabelecidos nas fazendas de café que, como será visto, raramente tinham acesso a ela.

Na primeira década do século XX, há indicações de que associação do arroz ao feijão já havia sido incorporada como um hábito alimentar de grande parte das famílias de imigrantes italianos; no entanto, era só no almoço que esse prato entrava em suas mesas, pois era a sopa, ou a minestra, como eles diziam, e a polenta que constituíam o prato principal do jantar.[18] Para aqueles que moravam na cidade, era possível adquirirem nos açougues os ossos para fazer a sopa. O italiano José Andreotti, em 11 de novembro de 1906, chegando em casa "deu cem réis a sua mulher para comprar ossos para fazer um caldo".[19] Justina Guarnieri Batocchio, filha de italianos de origem sulista, nascida em Jaú em 1901, ao falar a respeito do padrão alimentar de sua família (quando era criança), apresentou outros indicativos quanto à forma de se alimentar da maioria dos imigrantes italianos que trabalhavam nas fazendas de café. Afiançou que em sua casa "diariamente comiam feijão com polenta e abobrinha", ressaltando, porém, "que não era porque gostassem, mas pela condição de pobreza de sua família". Segundo ela,

> o arroz e feijão era uma comida que sua mãe fazia só no almoço, pois a refeição no jantar, ou a ceia, como eles diziam, era composta estritamente por uma sopa ou uma polenta. O arroz com feijão era também acompa-

---

18 Depoimento de Maria Cassaro de Oliveira, nascida em 29/6/1906, no município de Brotas, dado a Flávia A.M. Oliveira em 1/10/1989.
19 Jaú (Município). Museu Municipal. *Processo do Tribunal do Júri de Jaú*, caixa n.14, réu José Andreotti, 1906.

nhado por uma conserva de pimenta e cebola, preparada com antecedência e guardada em um grande vidro. Quanto à carne, eles só comiam a cada cinco ou seis meses, quando seu pai matava um porco. Mas não deixavam faltar no quintal uma horta onde eram cultivadas para o consumo verduras como almeirão, couve, pimenta, cebolinha verde.[20]

Ao concluir sua fala a respeito do consumo do feijão, em uma frase curta traduziu de forma incisiva toda a resistência e o preconceito que havia entre os imigrantes italianos em relação ao consumo do feijão. Disse ela: "Nós comemos tanto feijão quando éramos pequenos, e não morremos". Portanto, com essa avaliação, numa perspectiva do momento presente, sua memória trouxe à baila suas vivências da infância, quando os italianos com os quais ela convivia faziam restrições ao costume dos brasileiros de comerem diariamente feijão.

Algumas ilações podem ser feitas a partir das informações dadas por Justina. Seus pais, oriundos de Bari, sul da Itália, onde a farinha de trigo, a cevada e as verduras eram os principais componentes da cozinha camponesa, pelas novas condições de vida viram-se compelidos a introduzir nas refeições diárias o arroz, o feijão e a polenta. A inclusão de polenta no costume alimentar dos sulistas no Brasil se deu em virtude do preço acessível do fubá, pois, como afirma Zuleika Alvim, este prato não fazia parte do hábito alimentar do sulista. Também o convívio muito próximo entre os imigrantes que viviam nas fazendas cafeeiras, morando geralmente em casas geminadas, punha-os em contato com hábitos alimentares de diferentes regiões da Itália, até então desconhecidos por eles. A preponderância numérica dos italianos do norte e centro da Itália, a partir da segunda metade da década de 1880, fez que a polenta, base da alimentação desses imigrantes, fosse logo adotada pelos de origem sulista. De qualquer forma, não houve por parte da família de Justina um abandono dos hábitos alimentares preponderantes no sul da Itália, porque, como ela afirmou, a cebola em conserva era diariamente adicionada à polenta e ao feijão. Por

---

20   Depoimento de Justina Guarnieri Batocchio, nascida no município de Jaú em 12/4/1911, coletado por Flávia A. M. Oliveira em 1/10/1992.

conseguinte, os três gêneros alimentícios que compunham a base da alimentação diária da família de Justina provinham de três formações culturais diferentes, a saber, da Itália do norte, a polenta; do sul, a cebola; e o feijão, do Brasil.

Certamente, o leque de alimentos consumidos por imigrantes italianos ia além daquilo que foi até aqui mostrado. Aqueles que optaram por viver na cidade tinham a seu dispor um variado comércio com uma maior diversidade de gêneros alimentícios que aqueles que permaneceram no meio rural. Imigrantes italianos que detinham um melhor padrão de vida não só podiam adquirir uma maior variedade de gêneros alimentícios, mas igualmente ter acesso àqueles importados de sua terra natal. À medida que a comunidade imigrante foi crescendo com a chegada de patrícios procedentes das mais diferentes províncias italianas, muitos deles com experiência de vida no meio urbano, foram-se propagando as inovações culinárias de cozinhas regionais, que haviam surgido no final do século XIX na Itália.

Percebendo um novo mercado que se abria, os próprios imigrantes italianos adiantaram-se na instauração de estabelecimentos que ofereciam gêneros alimentícios próprios dessas cozinhas regionais italianas. Há informações que mostram que era muito freqüente imigrantes italianos abrirem, nas regiões onde a presença de seus compatriotas se tornara expressiva, bares ou vendas visando a oferecer-lhes

> produtos alimentícios importados da Itália, como o azeite de oliva e o vinho, etc. ou, para produzir, segundo a tradição italiana: pão, salame; os expatriados, embora frugais à mesa, dificilmente renunciavam aos tipos de alimentos que estavam habituados a consumir em casa nas suas regiões de origem (Cresci & Guidobaldi,1980, p.135)

No caso de Jaú, foi só depois da fixação de italianos no meio urbano que as padarias começaram a aparecer, pois o pão praticamente não entrava na dieta diária do brasileiro, que tinha nas farinhas de mandioca e de milho, além do feijão, a base de sua alimentação (Alencastro & Renaux, op. cit., p.303). Lomonaco em meados de 1880, ao passar pelo interior de São Paulo, observou que o pão era alimento raro em lugarejos, e no meio rural ele era substituído, na maior parte das vezes, pela farinha de mandioca (Lomonaco, s.d., p.268). Em Jaú, a primeira padaria data de 1888, quando Damásio Peccioli teve a iniciativa de vender comercialmente o pão. Sabemos que cada região da Itália ainda hoje mantém sua maneira de confeccionar pão. Contudo, que tipo de pão Peccioli oferecia a seus fregueses? Aquele confeccionado à moda de sua região de origem, a Toscana, ou, para atender seus fregueses, na maioria vênetos e calabreses, oferecia outros tipos de pão? À medida que o número de imigrantes italianos foi aumentando na cidade, outras padarias foram sendo abertas. Embora Alencastro afirme que "no interior, o pão continuará (ou) raro, e nas zonas paulistas e sulistas povoadas por italianos, será (foi) substituído pela polenta e broas de milho" (Alencastro & Renaux, op. cit., p.304), no início da década de 1890, quando o número de imigrantes começou a ser significativo, havia em Jaú duas padarias oferecendo pão no mercado: de Francisco Fagnani, em 1890, e de João Rossi, em 1893. Na primeira década do século XX, o número de padeiros italianos já chegara a dez: Viúva Papera, Agostinho Papera, Audazzio Battista, Eugênio Nicola, José Cillo, José d'os Amici, Francisco Fagnani, José Lillo, João Napoletano e Victorio Zampieri. Deles todos, só sabemos a origem de Zampieri, que era vêneto.[21]

Igualmente, os italianos tomaram a iniciativa de abrir açougues, onde ofereciam além da carne, uma variedade de embutidos confeccionados segundo os costumes das mais variadas regiões italianas, como o salame, a panceta, o cudiguim, o presunto. Em Jaú, nos primeiros anos do século XX, a documentação mostra vários italianos proprietários de açougues, tais como: Pedro Baffi, Pedro Baldini, Augusto Gallazini, Frederico Giannini, Vicenti Lello, José Nasi e Bernardo Zuliani. A importância dos açougues para os imigrantes, além do consumo da carne, era poder adquirir produtos da cozinha italiana. Como no caso do pão, dependendo da procedência do açougueiro, também havia diferentes formas de confeccionar os derivados da carne. É preciso não esquecer que as vendas e mercearias também punham à disposição de

---

21 Planilha de dados por nós organizada.

seus fregueses queijos, vinhos e embutidos importados. Dessa forma, divulgou-se entre os imigrantes procedentes de diferentes regiões da Itália, novos pratos que fizeram parte da evolução da cozinha italiana no período da grande imigração.

Outra forma de adquirir gêneros alimentícios era comprá-los diretamente do produtor, como o arroz, o feijão, o milho ou fubá, o café, as galinhas, os porcos etc. No final da década de 1880, entrou em funcionamento em Jaú, ainda que de forma improvisada, um mercado municipal onde era preferencialmente comercializada a produção de gêneros alimentícios do município. Nesse mercado, em setembro de 1889, foram postos à venda: tomates, cocos, sardinha, farinha de milho, toucinho, milho, farinha de mandioca, mel, peixe, feijão, polvilho, queijo, cebola, palmito, batata, alho, castanhas, melancia e cará. Nota-se que, nesse rol, havia produtos que faziam parte da cozinha dos imigrantes italianos, como tomate, sardinha, queijo, cebola, alho e batata. Contudo os imigrantes italianos não eram só consumidores dos produtos comercializados nesse mercado, eram também fornecedores, principalmente de gêneros que atendiam às necessidades de consumo de seus compatriotas, como o caso de Pedro Basello, que vendia toucinho; Maria Cantarelli e João Batocchio, peixe; Filizola, feijão e milho; Bernardo Bertoncello, queijo e cebolas; Franco Cionoro, melancias. Mas os gêneros típicos da cozinha brasileira eram também por eles comercializados, como o caso de João Peruci, que além de sardinha e alho, gêneros que entravam na cozinha italiana, vendia também cocos, e de Ângelo Bissoli, que vendia cará.[22]

A esse respeito, vale lembrar que, embora muito já se tenha falado a respeito da adoção da polenta e das massas pela sociedade brasileira, pouco tratamento é dado à importância que o imigrante italiano teve na divulgação do consumo, na sociedade paulista, de frutas e hortaliças, bases de muitos pratos de cozinhas regionais italianas. Não era costume dos brasileiros plantar ou consumir com freqüência uma grande variedade de frutas e verduras (Lomonaco, op. cit., p.273). Alguns

---

22 Jaú (Município). Prefeitura Municipal. Registros do Mercado Municipal, livro n.220, 1889/1900,

imigrantes logo perceberam que a oferta de hortaliças e frutas era um mercado que eles podiam explorar. Aqueles que optaram por ficar nos centros urbanos, encontrando quintais com terrenos disponíveis, formaram grandes hortas onde colhiam hortaliças não só para o consumo familiar, mas principalmente para vender. Justina Guarnieri Batocchio, acima mencionada, disse que se lembrava de que todas as vezes que a família se mudava de casa, a primeira coisa que seu pai fazia era a horta, para atender às necessidades da família. Nicola Durante disse que seu pai comprou uma casa e criou todos os filhos com o dinheiro da venda de verduras colhidas na horta do quintal, e entre elas estavam a rúcula e a alcachofra que, segundo ele, eram novidades para os fregueses brasileiros. Disse que quando seu pai chegou da Itália, foi conduzido para trabalhar em lavoura de café em Jaú, mas achando que estava sendo explorado pelo patrão, fugiu para a cidade e alugou uma casa com um espaçoso quintal no qual formou uma grande horta. Igualmente se lembra de que, quando pequeno, saía com sua mãe pelas ruas da cidade, carregando duas cestas de verduras, fazendo a entrega para uma grande freguesia que seu pai havia conquistado, composta em sua maioria por brasileiros.[23]

Na planilha sobre os imigrantes em Jaú por nós elaborada, na coluna relativa às profissões dos italianos destaca-se um expressivo número de comerciantes e negociantes. Analisando essa informação, fomos percebendo que havia uma distinção nessa especificação de comerciantes e negociantes. Os primeiros eram aqueles que possuíam um estabelecimento para vender seus produtos, muitas vezes em espaços improvisados em um dos cômodos de suas casas, e negociantes eram os que andavam pela cidade vendendo seus produtos – os vendedores ambulantes. E, entre eles, destacavam-se os vendedores de frutas, legumes e verduras, que geralmente eram por eles mesmos cultivados, ou em muitos casos, fazendo a venda para um seu compatriota.

Com relação ao consumo de frutas dos imigrantes italianos, embora pudesse ser encontrada uma grande variedade delas aqui no Brasil,

---

23 Depoimento de Nicola Durante, nascido em Jaú em 1908, dado a Flávia Arlanch Martins de Oliveira em 16/11/1997.

dificilmente eles tinham acesso àquelas costumeiramente consumidas em seu país de origem, como a maçã, o pêssego, a uva, a pêra, a ameixa etc., uma vez que, naquela época, quase não eram cultivadas em território paulista, e a pouca produção obtida, pela inadequação do solo e do clima, era de qualidade muito inferior às produzidas em terras italianas. Todavia, mesmo assim, não deixaram de fazer tentativas para cultivá-las, normalmente nos núcleos coloniais.

A oferta de frutas importadas, pelo tempo despendido para o transporte e pelas precárias condições de conservação, era restrita e muito cara. Porém elas não deixaram de ser comercializadas em Jaú. Tanto que um anúncio publicado no jornal da cidade em 1909 apregoava a venda de maçãs importadas. Tal anúncio apareceu nos seguintes termos: "Chegou do Tirol (Áustria) para o Club Jaú uma remessa de saborosas maçãs de seis qualidades diferentes e que se acha à venda na porta do mesmo *club* por preços baratíssimos". Quem intermediou essa comercialização foi o italiano Luiz Canella.[24]

Ao concretizarem uma contínua oferta de hortaliças e frutas, os imigrantes puderam manter ou recuperar hábitos alimentares usuais em suas regiões de origem e, mais que isso, provocou uma mudança substancial nos padrões de alimentação da sociedade receptora.

Com relação a pratos elaborados à base de massas, não temos em Jaú informações concretas que indiquem seu consumo, pelo menos até o fim da década de 1890. É possível que o macarrão não fosse desconhecido na cidade, pois imigrantes oriundos do sul da Itália, sobretudo os napolitanos, já no início do processo imigratório da segunda metade do século XIX, eram identificados pelo tipo de alimentação que consumiam, ou seja, o macarrão. Como já mostramos, Ferrucio Macola, quando em 1894 fez uma viagem em navio que transportava imigrantes italianos, afirmou que os napolitanos, em termos do que comiam, eram sóbrios, pois "contentavam-se com pouco macarrão e cebola" (Macola, op. cit., p.57). Foi visto igualmente que no inventário de Pavanello, aberto em 1892, aparecia na relação de compras por ele efetuadas uma expressiva quantidade de farinha de trigo. Não

---

24 *Commercio do Jahu*, anno 2, n.131, 17/11/1909, p.3.

foi possível averiguar se essa farinha foi adquirida para fazer pratos à base de massas ou para confeccionar pão. De qualquer forma, nessa data os imigrantes instalados na cidade já dispunham de padarias para adquirir esse produto diariamente.

É certo que no início da primeira década do século XX, o consumo do macarrão em Jaú já havia se disseminado. A difusão das cozinhas regionais italianas na sociedade hospedeira deu-se por um processo lento, e de início restrito ao meio urbano. Imigrantes, cientes de um mercado aberto diante da demanda de seus patrícios, passaram a produzir, ainda que de forma artesanal, o macarrão. Em Jaú, no ano de 1901, apareceu no jornal da comunidade italiana intitulado *La Civetta*, um anúncio da "Fabbrica di Maccheroni", de João Bardelli, em conjunto com o da casa de comércio de Ambrogio Moiana, a primeira produzindo e a segunda comercializando esse produto.[25] Desperta atenção um adendo no referido anúncio, informando que ali era um "local dado a encontros de gente alegre". Esta informação parece ser um forte indicativo do esforço de uma propagação da idéia que deu sustentação à representação do italiano como gente alegre e de mesa farta, ainda hoje tão presente em muitas famílias de origem italiana. Não sabemos precisar o início dessa representação, mas uma hipótese é que ela tenha se difundido entre os imigrantes como um contraponto à pobreza que assolava a Itália na ocasião em que a abandonaram. A miséria deixada para trás era exorcizada pela propagação da idéia de que o italiano era dado ao congraçamento com seus convivas, não faltando uma mesa abundantemente servida, embora fosse evidente entre os imigrantes que a fartura era um privilégio de poucos.

Em 1911, uma nova fábrica de macarrão entrou em funcionamento na cidade, pois Arthur Cavalieri anunciava que inauguraria "uma bem montada fábrica de massa alimentícias, para a qual já possuía profissionais habilitados".[26] Contudo, é preciso destacar que embora usasse a referência de fábrica, não passava de uma pequena produção quase artesanal para atender ao mercado local.

---

25   *La Civetta*, anno 1, n.6, 28/6/1901, p.4.
26   *Commercio do Jahu*, anno 4, n.320, 12/8/1911, p.2.

Assim como a polenta, o macarrão, na medida em que foi sendo identificado como uma comida de italianos, não deixou de ser estigmatizado. Uma trova humorística publicada no jornal local no ano de 1902, já citada em outro capítulo, expõe o preconceito que existia por parte dos brasileiros em relação ao hábito de o italiano comer macarrão. Tais versos aparecem nos seguintes termos: "Quando eu vim de minha terra, Eu comia macarroni! Mas na terra do Brasil, Carne seca com feijoni".[27] Não resta dúvida que a intenção do autor foi desqualificar o macarrão, vinculando-o às condições da miséria que se vivia na Itália. Portanto, ainda que o macarrão já viesse conquistando paladares de brasileiros como comida dos imigrantes, era ainda visto com desdém.

O grande número de pequenos hotéis e pensões na cidade de Jaú, abertos por italianos para abrigar seus patrícios que acabavam de chegar, em geral dispunha de restaurantes anexos que também se constituíam em importantes espaços que propiciavam a interação das cozinhas brasileira e italiana. Nos jornais da cidade de Jaú, aparecia com freqüência propagandas desses estabelecimentos, visando a divulgar que tinham à disposição de seus fregueses comidas italianas e brasileiras. Por exemplo, em 1902 surgiu um anúncio da "Pensão Internacional", de Inocêncio Marchezan, divulgando que lá era um local onde se podiam encontrar a qualquer hora "comidas italianas e brasileiras".[28] Essa pensão, localizada no centro da cidade, alojava um grande número de italianos; porém, suas acomodações eram muito precárias, e os quartos dos hóspedes alinhavam-se numa série de pequenos cômodos ao longo dos muros que delimitavam o quintal.[29] O "Hotel Bissoli" também anunciava que podia oferecer comidas italianas e brasileiras a qualquer hora.[30] Destacava-se entre esses hotéis o "Capone", freqüentado por italianos com melhor poder aquisitivo. Seu proprietário, Donato Capone, era oriundo da cidade de Salerno, na Campânia, não muito distante de Nápoles, local de onde se propagou

---

27 *Correio do Jahu*, anno 7, n.583, 20/4/1902, p.4.
28 *Commercio do Jahu*, anno 1, n.89, 26/6/1909, p.3.
29 Informação dada por Ivan Cláudio em abril de 1999, sobrinho neto de Marchezan.
30 *Commercio do Jahu*, anno 2, n.126, 30/10/1909, p.3

o primeiro prato feito à base de massa. Portanto, se contarmos que os cozinheiros ou cozinheiras dessas pensões eram de origem italiana, eles já dominavam a cozinha brasileira; caso contrário, eram brasileiros que já haviam tomado contato com a cozinha italiana. De qualquer forma, o conhecimento das duas cozinhas já significava uma intensa troca de hábitos alimentares entre brasileiros e italianos.

Mas quem eram os fregueses? Sabemos que as pensões e hotéis tinham um padrão bastante simples e, de forma geral, abrigavam imigrantes solteiros que acabavam de chegar da Itália ou aqueles que passavam pela cidade a serviço.

Observando os anúncios que esses hotéis e pensões faziam nos jornais, constatamos que muitos deles com certa freqüência fechavam ou trocavam de proprietários, e os novos donos nem sempre eram italianos. Foi o caso do Hotel Toscano que, em 1913, estava sob a direção do espanhol Pablo Grane, mas continuou a oferecer a seus clientes comida brasileira e italiana. Esta informação aparece nos autos de um processo criminal aberto em 1913 para averiguar um envenenamento alimentar, ocorrido nessa pensão em novembro desse ano. A vítima, o italiano Frederico Zapelon, que pelo visto já havia adaptado seu paladar a sabores estranhos à cozinha italiana – uma vez que no almoço havia comido alimentos constantes das duas cozinhas em questão –, ou seja, macarrão, típico da cozinha italiana, e feijão verde e arroz, da cozinha brasileira.

A cozinha italiana era mais diferenciada, aquela à qual no período anterior à imigração só a elite italiana tinha acesso, e já conhecida no interior de São Paulo no início do século XX. Em Jaú, quando o vice-cônsul italiano, dr. Arthur Maffei, visitou a cidade em 1910, foi-lhe oferecido pela colônia italiana um jantar no "Hotel Capone". O cardápio organizado para esse banquete compunha-se principalmente de pratos sofisticados de origem italiana.

Constavam desse cardápio:

Antepasto – *Salmone alla colônia italiana, Raviolli alla Maffei, Role alla giardineira, Scalopine di porco alla Capone, Aspargi alla salsa mussolina, Carciofi all'inferno, Tachino alla brasiliana, Prosciuto, Insalata.*

Vinhos – *Madeira-grave, Ponte Cannes, Chianti, Bordeaux, Spumante italiano, Champagna.*
Frutas, *formagio* e café.
Liquori – *Avana.*

Entre os pratos de origem italiana que compunham esse cardápio estavam: *raviolli*, aspargos, alcachofras e escalopes. No entanto, o peru, feito à moda brasileira, também foi servido aos convivas, mostrando que, mesmo na composição de uma mesa mais sofisticada, ocorria o encontro das duas cozinhas. Surpreende a inclusão nesse cardápio, de vinhos e sobremesas da cozinha francesa. Os organizadores desse jantar, que decidiram servir juntamente com o vinho italiano, o francês, não teriam, se quisessem, dificuldade de encontrar outros bons vinhos italianos na cidade, uma vez que, no mesmo número do jornal em que saiu a notícia do referido jantar, também foi publicado um anúncio da "Cantina Guidon" divulgando que tinha "à disposição em Jaú de superiores vinhos importados diretamente da Itália."[31] O fato é que a cozinha francesa já havia adquirido um *status* entre a sociedade hospedeira, e imigrantes economicamente vencedores, que já transitavam em meio a essa sociedade, a ela procuravam se igualar, reproduzindo suas sofisticações. Isso pôde ser observado nas colunas sociais de um dos jornais da cidade que publicava com certa freqüência os cardápios de jantares oferecidos pela nata da sociedade, e o que se observa é uma forte influência da cozinha francesa – até a água servida era a Perrier. Ao que tudo indica, o *status* que a cozinha francesa alcançara na elite jauense, a qual os imigrantes vencedores procuram se igualar, falava mais alto que o esforço de buscar e/ou manter uma estreita identificação com os sabores e odores da cozinha da mãe-pátria.

Em 1914, em Jaú, observava-se algo novo: a cozinha italiana conquistando um lugar respeitável na elite local. A antiga pensão de Inocêncio Marchezan, passando por uma remodelação, foi reaberta como o nome de "Tratoria alle Frasche".[32] Era um sinal de que a co-

---

31 Idem, p.4.
32 Idem anno 6, n.624, 17/2/1914, p.2.

mida italiana adquirira um novo *status*. Ainda nesse mesmo ano, um imigrante italiano abriu um bar que dispunha, em seu interior, de um ambiente privativo para receber distintas famílias, oferecendo como prato especial a *pizza*. Foi uma novidade tão inusitada, que até mesmo o jornal local dedicou muitas e expressivas palavras, sem poupar elogios, para divulgar a nova opção para as famílias, que passaram a dispor de um espaço para realizar congraçamentos em torno de um prato tipicamente italiano. A esse respeito disse o articulista:

> Tivemos a ocasião de visitar o acreditado e conhecido "Bar Itália". Ali, seu gerente Luiz Fontana mimoseu-nos com deliciosa "Pizza Napolitana", especialidade da casa, e alguns cálices de finos licores. O Bar Itália, sendo um estabelecimento à altura do progresso local, conta com inúmeros "reserves" completamente isolados, próprios para exmas. famílias, e servidos por pessoas práticas e escrupulosas.[33]

Assim sendo, a pizza, prato de origem napolitana, e o bar onde ela era servida, de propriedade de um imigrante, eram identificados como um novo símbolo de modernidade que chegava à cidade, propiciando assim um local onde as distintas famílias da elite interiorana podiam exibir publicamente comportamentos considerados civilizados, como a forma de portar-se à mesa e o uso de talheres e guardanapos.

Portanto o encontro das cozinhas italiana e brasileira se deu por meio de trocas que se efetuavam em vários níveis, e em um processo não-linear. Imigrantes pobres de origem camponesa, portadores de uma cultura alimentar bastante simples, ao estabelecerem-se nas regiões cafeeiras do interior de São Paulo, onde as condições de vida eram também muito precárias, foram obrigados a incorporar às refeições os alimentos básicos da cozinha brasileira, como o arroz e o feijão e as broas de milho. Por outro lado, pratos diferenciados que moldaram o que ficou conhecido como "cozinhas regionais italianas", desconhecidos da maior parte dos imigrantes de origem camponesa, foram introduzidos no meio urbano por italianos com um padrão de

---

33 Idem, n.699, 18/8/1914, p.2.

vida mais elevado, uma vez que entravam em sua composição ingredientes diferenciados como os queijos *mozzarella* e parmesão, ricota, vinhos etc. que, pelo preço, dificultavam que a maioria dos imigrantes tivessem acesso a eles. Desse modo, só algum tempo mais tarde a maior parte dos italianos instalados no interior paulista só veio a tomar conhecimento dos novos padrões alimentares que haviam aparecido na Península Itálica no decorrer do século XIX, muitas vezes depois de pratos italianos terem antes conquistado os paladares de segmentos mais diferenciados da própria sociedade hospedeira.

Considerações finais

As escolhas dos imigrantes italianos, quando buscaram definir lugares sociais pelos quais pudessem estabelecer pontos de apoio para conviver com a sociedade hospedeira, foram marcadas por imprecisão. Muitas vezes, no esforço de integrarem-se ao novo universo cultural que se lhes antepunha, esses imigrantes interpretavam-no segundo sua própria cultura, criando assim equívocos que erguiam barreiras e lhes dificultavam uma integração melhor. O mesmo se dava com a sociedade que os recebia. A integração provinha de um aprendizado de parte a parte; contudo, dependendo das condições socioculturais dos imigrantes e dos segmentos sociais da sociedade hospedeira que com eles entravam em contato, o período de integração variava, criando tempos diferenciados na organização de suas vidas na cidade.

Também a contínua chegada de novos grupos de imigrantes procedentes de diversos lugares da Itália, portadores de valores e costumes inerentes a suas culturas regionais, impunha um refazer constante nos encontros não só entre imigrantes e a sociedade receptora, mas igualmente com seus conterrâneos já anteriormente fixados no município.

Com relação às escolhas que fizeram ou às imposições a que se submeteram para fixar os lugares de suas moradias, de acordo com as maneiras de relacionar-se, foram ocorrendo redefinições também em suas formas de pensar, sentir e agir, e assim estabeleceram diferentes identidades com a sociedade jauense.

Por outro lado, a sociedade receptora – mesmo levando em conta as rejeições e os preconceitos em relação aos imigrantes – foi absorvendo aspectos de sua cultura, expressos nos comportamentos, hábitos alimentares, gosto musical etc. Portanto, nesse encontro entre imigrantes e a sociedade que os abrigou, o que se verificou foi uma circularidade entre formas culturais, modificando os que chegavam e aqueles que os recebiam.

REFERÊNCIAS BIBLIOGRÁFICAS

ALVIM, Z. *Brava Gente!* Os italianos em São Paulo (1870-1920). São Paulo: Brasiliense, 1986.
_____. Imigrantes: a vida privada dos pobres no campo. In: SEVCENKO, N. *História da Vida Privada no Brasil*. São Paulo: Cia das Letras, 1998.
ARGAN, G.C. *História da cidade como história da arte*. São Paulo: Martins Fontes, 1995.
ALENCASTRO, L.F., RENAUX, M.L. Caras e modos de migrantes e imigrantes. In: NOVAIS, F. (Coord.), *História da vida Privada no Brasil*: Império. São Paulo: Cia das Letras, 1997.
ARLACCHI, P. Perché si emigrava dalla societá contadina e non dal latifondo. In BORZOMATI. *L'emigrazione calabrese dall'unità ad Oggi*. Roma: Centro Studi Emigrazione, 1982.
ASANTE, E. (acura). *Il Movimento Migratorio Italiano dall'Unità Nazionale ai Giorni Nostri*. Geneve: Droz, 1978.
AVAGLIANO, L. *L'imigrazione italiana*. Napoli: Edetrice Ferraro, 1976.
BOURDIEU, P. *O Poder Simbólico*. Lisboa: Difel, 1989.
BURKE, P. *A Escrita da História*. São Paulo: Unesp, 1992.
_____. *Variedades de História Cultural*. Rio de Janeiro: Civilização Brasileira, 2000.
CAPELATO, M.H., PRADO, M. *O Bravo Matutino*. São Paulo: Alfa Ômega, 1980.

CASALECCHI, J. E. *O Partido Republicano Paulista (1889-1926)*. São Paulo: Brasiliense, 1987.

CENNI, F. *Italianos no Brasil*. São Paulo: Martins, 1959.

CERTEAU, M. *A invenção do cotidiano*. Petrópolis: Vozes, v.1, 1994.

_____. *A cultura no plural*. Campinas: Papirus, 1995.

CRESCI, P., GUIDOBALDI, L. *Partono i Bastimenti*. Milano: Mandadori, 1980.

CORRÊA, M. *Morte em Família, representações jurídicas de papéis sexuais*, Rio de Janeiro: Graal, 1983.

DE AMICIS, E. *Sull' Oceano*. Livorno: Garzante Editore, 1996.

DEAN, W. *Rio Claro*: um sistema brasileiro para a grande lavoura, 1820-1920. Rio de Janeiro: Paz e Terra, 1977.

DE BONI, L. *A presença italiana no Brasil*. Fondazione Giovani Agnelli. Porto Alegre/Torino: Edições Est, v. 3, 1996.

DE LUCA, T. *O Sonho do Futuro assegurado*. São Paulo: Contexto, 1990.

DI CARLO, A., Cultura, differenze culturali e identità: uma ipotese di interpretazione, In: DI CARLO, A. e S. (A cura di). *I Luoghi dell'identità*. Milano: Franco Angeli Libri, 1986.

ELIAS, N. *O processo civilizador*. Rio de Janeiro: Zahar, v. 1, 1994.

FELICE, O. S. *Il Brasile com'è*. Milano: Anonima Libraria Italiana, 1923.

FERNANDES, J. (Org.) *Vultos da História de Jaú*: capital da terra roxa (1853-1953). São Paulo, edição conjunta extraordinária do *Correio da Noroeste*, *Correio da Capital* e *Correio de Garça*, comemorativo do centenário de Jaú, 1955.

FERREIRA, A. C. *A epopéia bandeirante*: letrados e instituições, invenção histórica (1870-1940). São Paulo: Unesp, 2002.

FRANZINA, E. *La grande emigrazione*. Venezia: Marsílio Editore, 1976.

_____. *Merica! Merica!* emigrazione e colonizzazione dei contadini veneto in America Latine (1876-1902). Milano: Feltrinelli, 1979.

GAMBASIN, A. *Parroci e contadini nel veneto alla fine dell'ottocento*. Modeda/Roma: Dini, 1978.

GINSBURG, C. *A micro-história e outros ensaios*. Lisboa: Difel, s.d.

_____. *O queijo e os vermes*. São Paulo: Cia das Letras, 1987.

_____. *Olhos de Madeira*. São Paulo: Cia das Letras, 2001.

GODOY, J. F. de. *A Província de São Paulo*. Trabalho estatístico, histórico e noticioso destinado à Exposição Industrial de Philadelphia (EUA). Rio de Janeiro, 1875.

GROSSI, V. Storia della colonizzazione Europea al Brasile. Milano, Roma, Napoli: Società Editrice Dante Aligheri, 1914.
HECKER, A. Um socialismo possível. A atuação de Antonio Piccarolo em São Paulo. São Paulo: T.A. Queiroz, 1988.
HOBSBAWM, E. J. Nações e Nacionalismo desde 1870. Rio de Janeiro: Paz e Terra, 1990.
HOLLOWAY, T. Imigrantes para o café. Rio de Janeiro: Paz e Terra, 1984.
HUNT, L. A Nova História Cultural. São Paulo: Martins Fontes, 1992.
HUTTER, L. M. Imigração italiana em São Paulo (1880-1889). São Paulo:USP, Instituto de Estudos Brasileiros, 1972.
LOMONACO, A. D. Al Brasile. Milano: Società Editrice Libraria, 1889.
MACHADO, A. Brás, Bexiga e Barra Funda. Belo Horizonte e Rio de Janeiro: Vila Rica, 1994.
MACOLA, F. L'Europa alla conquista dell'America Latina. Venezia: Ongania, 1894.
MARTINO, E. de. Magia e civiltà. Livorno: Garzante, 1976.
MARTINS, J. de S. A imigração e a crise do Brasil Agrário. São Paulo: Pioneira, 1973.
_____. Conde Matarazzo: o empresário e a empresa. São Paulo: Hucitec, 1973.
MILLIET, S. Roteiro do café e outros ensaios. São Paulo: Hucitec/ Pró-Memória Instituto Nacional do Livro, 1982.
MONBEIG, Pierre. Pioneiros e fazendeiros de São Paulo. São Paulo: Hucitec, 1984.
MORICONI, U. Nel Paese de Macacchi. Torino: Roux Frassati, 1897.
NEGRO, H., LEUENROTH, E. O que é marxismo ou o bolchevismo. São Paulo: Semente, s.d.
OLIVEIRA, F. A. M. Italianos na cidade de Jaú por volta do início do século XX. In: A presença Italiana no Brasil. Porto Alegre/Torino: Edições Est e Fondazione Govanni Agnelli, v. 3, 1996.
_____. Jaú no Século Passado. In: Cadernos da F.F.C. Marília: Unesp, 1997.
_____. Faces da Dominação da Terra. Marília: Unesp Publicações, 1999.
OLIVEIRA, M. C. F. A., PIRES, M. C. S. O imigrante italiano e a urbanização do interior paulista. Campinas: Nepo/Unicamp, mimeo, s.d.

OTTOLEVA, P. La tradizione e l'abbondanza. Reflessione sulla cucina degli italiani d'America. In: *Altreitalie*, n. 7, Edizioni della Fondazione Giovanni Agnelli, gennaio-giugno, 1992.

POUTIGNAT, P., STREIFF-FERNART, J. *Teorias da Etnicidade*. São Paulo: Unesp, 1998.

REVEL, J. *Jogos de Escalas*. Rio de Janeiro: Fundação Getúlio Vargas, 1998.

_____. *A Invenção da Sociedade*. Lisboa: Difel, 1089.

RINALDI, C. Fenomeno migratorio e opinione publica in Friuli tra il 1866 e il 1915. In: ASSANTE, F. (A cura di), *Il movimento migratório italiano dall'unità nazionale ai giorni nostri*. Genève: Librerie Droz, 1978.

ROSA, L. de. *Emigrante, Capitale e Banche (1896-1906)*. Napoli: Edizione Del Banco do Napoli, 1981.

ROTELLINI, V. *Atensione o Elettorato?* Un grave problema. São Paulo: Fanfulla, 1902.

SAHLINS, M. *Ilhas de História*. Rio de Janeiro: Zahar, 1994.

SANTOS, B. S. *Pela Mão de Alice*. 6ª edição, São Paulo: Cortez, 1999.

SAYAD, A. Les usages sociaux de la culture des immigrès, Ciemm. Paris, citado por Di Carlo (Constributi psiconalitici ad uma definizioni del conceto do identità). In. S. DI CARLO. *I Luogo dell'identità*. Milano: Franco Angeli Libri, 1986.

SERENI, E. *Il capitalismo nelle campagna (1860-1900)*. Torino: Giulio Einaudi, 1980.

SLENES, R. W. Senhores e subalternos no oeste paulista. In: *História da Vida Privada no Brasil*. São Paulo: Cia das Letras, 1997.

STOLCKE, V. *Cafeicultura*: homens, mulheres e capital. São Paulo: Brasiliense, 1986.

TEIXEIRA, S. *Jahu em 1900*. Jaú: Correio do Jahu, 1900.

TRENTO, Â. *Do Outro Lado do Atlântico*. Nobel/ Istituto Italiano di Cultura di San Paolo/ Instituto Cultural Ítalo-Brasileiro, 1988.

UGOLOTTI, F. *Itália e italiani in Brazile*. São Paulo: Riedel Lemmi, 1897.

VERONA, A. F. *O mundo é nossa pátria* (a trajetória dos imigrantes operários têxteis de Schio que fizeram de São Paulo e do Bairro do Brás sua temporária morada, de 1891-1895). Tese de Doutorado. Curso de Pós-Graduação em História (área de concentração: História Econômica). Faculdade de Filosofia, Letras e Ciências Humanas – USP, 1999.

VILLA, D. *Storia Dimenticata*. Porto Alegre: Sagra-DC Luzzatto, 1992.

Fontes

STATUTO – Società Nazionale Dante Alighieri, Roma, Via Aracoeli, n.3, Tip. Nazionale Bertero di G. Guadagnini E. C., Roma Via Úmbria, 27, 1919.

Almanaques

Almanack do Jahu para o ano de 1902, editado pelo *Correio do Jahu*, 1902.

Jornais

Commercio do Jahu, do anno 1, n. 14, 22/9/1908 ao anno 8, n.1.292, 9/3/1918.
Correio do Jahu, anno 1, n. 1, 10/10/1895.
_____. anno 2, n. 79, de 23/9/1997, ao n.127, 7/11/ 1897.
_____. anno 7, do n.552, 2/1/1902, ao n.617. 17/8/1902.
_____. anno 11, do n.1.127, 17/1/1906 ao n.1160, 1/4/1906.
_____. anno 12, do n.1308, 3/4/1907, ao n.1331. 29/05/1907.

Jornais da comunidade italiana em Jaú

Cristoforo Colombo, anno 1, n.1, 25/12/1899.
Il Lavoratore, anno 1, n.4, 28/5/1903.
L'Araldo, anno 1, n.2, 21/4/1903.
La Civetta, anno 2, n. 6, 28/6/1901.

Ação de embargo

JAÚ (Município). Museu Municipal. Ação de Embargo. Antonio Miraglia embargante e Francisco Basilo, embargado, (T. 15, B- 1.7.4.17 M.15), 1886.

Processos de inventário

JAÚ (Município). Museu Municipal. Processo de Inventário, inventariado João Biagioni, (T. 1.7.2. 311), 1882.
_____. Felippe Pavanello, (T. 1.7.2.297), aberto em 1892.
_____. Vicente Marinelli, (T.1.7.2.60), aberto em 1893.

_____. Antonio Miraglia e sua mulher, (T.1.7.2.316), aberto em 1895.
_____. Valério Deodato Marinelli, (T.1.7.2.26), aberto em 1899.

Processos do Tribunal do Júri

JAÚ (Município). Museu Municipal, caixa n. 12, réu Angelo Diogo de Araújo, 1872.
_____. caixa n. 16, réu João Castelli, 1882.
_____. caixa n. 39, réu João Carlos Lesbeis, 1882.
_____. caixa n. 16, réu João Castelli, 1882.
_____. caixa n. 1, ré Leopoldina Maria do Nascimento, 1884.
_____. caixa n. 15, réus Francisco Justino de Souza e João Pires Rodrigues, 1885.
_____. caixa n. 58, réu César Felice, 1885.
_____. caixa n. 23, réu Antonio Ribeiro do Amaral, 1887.
_____. caixa n. 30, réu, José Lutti, 1887.
_____. caixa n.17, réu Antonio Cusci, 1898.
_____. caixa n.16, réu João Annuncio Marcondes, 1899.
_____. caixa n. 55, réu João Mazinatore, 1900.
_____. caixa n.12, réu Hilário Francisco, 1900.
_____. caixa n.2, réu Angelo Conde e outros, 1901.
_____. caixa n.36, réu Antonio Raffa, 1902.
_____. caixa n.2, réu Ernesto Ferrari e outros , 1902.
_____. caixa n.57 réu José Morete, 1902.
_____. caixa n.10, Eusebio Gouvêa, 1905.
_____. caixa n.14, réu José Andreotti, 1906.
_____. caixa n.70, réu Antonio Patriani Filho,1906.
_____. caixa n.10, réu Alvaro Bonarchi, 1907.
_____. caixa n.25, réu Luiz Bogolin, 1907.
_____. caixa n.46 réu Benedito Gonçalves Pinheiro, 1908.
_____. caixa n.17, réus Vicente Luzzi, José Contador e Francisco Lico, 1909.
_____. caixa n.8, réu Manoel Rodrigues Perpétuo, 1911.
_____. tombamento 056-1.7.117.158, réu Humberto Batocchio, 1911.
_____. tombamento 081-1.7.116.466, réu Salvador Butiglieri, 1912.
_____. tombamento 0124.1.7.116.732, réu Donato Capone, 1917.
_____. tombamento 117.1.7.122.49, réu João Franzolin, 1917.

Documentos da Câmara Municipal de Jaú

Requerimento enviado à Câmara Municipal de Jaú em 4/2/1877, Arquivo 13.2

Resoluções e Leis da Câmara Municipal de Jaú, lei n. 56, de 15 de março de 1889.

Registros

JAÚ (Município). Prefeitura Municipal. Registros do Mercado Municipal, livro n. 220, 1889/1900.

Relatórios dos presidentes da província de São Paulo

Relatório apresentado à Assembléia Legislativa Provincial de São Paulo pelo presidente da província barão de Parnahyba, no dia 17 de janeiro de 1887. São Paulo: Jorge Seckler, 1887.

Relatório apresentado à Assembléia Legislativa Provincial de São Paulo pelo presidente da província dr. Francisco de Paula Rodrigues Alves, no dia 10 de janeiro de 1888. São Paulo: Jorge Seckler, 1888.

Depoimentos

Depoimento de Maria Cassaro de Oliveira, nascida em Brotas em 29/6/1906, coletado por Flávia Arlanch Martins de Oliveira em 8/7/1989.

Depoimento de Rachel Cesarino de Moraes Navarro, neta de Vitor Cesarino, dado a Flávia Arlanch Martins de Oliveira em 22/1/1992.

Depoimento de Justina Guarnieri Batocchio, nascida no município de Jaú em 12/4/1911, coletado por Flávia A. M. Oliveira em 1/10/1992.

Depoimento de Nicola Durante, nascido em Jaú em 1908, coletado por Flávia Arlanch Martins de Oliveira em 16/11/1997.

SOBRE O LIVRO

Formato: 14 x 21 cm
Mancha: 23,7 x 42,5 paicas
Tipologia: Horley Old Style 10,5/14
Papel: Offset 75 g/m² (miolo)
Cartão Supremo 250 g/m² (capa)
1ª edição: 2008

EQUIPE DE REALIZAÇÃO

Coordenação Geral
Marcos Keith Takahashi

Impressão e Acabamento